文化震撼之旅

俄罗斯

RUSSIA

（俄罗斯）安娜·帕弗洛夫斯卡娅 著
何 艳 译

北京·旅游教育出版社

北京市版权局著作权合同登记章图字：01-2013-8166
策　　划：丁海秀　安颖侠
责任编辑：安颖侠
图片提供：微图网、中国图库、壹图网

图书在版编目（CIP）数据
俄罗斯／（俄罗斯）帕弗洛夫斯卡娅著；何艳译
. -- 北京：旅游教育出版社，2015.4
（文化震撼之旅）
ISBN 978-7-5637-3111-4

Ⅰ.①俄…　Ⅱ.①帕…②何…　Ⅲ.①俄罗斯—概况
Ⅳ.①K951.2

中国版本图书馆CIP数据核字（2015）第011209号

文化震撼之旅

俄罗斯

（俄罗斯）安娜·帕弗洛夫斯卡娅　著
何　艳　译

出版单位：旅游教育出版社
地　　址：北京市朝阳区定福庄南里1号
邮　　编：100024
发行电话：（010）65778403 65728372
65767462（传真）
本社网址：www.tepcb.com
E-mail：tepfx@163.com
排版单位：北京旅教文化传播有限公司
印刷单位：北京嘉业印刷厂
经销单位：新华书店
开　　本：720毫米×1000毫米　1/16
印　　张：16.75
字　　数：245千字
版　　次：2015年4月第1版
印　　次：2015年4月第1次印刷
定　　价：58.00元

（图书如有装订差错请与发行部联系）

感受文化震撼

任何人一旦离开自己熟悉的舒适环境，骤然进入陌生的环境，就会感到迷失了方向，这种迷惑的状态就是文化震撼。“文化震撼之旅”是一套信息可靠的著名丛书。几十年来，一直都有助于移居国外或长期访问居留者减轻初到一个新国家（地区）所感到的文化震撼的冲击力。

这套丛书的作者都曾经在相关的国家（地区）生活过，并且亲身体验过文化震撼。他们和大家分享一切必要的信息，以便大家能更有效地解决种种迷惑。丛书的写作风格简单易懂，话题广泛，能够给读者足够多的忠告、提示与建议，以使他们能够重新尽可能正常地生活。

每册书结构一致。首先介绍不同的游客对某个城市或者国家（地区）的第一印象。要想了解一种文化，就必须首先了解其人民——他们来自何处，是什么身份，遵循什么价值观和传统，以及他们的风俗习惯和社交礼仪怎样？这些构成了书的前半部分。

接下来是各种实用的生活常识——告诉您如何最为舒适地定居下来。作者带领读者，先是了解如何寻找住处，如何把水、电、气、通信等各项设施开通，继而了解如何给孩子注册入学，以及如何保持健康生活。当然，还不仅这些。一旦解决了和基本生活有关的问题，就要出去尝试当地的饮食，享受更多的文化生活，并且到其他地区旅游。然后，在更深入地了解经济生活之前，还要透彻地掌握该国（地区）的语言。

在最后一章，作者先给出一些方方面面的基本信息，再测验读者对该国（地区）风俗习惯与社交礼节了解掌握的程度。为了方便读者，还列出了实用性的词汇与短语、综合全面的信息资源指南和查询更多信息的参考书目。

CONTENTS 目录

目录 CONTENTS

CONTENTS 目录

第三章 国民性格

第四章 社会交往传统

目录 CONTENTS

CONTENTS 目录

目录 CONTENTS

第七章
文化与旅游

CONTENTS 目录

第八章 学习语言

目录 CONTENTS

前言 FORWORD

撰写指南是件难事，撰写俄罗斯指南更是难上加难。因为撰写任何国家的指南都不仅要让读者彻底认识它的历史、文化、生活方式、传统、习俗以及风光，还要提供人们生活方方面面的有用信息。这件工作虽非易事，却颇有意义。指南必须真实而具体，像一个陌生世界的指南针，鼓励旅行者在陌生的国度畅游。对于俄罗斯来说，这尤其困难，因为这里的生活变化太大、太快，任何指南在出版前都可能变得过时，带着它寻找方向难免会晕头转向。

在俄罗斯，只有一样东西的变化不快也不大，那就是俄罗斯人。关于他们，他们的性格、思想、习惯、喜好以及他们的行为与沟通方式是如今值得一写的内容。

外国旅行者在去俄罗斯时必须牢记的主要原则就是：是俄罗斯人造就了俄罗斯。早在斯大林时代，被称为国父的斯大林曾说过这样一句格言："一切由人造就"。这句话至今仍广为流传。俄罗斯的每一位领导人都明白这句话的意义。时常，有些几乎没希望完成的事情因为人的积极努力而绝处逢生，而有些胜利

在望的事却因为选错拍档而功亏一篑。因此，找对人，你的问题就能迎刃而解。

时代在变，黑能变白。正如一首革命颂歌所唱："那些小人物已经成了大人物。"国家与意识形态价值观已被彻底颠覆。在百年的时间里，俄罗斯在国家体制和整体生活上发生了三次翻天覆地的巨变。但无论生活在何种体制下——独裁专制、社会主义还是资本主义体制——俄罗斯人始终保持着他们的本色，出色地保留了他们的传统、思想及与其他地区的关系，而且慢慢地，他们正以自己独特的方式改造着这崭新的世界，尽管这种方式似曾相识。

因为很难预见所有的困难，尤其在社会生活发生迅速变化的时候，所以依靠个人接触与交流至关重要，整个国家亦依赖于此。尽管在西方国家，许多事情可以自己解决，在俄罗斯，这些信息完全可以由别人提供：你相识的人、你生意伙伴的夫人、你的寓所管理员、你所住宾馆的值班人、你的邻居老妇，等等。假如他们喜欢你，他们会告诉你一切：从他们最丰富的人生经历到借钱之类的琐事。女权主义者会很乐意了解在某种情况下，尤其在各种实际问题上，女性才是最能干最值得依赖的。就像俄罗斯民间故事中的女主角，总能在魔镜等的帮助下营救男主角脱离险境。

别害怕到俄罗斯来。许多外国游客一次又一次地重返俄罗斯，在这里他们总会发现一些自己国家没有的东西。俄罗斯国土辽阔，成功的企业常常能在这儿发掘比其他国家更多的机会。难怪当可口可乐公司驻莫斯科总裁被记者问及是否想回国时，得到了否定的回答。他说这是因为俄罗斯比其他国家更有趣，每天都要接受新的挑战。俄罗斯是个具有灿烂文化

的国度，到处是艺术杰作与历史遗迹，它们一定会在你脑海留下永久的记忆。如果你够幸运，你可以慢慢了解并结交俄罗斯朋友，亲身感受他们传说的好客与真挚的坦率。不然，你也会发现俄罗斯古典文学作品中所赞美的俄罗斯人的天性依然保留着他那天赐的纯正（这与农业的衰退无关）。

在开始探索谜一般俄罗斯人的旅程前，还有个建议。众所周知，旅行时的心态很重要。假如你带着压力与疑虑到来，每一步总想着可能的不愉快和卑鄙的阴谋，那么不愉快的事真的会发生。假如你摆脱所有对周围世界的反感，那么一切可能都会是美好的，无论恶劣的天气还是每天的烦恼，或是异国的传统，都不会破坏你的心情。

撰写一部关于俄罗斯人与事的书并非易事。俄罗斯和其他国家一样，具有复杂的多面性。美国人对俄罗斯的大气与俄罗斯人的精神颇有好感，却为其服务的缺乏而恼火；美国人喜欢俄罗斯的宏伟气魄和俄罗斯人的性格，却为它服务的缺乏而烦恼；英国人被俄罗斯文化所吸引，却为那儿无法好好排队而气愤；德国人欢迎俄罗斯人的热情好客，却厌恶那里街道与公共场所的肮脏；意大利人喜欢俄罗斯人的友好，却为他们的过于亲近感到不自在；中国人钟爱俄罗斯的乡村，却无法理解那里工作节奏的缓慢。总之，每个人都有自己心目中的俄罗斯。当然，概括性地写俄罗斯人的生活特点还是可以做到的。

这部作品的独特性在于它所提供的信息。作者是俄罗斯人，一位历史学家，也是位跨文化研究专家。同时，各领域的素材——从调查到日志到回忆录——都包括在内，也包括来自国外（非俄罗斯）的素材，这使得会聚俄罗斯国内外观点这件不同寻常的事成为可能。

鸣 谢

首先，我必须感谢我的父母对我的教育，对我的著作及研究的支持。我的母亲，语言学教授斯维特拉娜·米娜索娃，我已故的父亲，俄罗斯文学教授华伦汀·法图先科，他们那么慈爱地关心着我。同时，他们也是我的同事、顾问与朋友。我的哥哥安德烈（历史学家及电影导演）和我的姐姐玛丽娅（哲学家）也给予了我极大的支持。

我还要感谢莫斯科大学的同事与朋友们，他们是：尼古拉·波里索夫、伊莲娜和安德雷·鲁金斯基、塔蒂安娜·伊瓦诺娃、安德雷·萨博洛夫斯基、弗拉基米尔·伊利斯特拉托夫、安娜·斯科里克、塔蒂安娜·塔拉巴诺娃、伊莲娜·斯班科娃、娜塔莉·伊凡尼科娃、加利纳·斯米诺娃及已故的伊凡·克鲁格洛夫。我们一起游遍俄罗斯，讨论俄罗斯人的品质、生活方式和独特个性。

本书的完成也离不开以下来自不同国家的朋友的帮助：彼得·萨普（美国）、凯特·罗森琼斯（英国）、塞巴斯蒂安·安德烈·蔡勒库斯基（我的姐夫，法国）、安娜和迈克·朗迅、朱迪·沃克（英国）、伊丽莎白·米勒（英国）、麦卡尔·普希金（英国）、马文·罗芙琳（美国）、卡蒂亚·史丹芬（美国）、朱迪与尤金·萨博·克思洛斯基（美国）、弗朗西斯卡·菲斯（意大利）、朱安娜·伍兹（新西兰）、已故的尼娜·克莉丝蒂森（澳大利亚）以及许多其他朋友，他们对俄罗斯人生活的观察与评论为我的写作提供了新的视角与观点。特别要感谢阿曼达·卡尔沃特和蒂莫西·西顿，他们不仅是本书的主要译者，还作了许多非常有益的注释。

最后，特别要感谢两位，是他们协助我最终完成本书：我的丈夫，历史学家伊戈尔，他是我的首席顾问，对本书提供了宝贵意见与建议，他还是位摄影师；我的儿子伊凡——一位热爱祖国的俄罗斯人的生动写照，我们的不断讨论与争辩帮助了我更好地认识我的祖国。

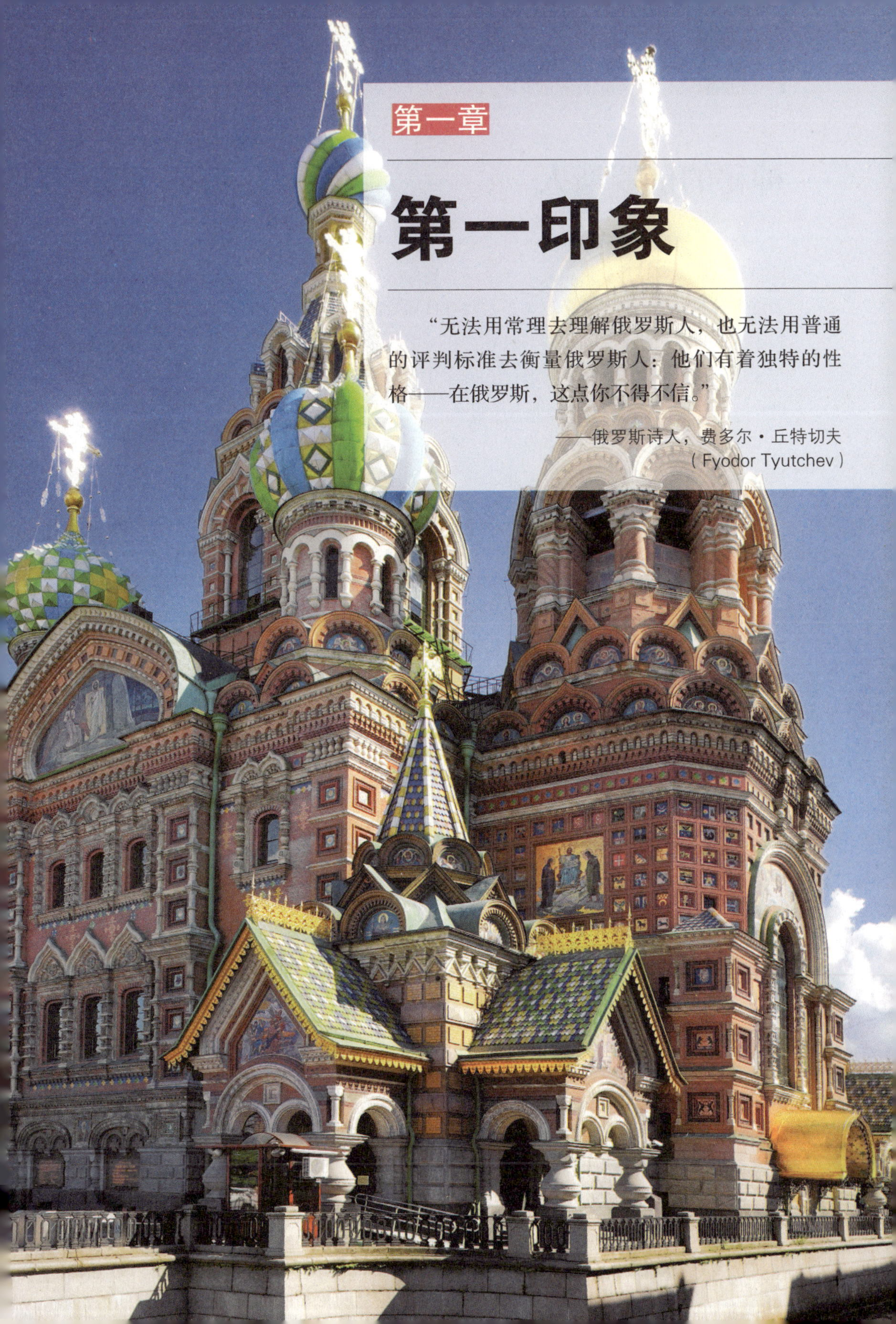

第一章

第一印象

“无法用常理去理解俄罗斯人，也无法用普通的评判标准去衡量俄罗斯人：他们有着独特的性格——在俄罗斯，这点你不得不信。”

——俄罗斯诗人，费多尔・丘特切夫（Fyodor Tyutchev）

神秘的俄罗斯人

在俄罗斯的生活总是无法风平浪静。俄罗斯历史上，无论是气候条件、地理位置还是政治发展的独特轨迹，都带来了那么多的艰难。冰冻与干旱常常摧毁收成，带来无法逃避的饥荒；同样，东有蒙古人西有日耳曼部落对土地的掠夺和百姓的屠杀。接着国内革命的浪潮又带来崩溃与破坏。在《恰巴耶夫》（*Chapaev*）这部反映内战的老片子里，一位悲伤的农民哀叹道：“白军来了偷，红军来了也偷，可怜的农民啊，该怎么办？”无论何时，生活总是那么的艰辛。

对于那些身在国外的旁观者来说，理解这样复杂的生活更非易事了。俄罗斯从未被外国人了解与喜爱过。它看起来就是个矛盾体：有野蛮，也有文明；有对强权政府的顺从，也有革命运动的涌现；有贫穷和人们对财富的厌恶，也有奢侈的庭院庙宇。只能借助“神秘的俄罗斯精神”来解释这一切。揭开谜底之难或令人烦恼或令人着迷，但不管怎样，很少有人不为俄罗斯所动。

自古以来，围绕俄罗斯的神秘面纱揭之不易。温斯顿·丘吉尔曾称俄罗斯为“谜中之谜”，这个称呼迅速流传开来，因为它简洁地概括了外界对俄罗斯的整体印象。

“铁幕”落下（苏联解体）以后，有人涌出也有人涌入俄罗斯，许多人的第一反应就是惊讶。他们发现俄罗斯人原来与其他国家的人并无差别：他们有胳膊有腿有头脑，他们尊老爱幼，难过时拉长脸，开心时会笑。第二反应就是疑惑。他们真的与别国人无异吗？结果发现西方国家著名的思想（民主、市场经济，甚至自由）在俄罗斯有着截然不同的形式。那里的人们有时候会为难以理解的原因悲伤或快乐。对新俄罗斯的认识再次肯定了那传统的说法：神秘的俄罗斯人真难搞懂。

然而，说俄罗斯并没有什么特别神秘之处难免会让人有点失落。那只是一个国家，一个民族沿着自己的历

莫斯科国立大学

史轨迹，在自己的独特地理与气候条件下，保持着自己的社会与政治传统向前发展。我们只需要摆脱熟悉的旧识与固定的成见，更抽象地去理解具体现象背后的东西。俄罗斯人不好也不坏，只是有些方面有所不同，而有些方面和大家无异。但是，如果想了解另一个民族必然要做好接受他们一切的准备：包括所有的怪癖、习惯与缺点。其实，在俄罗斯旅游，不仅比想象中容易，有时甚至还挺愉快。

前苏联的国徽

对外国人来说俄罗斯一直是个谜，这种神秘在吸引着他们的同时也令他们害怕。在不同的历史时期，西方人一次又一次地探寻俄罗斯，每次都有新的发现。在 19 世纪甚至当今，一位去俄罗斯的西方人会被看作是半疯半勇。即便在如今媒体时代，当很多外国人发觉俄罗斯人有着和其他地区人群相同的喜与悲时仍惊讶不已。

历史上，世人对俄罗斯一直有两种截然相反的看法。一种是不信，甚至敌意。一代又一代人在对俄罗斯（苏联）的侵略威胁中长大，孩提时期就习惯了对这个隐形敌人的恐惧。现在这种威胁几乎完全消失了，俄罗斯又成了西方人借以安慰的对象，因为（他们认为）它是个一切糟透的国家。假如有一天，你对自己的国家感到失望，你对政府的所为、经济的发展感到不满，就想想俄罗斯，你一定会感觉好一些。

还有另一种观点。一些人着迷于俄罗斯人的生活、文化、特别的精神和人际关系。他们中的一部分人对自己逐渐被机械与技术所控制的生活极度不满，对商业和利益超越真挚情感的世界非

俄罗斯有多远?

当听说你来自俄罗斯时，人们最常见的反应就是惊呼：“哦，那儿好远呢！”英国乡下的小老太太们（英国是离俄罗斯最远的欧洲国家）听说飞机要飞3个小时，居然还有人开车从俄罗斯到英国（俄罗斯边界到英国边界距离只不过2300公里）时都惊呆了。美国离欧洲更远更难到达，而在欧洲看到美国人却没有人会有这样的惊叹。其实，我们所谈论的距离要比地理路程距离远得多，一种比铁幕更难穿越的隔阂，这就是文化隔阂。那些陌生的俄罗斯人无法接近，他们远在那片终年积雪的西伯利亚大地。

常厌倦，对各领域人际沟通中个人主义的充斥格外反感，对俄罗斯人则充满崇敬和向往。他们认为俄罗斯人保留了真诚的情感与行为。美国女诗人埃德娜·迪安·普罗克多（Edna Dean Proctor,1866）在诗中这样描绘俄罗斯人：“俄罗斯人的天性，在良好的环境中，就像夏日的森林与草原，充满和平、高雅与魅力……但它也有森林与草原那令人畏惧的力量，在不公、专制与残暴的冬季，它的冲动、力量与爱会转化成猛兽般无情的爆发力。”

对俄罗斯的爱与恨带来的是同一种结果，首先是好奇；其次是客观性的缺乏，这似乎很奇怪吧。其实无论是那些在俄罗斯探寻罪恶化身的人，还是向往俄罗斯精神的人，对真正的俄罗斯——它的优缺点、它的真实面貌，都只是雾里看花而已。

当然，一切还没那么糟。许多去过俄罗斯的人开始爱上它，也开始了解它。和任何其他民族与文化一样，俄罗斯有着自己独特的魅力与吸引力。这个陌生的、疯狂的、时刻变化着的世

尼古拉一世纪念碑

界正向那些没有傲慢与偏见的人们敞开国门。人们热爱它的时候，俄罗斯人会以最真挚与热烈的情感还之以爱（就像经典文学作品和电影里描绘的，这正是充满激情的俄罗斯人的特点）。

认识俄罗斯人

人们对俄罗斯人的认识往往从国内开始，主要通过大众媒体。媒体不太关注普通百姓的生活，俄罗斯黑帮、公共丑闻、街头乞丐、一掷千金的富翁——这些都是媒体营造的俄罗斯众生相。电影也一样，多年来，007 系列电影塑造了各种不同的俄罗斯人形象：邪恶的克格勃、贪心女子、流氓恶棍，还有疯狂教授等。

海外的俄罗斯人也是个话题。他们中有长期旅居国外的，也有短期出国工作或旅游的。俄罗斯移民是个有意思也很有特色的群体，他们常常能提供有关他们故土的有用信息。和他们在一起，你就能发现俄罗斯人和其他国家人的区别。如今，人们到世界各地自由旅行，随着全球化的加速，这样的人越来越多。有的人出国寻找高薪工作，有的人找寻异国伴侣，或者他们更简单的目的就是为了见识新世界、尝试新事物。然而，他们都对自己远离的祖国赤胆忠心，随时准备重归故土。

移民们的观点对于其他国家的人形成俄罗斯的印象很重要。他们的一字一句都有人认真倾听，因为这是“真正俄罗斯人”的想法。他们曾一度过着那种奇怪神秘的生活，只不过设法逃了出来，把真相告诉世人。

彼得大帝青铜骑士像

在俄罗斯，移民不仅仅意味着离开故土，而首先意味着离弃祖国，不愿在那里生活。在过去，经常离开这个国家就意味着无法再回来。人们离开不是因为他们想去别的地方，而是他们不愿意在自己的国家生活。俄罗斯人总有个典型的天真的想法：别的地方的生活一定比这儿好。宗教徒向往天堂，苏维埃公民相信共产主义，有些人则到国外寻找乐土。

许多远离故土、踏上不归路的俄罗斯人发现在新的国度落地生根也非易事。于是，他们总想取悦他们的新同乡。许多俄罗斯移民按人们想听的样子来描述俄罗斯，重复着陈旧的老调子。他们常常责骂他们远离的故土，因为他们自己深信那样的祖国应该离弃。

然而，还有另外一部分俄罗斯移民，俄罗斯人性格中典型的思乡愁让他们美化自己已远离的故乡，所有那些促使他们作出离开祖国决定的糟糕的事被渐忘，他们脑海里只留下童年与青年记忆中玫瑰般迷人的家园。他们只记得那些最快乐的时光，这些快乐时光因分离而变得愈发美好。他们渴望为自己的祖国辩护，即便为此争吵也在所不惜。

与海外俄罗斯人的短暂会面常常很有收获。在国外工作学习的俄罗斯人往往爱交朋友，也非常容易沟通，跟原来印象中神秘陌生的俄罗斯人完全不同。海外游客又是另外一回事了。他们或在拥挤的人群中推推攘攘留下兴奋又缺乏礼貌的形象，或者提出一些惊人的要求，花钱如流水。

如今，情况已发生巨大变化。自从20世纪80年代戈尔巴乔夫推动经济与政治体制改革以来，新一代俄罗斯人成长起来。他们觉得自己是世界公民。他们没有老俄罗斯人对高傲的外国人的不信任感。这些新一代的俄罗斯人，无论在伦敦高级俱乐部还是巴黎街头都像在自己莫斯科的家中一样潇洒自如。他们可能在不同的国家寻找伴侣，却在莫斯科安家。他们并不渴望远离祖国找寻乐土。对他们来说，哪儿都挺好。但也有少数富裕的俄罗斯人有机会自由旅行，经常跟外国人交流。

初到俄罗斯

在俄罗斯流传着这样一句话：百闻不如一见。无论你听说过还是阅读过多少关于俄罗斯历史和俄罗斯人的书，在你亲自到这个国家之前，它们都只是一个神秘而抽象的概念。呈现在观光客和那些因为种种原因来俄罗斯的游客面前的现实景象总要比他们原来想象的简单而又复杂得多。一方面，这儿并不可怕。大灰熊不会在大街上溜达，克格勃们也不会紧盯你的梢，零下 20℃的低温除了隆冬季节不会整年出现，就算在冬季也不多见。另一方面，你身处的这个国家，这个在如今这样的新时代看上去并没什么不寻常（可口可乐、进口车、超市、手机随处可见）的地方，让人感觉又有些陌生（你只要到离莫斯科市中心几公里远的地方就能感觉到它们的不同）。就算在莫斯科，也有许多和西方人习惯的西方生活方式迥异的地方。

你首先要注意的是对第一印象的概括。原因有二：

第一，因为历史文化原因，大多数旅游者最容易去的地方就是像莫斯科和圣彼得堡这样的大城市，而且常常是它们的中心地区，因此大多数人对真正俄罗斯的印象源于从这些地方以及莫斯科到圣彼得堡的列车的窗外风景。当然，这样的印象并非完全不真实。莫斯科作为俄罗斯的首都，属于典型的俄罗斯风格，它包容了俄罗斯城市的主要优缺点；另外，和每个其他大城市一样，莫斯科是个典型的大都市，在这里，你能找到任何其他大城市能找到的东西。而且任何一个成功的俄罗斯人都有到莫斯科来的愿望，住在莫斯科显然成了成功的标志（再进一步，就得在欧洲拥有别墅或城堡了）。

前苏联著名雕塑

第二，莫斯科不但是富人的乐土，也是穷人的避

莫斯科中部的老街

就算在你踏上俄罗斯土地前，你也会碰到奇特的俄罗斯传统，尤其当你乘坐乘客多为俄罗斯人的航班时。只要飞机一落地，就会响起一阵掌声。不知是人们表达危险已过的宽慰呢，还是对机组人员的感谢，抑或仅仅是对顺利完成这次小小的飞行旅程的喜悦？人们就是鼓掌，如此而已。

难所。所有那些逃难的、穷困潦倒的、沮丧悲伤的人都想去那儿，指望能在这个大杂烩的都市里过上更好的生活。大街上到处是沿街乞讨的乞丐，还有表情呆滞的怪人。离开首都越远，遇见这样一群奇特的贫民的机会就越少。

这是个古老的传统。19 世纪，那些来到遥远的俄罗斯的游者给他们所谓的俄罗斯“农民”留下了这样的生动描述：衣衫褴褛的醉鬼。其实，这些城市的遗弃者与真正的乡下农民并不相同。

外国游客到达俄罗斯要做的第一件事就是过海关。多数情况下，游客在莫斯科两大机场之一过海关：谢列梅捷沃或多莫杰多沃机场。也可选择乘车通过与芬兰、白俄罗斯、乌克兰三国交界的边境或其他机场海关入关 。不过，机场仍为进入俄罗斯的主要门户。两大机场正在整体重建当中，不过即便以现在的规模与其他大型国际机场相比也毫不逊色。

谢列梅捷沃国际机场为俄罗斯最大的国际机场之一。2010 年 1 月到 11 月，其旅客运送总量为 17 930 000 人次，为 2009 年同期的 32%。如今已有 D 和 E 两座全新航站楼投入使用，F 航站楼（原谢列梅捷沃 –2 号航站楼）正在大规模重建中。三座航站楼之间有走道相通，也跟停车楼与火车站相连。乘坐机场快线从莫斯科市中心 Belorussky 站出发仅需 35 分钟便可到达机场。

国内航线部分，原谢列梅捷沃 –1 号航站楼，也经过现代化改造，现包括航站楼 B 和 C。

因为经常旅行，作者曾多次参与行李推车的抢夺，并亲眼目睹那些衣着华贵又充满智慧的欧洲女士们不顾体面地抢夺手推车，把来之不易的推车把手牢牢抓住不放。后来，问题又突然自己解决了，一排排大家趋之若鹜的行李推车出现了。要解释这种奇怪的时间控制或这些意外困难的原因几乎是不可能的了，它或许也是这个神秘国家的秘密之一吧！

和老机场相比，如今的谢列梅捷沃机场已完全变样了。机场内部十分宽敞，咖啡店、餐馆、免税店以及纪念品店林立，座位充裕，光鲜亮丽。那些对拥挤无序的老机场记忆犹新的乘客到了这里肯定会非常惊讶。老机场建于前苏联时代，那时候，只有少部分幸运的俄罗斯人和勇敢的外国人才能使用到它，因此，它还能完成使命。解体后，随着旅行成为日常生活的一部分，剧增的乘客数量成了年迈的老机场无法承受的重负。

机场建筑虽新，一些老问题却依然存在。比如，这个国家近期的经济状况大大提高了机场普通商品和服务的价格。有些地方非常凌乱。这项或那项服务时常会突然消失，比如，行李手推车突然没了，一大堆人乱哄哄地挤在到达厅，等着表情冷漠的工作人员懒洋洋地时不时推进来十辆八辆车。

其他机场有其他机场的困难。比如莫斯科的恐怖暴行发生以后，多莫杰多沃机场增加了许多安检措施。所有人出发前都必须经过仔细彻底的检查。每人都得脱鞋、脱外衣、解皮带、摘掉其他外部的穿戴物及所有金属物件。这种做法没错，很正当，可缺乏管理的队伍常常变成闹哄哄乱糟糟的一堆，人人都想挤到前面去。更糟的是，你得把你脱下的东西放在塑料盘子上，小盘子放鞋，大盘子放衣服和其他东西，而这些盘子也会供应不足，人们为此也得争吵抢夺一番。

俄罗斯机场安检很严格

俄罗斯其他入境手续和别

国无异。你常常只需过去回答几个简单的问题即可。和不少人预想的不一样，不会有什么特别的事发生。如果你的护照和签证没问题，就没什么可担心的。全世界的海关边检人员都不太友好，好像总认为游客都会违法入境似的（我还记得在英国希斯洛机场的一位老先生，他是我这么多年去英国碰到的唯一一位微笑着祝我路途愉快的海关人员）。俄罗斯人很熟悉这种进入别国时毫无依据的挑剔行为，有时候你甚至得回答护照的颜色！与世界上其他机场的遭遇相比，谢列梅捷沃机场还算是个愉快而文雅的地方。

但毫无疑问，这里也是一片混乱无序的状态。首先，你得跑到护照检验处排队，这儿有两种柜台：一种专门针对俄罗斯联邦公民，另一种针对所有人。可是，队伍四处冒出来，人到处被放行，不管你持何护照。而且，对俄罗斯本国人的检查并不比其他人马虎，这让他们很恼火，也让外国人心安些。

接着是行李厅，到达的航班不少，都需要手推车。之后的过海关通常只是个形式，因为他们认为你们没什么可报关的。他们不太查外国人（他们对那些出境的外国人更感兴趣，要看他们有没有携带艺术品出关），倒是查那些带货入境倒卖的本国人。

谢列梅捷沃机场

第一印象

出租车

到了俄罗斯，在分隔着两个世界的玻璃隔栏外有一大群人正等着接人，朋友或亲戚会和你亲亲脸表示欢迎，职员打着欢迎的牌子，出租车司机会问你一大堆问题。如果没有人来接你，最好在乘飞机前预约好出租车，因为机场的出租车司机很可能利用你的无助赚钱。一些海外旅行指南提到过：他们可能带你到很远的地方去买包外烟。这当然是陈年旧事了。乘提前预约的出租车从谢列梅捷沃机场到莫斯科市中心大约 1500 卢布就够了，不然可能要花至少两倍的钱。

从欧洲西部飞到俄罗斯，马上会碰到一个有趣的现象：去趟俄罗斯让一天的时间少几个小时。俄罗斯和伦敦（格林尼治）时差有3小时，比其他欧洲国家时差多1小时。因此，假如从伦敦11点起飞（早上9点到机场），航行3个半小时，到达莫斯科的时间是当地时间下午6点，所有入境手续办妥得7点了。这样一整天就在旅途中过去，而且一天丢了3个多小时（当然回去的时候能捡回来，不过这是另一回事了）。早晨、白昼、傍晚混杂在一起，给人一种不现实的感觉。

还有个语言问题。许多国家，就算其他东西差别很大，至少字母看起来是相似的。而俄语和其他语言不一样，字母甚至完全不同，就算看着一样的字母发音也不同。俄语字母“В”发“v”的音，“р”发“r”的音等。如果你不懂基础俄语，就无法解释你想要的东西，大多数情况下也无法辨别在你面前的是咖啡屋呢还是商店或是美发店。就算是国际通行的单词像：“restaurant”（饭店），“taxi”（出租车），“bank”（银行），它们的发音差不多，可俄语拼写大不同，依次是：“ресторан”，“такси”，“банк”。不是所有人都能认出这些词来，这更加重了你到达时的混乱和神秘感。

应该指出的是，直到 1918 年，俄罗斯人使用的一直是古罗马儒略历。换句话说，到俄罗斯的旅行者不但丢了几个小时，看不懂一个简单的招牌，还往回倒两个星期。因此，当 1917 年 10 月 25 日著名的十月革命（十月革命的名称由此而来）发生时，大多数其他欧洲国家都已经是 11 月 7 日了。

苏联政府很快跟上世界潮流，换用了世界通行的格里高利历（现行公历）。只有俄罗斯教堂拒绝跟风，沿用旧历至今。因此，全世界的基督教徒在12月25日过圣诞节，而俄罗斯人1月7日才庆祝。所谓的旧历新年是在1月13—14日晚过的。现在，俄罗斯人对新节日越来越感兴趣，因此许多人（主要是无宗教信仰者）新历旧历的节日都过，一年到头挺忙活。

户外广告

在戈氏改革前来俄罗斯的外国人曾对那儿朴素而整洁的街道感到惊讶（有些甚至对此惊喜不已），只挂着几面带有政治口号的旗子（诸如“向共产主义前进”之类的），非常简朴。而现在，各种广告充斥大街小巷。从谢列梅捷沃机场到莫斯科市中心的一路上更是让人眼花缭乱。因为打这条道上过的多是有钱人，广告商对此情有独钟。在谢列梅捷沃机场，就算在边检人员就坐的柜台上和护照检查处前面的地上都印着广告（更别提四周墙面和领取行李的地方了）。

对这样大量广告的出现，人们的反应不尽相同，效果也不一样。在其他国家，这种现象司空见惯，而在俄罗斯，它们的出现多少有些突然。就在不久前，花哨的广告还被认为是粗俗的，是一种资产阶级罪恶。而现在，大街小巷没有一根柱子不被各种各样广告饰盖的。在俄罗斯，事情往往发展到另一极端，广告太多，有时候根本看不清上面的内容，因为它们相互被覆盖了。

多数俄罗斯人不喜欢广告。广告太多了，而那些广告上的产品往往只有小部分富人才买得起，也有些人担心这对道德方面的影响。在一个传统教育认为“金钱并不一定带来快乐”和“金钱无法买到幸福”的国家，那种广告上年轻女子傲慢的样子难免让人反感。她被一些金饰包围着，上面的大幅广告标语是：“爱我，就买下它们吧。”

俄罗斯街头矗立的广告牌

神秘的破坏者

有一段时间，有人把那些内衣广告（上面的女士着装较暴露）都涂上红色涂料，警察四处抓他，可他还是躲了很长时间，每天晚上继续破坏新的广告。最后终于被抓到了，竟然发现是个莫斯科教堂的牧师，他决心靠自己的力量与邪恶作斗争。“不能让孩子们看到这些污秽的东西！”他在法庭上这样辩解，许多莫斯科人都很同情他。

这是个珠宝饰品广告。意思是，有金饰才能证明两人相爱。

通往莫斯科的大道两边贴满了广告，有人认为这很危险，因为它们会分散司机的注意力。

俄罗斯人家

初识当地人

初次到俄罗斯的人对这个国家的了解只是表面性的，他们只能在大街上或公交车上碰到俄罗斯人，经常抱怨俄罗斯人的忧郁、严肃和内向。其实这并不是因为俄罗斯人与众不同的性格，而是他们特有的行为习惯所致。在俄罗斯，对陌生路人笑会被认为是种愚蠢的行为，有些情况下，比如在灯光昏暗的门廊对陌生人微笑甚至可能带来危险。

俄罗斯有句俗语：“无缘无故的笑是愚蠢的表现。”当第一家麦当劳在俄罗斯开张的时候，教其雇员们对顾客微笑就遇到了不少问题，正如一位年轻雇员说的：“人们会把我们当白痴的。”所以，大街上看到的俄罗斯人脸上那种严肃的表情并非忧郁的表现，而是他们的传统所致，微笑在他们看来是比较私密的，仅对家人、朋友。

好客

对真实的当地人的逐步了解通常会解除你对俄罗斯人面无表情、冷漠内向的印象。俄罗斯人著名的热情好客成为这个国家的“招牌”并非偶然。有机会到俄罗斯人家做客的外国人会注意到，他们的性格其实是外向、慷慨、友善、开放和真诚的。有人甚至“抱怨”到俄罗斯来总有无休止的宴会、海量的美食款待。

对于俄罗斯人来说，用餐不只是满足生理需求，也是个特别而重要的仪式。一起聚餐是友谊的表示，表明你们的关系又近了一步。过去，这叫作“分享面包”，人们分享同一个面包就不再为敌（有点像印第安人象征和平的红色烟斗）。

丰盛的餐桌是尊重的表示。即使在食品短缺得厉害（20 世纪 80 年代末到 90 年代初期），商店货架和百姓口袋都空空如也的最困难时期，为好友精心准备的餐桌也一定不会寒碜的。这让外国人很诧异：连自己温饱都无法保证的时候干吗这么奢侈浪费呢？有些人认为这是种荒谬的做法，也有人认为这是因为他们渴望以此掩盖自己国家贫困的现实状况。其实真正的原因很简单，是因为那时候，外国人在俄罗斯还比较少见，俄罗斯人认为应该对他们表示尊敬，而俄罗斯人认为丰盛的餐桌招待是表达尊敬的最佳方式。这也是为什么客人吃得少，俄罗斯主人会生气的原因，并不是因为他们心疼食物浪费可惜，而是觉得他们表示的爱与尊敬被拒绝了。

最后一点原因，俄罗斯人深信一起吃饭喝酒有助于彼此不太熟悉的人缓和紧张气氛，消除尴尬，建立联系。一旦坐在餐桌边，对话就会变得坦诚，人也会变得真诚。

因此，你去俄罗斯时，需要做好在各种意料不到的场合面对各种各样美食的准备。这当然不涉及跟团旅游的游客。在团队旅游中，俄罗斯人很快学会了利润高于一切的西方人生意经：食物价格要高，量不用足，通常模仿点地方风味就行了。不过也有碰到惊喜的，在乡村旅游的时候，公司可能安排品尝俄罗斯布林尼煎饼或高加索烤肉串。乐于美食款待已经影响到旅游业了。

莫斯科古姆百货

服务

几位购物归来的俄罗斯女郎

对俄罗斯人的第一印象常常被他们糟糕的服务所破坏。在这件事情上，旅游团的遭遇就好一些：一切安排符合程序，领队会监督服务的质量；而那些与俄罗斯服务业人员直接接触的人的遭遇就不太愉快了。可能最主要的是俄罗斯人的态度问题。一直以来，在俄罗斯，贸易及服务行业人群的社会地位不高，导致了他们的激烈反应。所以，他们时常会为了显示自己并不比客人卑微而态度冷漠，他们不想因为自己在服务行业工作而被人呼来喝去。

有时候，这样的情景挺可笑：一家豪华商场里，琳琅满目的商品，炫目华丽的装饰，一切布置得那么细致周到，可是那里的店员们看上去却似乎都想用他们冷冰冰的回答吓跑所有顾客。

一位老先生正在挑西装，“你觉得怎么样？这件适合我吗？还是要试试另一件？”

——“你这样的年龄恐怕挑不到合适的。”

或者有个身材偏胖的女士甚至能清楚地听到店员这样的评论：像她这样的身材根本就没必要在这里挑衣服。任何想找便宜些商品的要求都会遭白眼。或者在一家看上去和别的国家超市无异的食品店里，常常能看到一群店员在热烈讨论最近的新闻，完全无视购物者的召唤。或者一家餐馆的侍者可能会莫名其妙地突然失踪一段时间，尤其是在电视台转播足球赛的时候，或者在某位店员庆祝生日的时候。

当然，我们应该注意到情况在转变。首先值得注意的是，高档宾馆餐厅已和世界上其他地方相差无几，甚至可能更好些（任何事都有做到极致的）。独特的俄罗斯式服务也有它的优势。你问店员要些腊肠，世界上恐怕不会有别的地方像这儿的店员一样会轻声告诉你说这东西不新鲜，最好挑点别的。或者你想买饼干时，他们会告诉你：“来点普雅尼奇饼（一种由蜂蜜和姜饼制成的传统俄罗斯食品）吧，更好吃。”

与俄罗斯式官僚主义面对面也可能是个令人惊喜的经历。多年来把诸如美国、法国、意大利等许多发达国家的官僚主义作风与俄罗斯相比，笔者认为俄罗斯官员不算太糟，有些情况下甚至比他们的外国同行更好些。确实，办事会有些拖拉，需要填写无数张表格，官员们也可能厌烦了他们重复一辈子的职责而态度冷淡，但即便如此，

> 俄罗斯文化在家居生活方面一直保留一种节制的思想，因而顾客问得太多，在他们看来就像任性的孩子一样让人反感。饮料里放冰块会宠坏孩子，漏水的喷头照样能洗，厕所卫生纸不够，就节约点用呗。

也有人性化的方面。假如你有办法直接和相关官员接触，所有问题就可能迎刃而解了。不过请注意，尽管大家都认为收买俄罗斯官员最容易，其实也有许多其他方式可以尝试。可以想办法博得他们同情，让他们不好意思拒绝你，或和他们交朋友。当然，有些情况下只要给点贿赂就行。

风光

初识俄罗斯，还有什么吸引你的呢？广袤的土地，一望无际的原野。当然，这些对于只在莫斯科和圣彼得堡待着的人来说没什么切身体会。但假如你到乡村旅行，一定对它印象深刻。况且，大量人口都聚居在城镇，这种城市化的趋势丝毫没有减退的迹象。空旷和迷失在这片辽阔大地上的感觉一直伴随着那些来俄罗斯的旅行者。

许多外国游客对这片富饶的土地惊叹不已。一方面，它是令人喜悦的，因为这里很自由，你可以想去哪儿就去哪儿，不需要获得批准就能搭帐篷。另一方面，又有些悲哀，因为目前俄罗斯农业发展并不理想，荒弃的田地和森林随处可见。

一个骑车从莫斯科到圣彼得堡旅行的美国人对他一路上俄罗斯乡村生活的所见所闻发出这样的感慨：“这就是我们与之斗争多年的超级大国啊！”在俄罗斯农村，生活变化极慢，总是那副样子。还是用水泵打水，用柴火取暖，卫生间还是屋后的破茅草房，小店（如果有的话）只有些生活必需品卖。而所有这些都发生在仅离首都几公里远的地方。

俄罗斯风光

为了安慰这位骑车旅行者，我只能说俄罗斯的强大在于俄罗斯人民的精神，而不是他们的物质生活水平。这样的乡村景象和艰难的生活境况在1812年也骗到了拿破仑（他认为能打败这些人），1941年的希特勒也同样被骗到了。列夫·托尔斯泰（Leo Tolstoy）在他著名的小说《战争与和平》中写道：法国军队是在“人民战争的重击”下被击垮的。所以，外部表象很可能具有迷惑性。

严冬森林中的俄罗斯少女

冬季

人们对俄罗斯最普遍的印象是寒冷飘雪的冬季和伴随冬季而来的一切。任何时期的俄罗斯文学作品里，俄罗斯都被描绘成一个严寒刺骨、冰雪覆盖的地方，至今未变。19世纪的旅行者曾在其出版的游记里写下这样的句子：“在这里，你能感受到冬天的气息。”或者：“窗外，俄罗斯男人戴着御寒的皮帽行走着。”着实令读者着迷。后一句是著名作家刘易斯·卡罗尔（Lewis Carroll）所记，他是7月份去的俄罗斯。

至于后期，你可以回忆一下关于俄罗斯的电影，像著名的《日瓦格医生》，影片

著名的俄罗斯天气

我曾在冬天访问美国北部各州，他们对我常有这样固执的反应：我到的时候，天气还不算很冷，和莫斯科当时零下5℃的气温相差不多，但几乎每个美国人，从我认识的教授到女学生们，在商店碰见我，都这样半开玩笑地问候我："这样的天气你一定感觉不太舒服，不太习惯吧！1月份莫斯科的天气不会这样的。"（实际上，莫斯科的温度已经上升了，雪也有些融化。）很快，下雪了，气温骤降，他们的问候就变成了："祝贺你，终于有回家的感觉了吧！"他们会不断重复这样的话，直到春天来临。你几乎可以根据外面的气温预测一个美国人会怎样问候我，假如你不知道人们最喜欢把俄罗斯与冰雪、严寒和冬季相联系，这似乎很难理解。

俄罗斯女士冬日御寒帽

人物在厚厚的雪堆与美丽的冰柱相伴下相知相爱，经受磨难。电影的充分描述也加强了人们对俄罗斯根深蒂固的印象：那里常年冰雪覆盖，寒冷刺骨。多数电影甚至动画片（迪斯尼的）故事都发生在冬季，因为这意味着你马上能认出那个地方：一片白雪皑皑的土地，当然就是俄罗斯了。

从未去过俄罗斯的美国学生（在美国一个大州）在看关于莫斯科的幻灯片的时候，也有一种典型的反应：太惊讶了。他们从未想象过俄罗斯会有这么多绿色，他们从来都把俄罗斯与白色相联系，而绝不是绿色。

这种对冬季特点相关的所有联想被认为是俄罗斯人生活不可分的一部分：皮衣、皮帽、大披肩，甚至还有伏特加酒（因为寒冷才有人沉迷于它）。

西方人对俄罗斯人那么喜爱寒冷与积雪，期待冬季，有那么多假期、节日以及和雪相关的活动感到十分诧异。一个美国男孩约翰·昆西·亚当斯（John Q Adams，后来成了美国第六届总统）曾在18世纪去过俄罗斯，为俄罗斯人的"野蛮"行事和对雪的热爱而备感震惊。他对俄罗斯的澡堂（1781）是这样描述的："他们先在温水中泡澡，然后就跳到雪堆里和雪翻滚在一起……"接着，他写下这样的结论："……这个国家还远离文明……"

冬季确实是俄罗斯最美的季节，俄罗斯人也确实喜爱它。漫天飘雪，白雪皑皑，

在俄罗斯，冬季是滑雪的好季节

即使在漫漫长夜也不会漆黑一片。白天，积雪反射阳光，所有东西都在阳光的反射下闪闪发光。轻微的霜冻带来一种清新的感觉，因而这段时间被认为对身体健康更有好处。大人孩子们都出去滑雪，滑冰，乘雪橇，堆雪堡，或打雪仗，这就是理想的生活。可是最近几年，频繁袭来的暖气流意味着积雪融化，空气潮湿，气温在最不舒适也不利于健康的0℃上下徘徊。

冬季确实是到俄罗斯旅游的好季节，不用害怕这里的寒冷，只要带上合适的衣服就可以了。常常能看见一些游客裹着薄薄的衣服、戴着皮手套瑟瑟发抖。冬季的衣帽、皮革或毛线手套都不是俄罗斯人为了漂亮而穿戴的，它们都是必需品。

伏特加

俄罗斯人生活的另一大特点就是嗜酒如命。不幸的是，外国客人的评价往往说对了：许多卖食品的商店、售货亭实际上没什么可卖，但总能找到一些不同品种的伏特加和其他酒类。

俄罗斯人确实爱喝酒，而且爱喝伏特加。应该说，在质量上，俄罗斯的伏特加确实比其他酒要好一些。买葡萄酒、白兰地或啤酒时要特别小心，只能在声誉较好的大商场购买。而高质量的伏特加就能在任何地方买到，只要注意别买廉价品牌就行了。俄罗斯人喝酒的理由很多，高兴时喝，悲伤时也喝；忧郁时喝，无聊时也喝；工作忙了一天后喝，闲极无聊时也喝；有时为了暖暖身体，有时为了凉快一下都会喝上几口。有机会他们常常边喝酒边聊天：和朋友去郊外，打猎或钓鱼，聚在一起讨论时事，下班后偶遇老友，等等。一年里能有多少这样那样的机会啊。

在这方面，国家政治与政府政策起了重要的作用。众所周知，戈尔巴乔夫最不受欢迎的改革就是禁酒法案。实施的结果比预想的更严重，更具破坏性。俄罗斯南部美丽古老的葡萄园被破坏，这可是无法补救的损失啊！更何况，这样做毫无意义。大半个国家的人，从普通工人到大学教授，拥挤吵闹着抢购伏特加；非法酿制的烈酒泛滥；这些品质低劣、非法酿制的烈酒对国民健康造成了很坏的影响。而且对于国家政策的不满引起了民众的抵触情绪，社会矛盾一触即发。

现在，情况完全不同了，甚至又到了另一个极端。政府宣布实施市场经济，让酒类的生产销售量大大增加。结果，酒到处都有，谁都可以买到。更重要的是，现在人们坚信在公共场合或大街上喝酒是庆祝自由的方式，所有自由的国家都这样做。所以，现在看见年轻姑娘在边走边喝着听装酒或西装革履的生意人在巴士站大口喝着啤酒就不足为奇了。

2010 年，俄罗斯政府发起新的禁酒运动。其实施的第一步就是禁止夜间出售酒类（酒精度超过 15%）。时间各地区有所不同，有些地区仍在推迟。莫斯科市禁止售酒时间为晚 10 点至晨 10 点，莫斯科地区则为晚 9 点至晨 11 点。

但是，我们不应该过度夸大俄罗斯人的饮酒问题。和朋友小酌几杯放松一下，或者雪天回家喝几口暖暖身子是一回事，而酗酒又是另一回事了。并非所有人都喝酒，而那些喝酒的也不是都没有节制。女士喝得不多，多数不喝伏特加或其他烈酒。喝酒也不一定要喝醉。在俄罗斯，那些能喝酒不醉、始终保持清醒的人特别受尊敬。当然，也有些醉鬼，你会在俄罗斯一些城镇街头碰到他们（其实任何大城市都存在这个问题）。关键是，过去几年里，绝大多数由国家承担费用医治酗酒的国营医疗机构都关闭了。

苏联红牌伏特加

人们的喝酒方式也不太一样。在俄罗斯，人们不会小斟一杯威士忌，在房间里踱步谈生意；不会午餐时小呷葡萄酒回味一番，这时候，酒是美食的伴侣；也不会在夜幕降临时，边呷酒边读书。在西方，人们经常这样喝点小酒，而在俄罗斯，不喝则已，一喝就要尽兴。他们常常坐在餐桌边，先喝口酒，再吃点菜（这

俄罗斯乡村风光

时候，菜是用来下酒的）。

俄罗斯民间故事

民间故事非常能够显示一个民族的性格特征。俄罗斯民间故事尤其如此，因为民间故事是人们世界观、是非观、道德观形成的起点。在俄罗斯，民间故事广为流传。即使在理性主义和唯物主义的苏联时期，民间故事也大量印制，大导演们把它们形象地搬上银幕，或根据它们创作芭蕾舞剧、歌剧以及其他表演形式。在俄罗斯，民间故事就像一根穿越时代的线，一些民族价值观借以代代相传。

民间故事的另一个重要特征是它的广泛性。它们得到了社会各阶层人民的喜爱。占人口绝大多数的农民，在漫漫冬夜一遍遍地传述着；贵族孩子们则听着他们的奶妈耐心地讲述。在知识分子和艺术精英们的作品中，也不失这些民间故事的影子。直到现在，无论在贫苦人家还是新贵阶层，讲的都是同样的故事。它们是团结俄罗斯社会的特殊纽带，传扬着大众的理想。

民间故事对于不同年龄阶段的影响是同样的，老少皆宜。

民间故事的民族特性在两种情况下尤为明显：当它们被其他国家的人所理解时，以及把它们与其他国家的民间故事相比较时。

俄罗斯最受欢迎的民间故事是《冰雪爷爷》（*Morozko*）。故事很简单：一位可怜

这个俄罗斯民间故事有个德国版本：风雪婆婆。故事很相似，但价值观略有不同。在德国版本里，好姑娘很勤劳，也很整洁，她把风雪婆婆的家打扫得干干净净，把她的羽绒床铺得蓬蓬松松。而另一个坏女孩又懒又脏，什么事情都不会做也不愿意做，所以她最后受到了惩罚。

的女孩有个无能的父亲、恶毒的继母和愚蠢贪婪的同父异母妹妹。女孩很不幸。她总想让大家高兴，但事与愿违。更糟糕的是，她的好脾气反而让大家都嫉恨。继母没耐心再养她，就把这个勤劳的姑娘赶出家门，赶到可怕的森林里去。

女孩坐在树下，正准备安静地死去时，被路过这里的冰雪老人发现了。他问女孩："你冷吗？小女孩，你冷吗？美丽的女孩！"女孩用微弱的声音回答："我不冷，老爷爷；我不冷，老爷爷。"于是，他加剧了冰冻，又问相同的问题，而她尽管更虚弱了，还是一样地回答。结果，冰雪老人非常同情她，给了她许多礼物。这一切被她的继母看在眼里，于是，她带着她的亲生女儿来到森林。冰雪老人路过，问她同样的问题："你冷吗？小女孩，你冷吗？美丽的女孩！"可是他听到的回答是："哦，太冷了，我都没力气了，要冻死了。"冰雪老人很生气，就把继母的新生女儿冻死了。故事就这么简单。

科斯特罗马河风光

美国学生对这个故事的反应很有趣。他们根本无法理解故事的寓意是什么。第一个女孩明明说谎、欺骗老人，却得到奖赏。而第二个女孩觉得冷，坦白地说了真话，得到的却是惩罚。如果这不是俄罗斯人奇怪的思想在作怪，又是什么呢?

而俄罗斯人都了解那是因为女主角谦逊、安静和温柔，换句话，这正体现了俄罗斯民族的良好品质。她不愿意因为自己的问题而增加老人的负担，她毫无怨言地接受自己的命运。她的真在于她的耐心与谦卑。而她同父异母的妹妹却太自私，只考虑自己冷暖，吵吵嚷嚷的，所以不应该被赦免。

俄罗斯民间故事里的女主角都很智慧、勤劳、忠诚和谦逊。有时候她们也很美丽，但故事里往往不太提到这一点，因为外表不是很重要。而欧洲的民间故事（比如法国）的女主角常常美丽动人。因为美丽，她们的冷酷、愚蠢、空虚或对男主角的背叛都会被原谅。在这样的故事里，聪明女孩通常是不幸灾祸的化身，而俄罗斯人则更愿意剥掉女主角美丽的外衣。

俄罗斯女主角很有智慧，常常把男主角从艰难险境中营救出来，她们给他建议，帮助他，常常能创造奇迹。

男主角可能会做些愚蠢的事情或变成叛徒（如故事《勇敢的雄鹰》），见异思迁。而女主角却总会原谅他，从一而终。而且，她从不妨碍他，总是默默奉献着。对她

傻子伊凡

傻子伊凡是俄罗斯民间故事里的英雄人物。他貌不惊人，总做些乍看起来又傻又无聊的事情。他不图名，不求利，但最后居然得到了一位美丽的公主，有时甚至还有半个王国这样的回报。而他聪明又实际的哥哥们的遭遇却截然相反。傻子伊凡的优点就是他的简单、率真，没有商人般精明实际的个性。他把自己仅剩的小片面包省给挨饿的小兔子，这种做法在常人看起来毫无意义。但在后来的困难时刻，正是这只兔子给了他对付邪恶卡谢尔的魔蛋，这就是善良的回报。他单纯、富有同情心、不太实际、不善言辞，所以“聪明人”认为他是个傻子，可在人们心目中，他是个英雄。

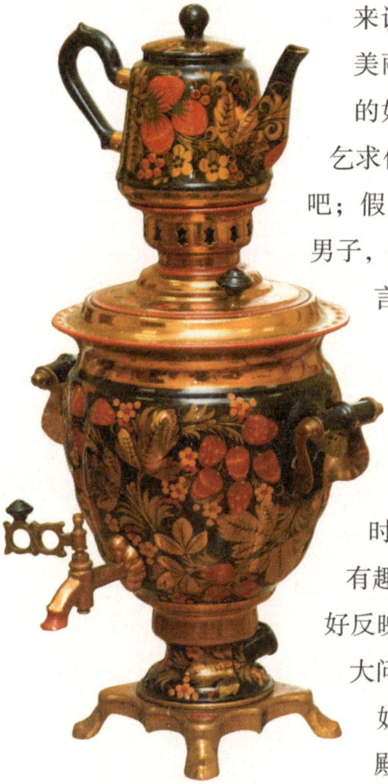
俄式茶壶萨莫瓦

来说，爱情与婚姻是命中注定的事，无法更改。一只美丽的小鸟飞入草丛，掉下一根羽毛，变成一个美丽的姑娘。男主角悄悄地把羽毛偷走。她没见到他，就乞求他现身，说道：“假如你是个老先生，就做我的父亲吧；假如你是年轻女子，就做我的姐妹吧；假如你是年轻男子，你就是我的丈夫。”就像咒语一般。结果她也信守诺言，因为在她看来，命运无法逃脱。

民间故事的跨国主题是社会流行观点的体现。古希腊神话中的爱神厄洛斯与灵神普赛克的故事主题在许多俄罗斯民间故事中都能找到，其中一个叫作《红花》的故事尤为接近。毫无疑问，尽管时空相异，两个故事有着相同的主旨，相似的情节。有趣的是，它们的相异之处在于对主题的不同理解，恰好反映了两个民族的民族特征。希腊神话中，普赛克的最大问题是她的美貌与轻信，她的对手是维纳斯女神和嫉妒的姐姐。根据众神的愿望，她被送进一个神秘的宫殿，那里住着一位不愿现身的人物，和普赛克有了亲密的关系。在她姐姐的诱骗下，趁他熟睡时，普赛克偷偷照亮了这位神秘人物的脸，结果发现他原来是世界上最英俊的人：厄洛斯。后来，坠入爱河的厄洛斯说服宙斯，最终营救了普赛克。在这个故事里，爱情的基础是美貌，解救是靠众神的力量完成的。

在俄罗斯版本里，女主角因为梦见神秘的红花而惹来麻烦。她也发现自己来到一个富丽堂皇的宫殿，她也看不到宫殿的主人（很难想象他们会像厄洛斯和普赛克一样第一夜就睡在同一张床上）。他和她说话，讲有趣的故事，博得她的同情，努力通过智慧和体面的方式赢得她的芳心。似乎所有姐姐们在世界各地都差不多：她们爱嫉妒又恶毒。白天，男主角其实是一个怪物，可就是他赢得了女主角的芳心。这个故事里，爱情的基础是命运——认为他们命中注定要结为夫妇。俄罗斯妇女永远的基本信念是："他也许没那么好，但他是我的丈夫。"因此，女主角最终因自己的奉献与忠贞精神而被解救。

俄罗斯秋景

街上的熊

长期以来，皮草、鱼子酱、萨莫瓦（精致的俄罗斯茶壶）和巨大的披肩都被认为是构成俄罗斯人生活不可分的一部分。让游客欣喜的是，它们中的一些至今依然存在。你只需去莫斯科城外几公里便可以发现大披肩仍然大有人用。许多人家还用茶具给男士上茶。俄罗斯人生活的部分特点虽然已经自然消退了，但或出于商业目的（外国人愿意为此掏钱），或出于奉行传统仪式的缘故，它们正在被精心保留。现在，民间节日（不是那些特地为外国人而设的，而是俄罗斯人自己的）总有三匹马拉的雪橇、俄罗斯茶壶和薄饼，有时甚至还有套着链条的熊。

在旅行者脑海中根深蒂固的第一印象不会全都不真实，而往往有它正确的地方。鲜明而真实的第一印象有时是对周围世界的生动写照。重要的是你对人以及他们的环境作出判断时的思维方式。一定要记住每个民族都是在特定的历史文化条件下形成的，历史文化背景决定了他们的行为。

比如，一个俄罗斯人从美国或英国回来，说："他们别的都挺好，就是太小气。请我喝咖啡，就给我一杯咖啡、一块饼干，没别的了。就算聚会里，也只有啤酒加薯条和干果。"在俄罗斯家庭寄宿的英国留学生常常因为被照看得太周全而烦恼不已，主人们老让他们多吃点，更糟的是，礼貌的拒绝也会惹来误会。"早餐我想来点麦片和茶，为什么非得吃馅饼和土豆？为什么总要让我说明理由？"外国留学生回家晚点也不行，因为根据俄罗斯传统，孩子和父母住在一起直到结婚，必须接受父母的监管。

当然，对俄罗斯人的许多期待最后证明是错误的，大灰熊不会在大街上溜达，人们也并非只习惯在冰天雪地里生活。但俄罗斯人的热情好客、戴护耳的皮帽、过分的信任与坦白却是名不虚传的。

熊往往被看作俄罗斯的象征

第二章

地理、历史概览

"恶劣的气候以及大片的沼泽、森林和沙漠——构成了国家的一大部分——使人与自然的抗争成为必然。英语中所谓的'舒适'和我们所谓的'自如'恐怕在俄罗斯很难找到。"

——法国作家、出版家，斯塔尔夫人（Madame de Stael）

与世隔绝的生活

这个国家领土如此之广，以至于极易令人迷失方向。20世纪70年代初，一群阿尔泰地区的狩猎人发现那里有一户人家几十年来过着完全与世隔绝的生活，消息传出，举国震惊。这家人对国家政治变革（他们依然深信俄罗斯还处在沙皇的统治下）和技术进步一无所知，就像生活在沙漠中的小岛一样。他们打出生那刻起就过着与世隔绝的生活，没见过任何其他人。但是，这样的发现并没有给他们带来好结果，就像美国的印第安人的遭遇一样，与现代文明的接触带来了一系列的传染病，结果这些难得的隐士很快就离开了人世。

俄罗斯地区：多样中的统一

俄罗斯有着极其辽阔的领土，横跨亚欧大陆。欧洲部分土地面积虽然不如亚洲部分大，但人口主要集中在此。尽管如今的俄罗斯已经失去了原来很大一部分土地，但它辽阔的国土仍然令人印象深刻：俄罗斯仍是世界上国土面积最大的国家。根据2002年的统计，其人口接近1.5亿。

俄罗斯横跨11个时区，所以当加里宁格勒市居民在下午1点等着午餐休息的时候，许多堪察加彼得罗巴甫洛夫斯克市民正处梦乡。俄罗斯有多个气候带，有北极冻原，也有里海沙漠。有无边的平原、险峻的高山，也有茂盛的针叶林、人迹罕至的大草原。人口分布极为不均：绝大多数人口聚居在城市，这是大家向往的地方，因而大片土地荒无人烟。

伏尔加河畔的下诺夫戈罗德市景色

尽管俄罗斯的自然地理环境复杂多样，其文化却格外的统一。你可以在圣彼得堡搭上飞机飞9个小时，或者在莫斯科乘上著名的跨西

树林中的晨曦

努力统一国家是俄罗斯古老的传统。尽管人们往往认为只有苏联时期才那样，其实它的根源要深远许多，苏维埃政府只不过从与之激烈争斗的政权那里继承了这个传统。

伯利亚火车向东行驶7天，或者坐上长途车穿越俄罗斯内陆，无论到哪里，你都能体会到它和你已经见识过的俄罗斯惊人的一致。景观在变——高山，大海，广袤的针叶林，高耸的白桦树——但人们的生活还是一样，一样的房子，一样的生活水平，一样独特的生活方式，最主要的是，一样的人。

可以比较一下相距千里之外的莫斯科城郊和西伯利亚地区两个中等规模的城镇，它们几乎一模一样，难以区分。中心广场的商店卖的是一样的商品，对面的教堂里进行着相似的活动，老太太们坐在街边嗑着瓜子，带着一样的表情看着路人。连广场和街道的名称都是一样的：苏联解体后没有重新命名的话，叫作列宁广场；重新命名的话，就叫中央广场。

尽管俄罗斯的一些少数民族（人口占少数）仍然坚持他们的民族传统，如楚科奇族、埃文基族、哈卡斯族等，俄罗斯文化的多样性因而得以保存。但他们的生活也受到大俄罗斯的影响，大部分得以保留的传统只跟信仰和民族服饰有关。

令人惊讶的是，俄罗斯南北部或东西部之间并没有发生过内战冲突。现存的冲突（乡镇间或省之间）和其他地区一样，跟地理划分也没什么太大的关系。

所有这些并没有妨碍不同地区各自的发展（现在俄罗斯划分为89个区）。每个地区都有各自独特的自然气候条件、各自的自然资源、各自的邻居（相互需要保持良好的关系），以及各自的优势。没有所谓的政治伊甸园。许多地区乐于接受所授予的独立地位，但其实在文化的各个方面，如日常生活、当地居民、生活观念和传统习惯并没有任何改变。其统一性无可避免。

当俄罗斯人在这片土地落地生根时，这种统一性就自然随之而来。他们带着自己的生活方式去偏远的地方生活，小心呵护，代代相传。随着国家的强大，这种传统得以保持。一个明显的例子就是教育。俄罗斯国家教育制度在18世纪制定以后，马上把统一原则作为主旨。全国所有课程、教科书、教学要求都围绕这一主旨进行。当然，也考虑到一些地方特点，因而在19世纪时，初中义务教育的语言为：法语和德语（中欧地区）、英语（阿尔汉格尔斯克区）、希腊语（南顾伯尼亚区）、中文（伊尔库茨克区），但一切都还是以统一的教育制度为指导方向。

苏联期间，这个传统得到了进一步加强。莫斯科的教育部以强硬手段调整统一全国所有地区的教学进程。外国人对此感到很惊讶，他们以讽刺的口吻写道："一个五年级的学生在学年中期从诺夫斯布斯科转学到莫斯科，发现根本没什么两样，那儿的五年级学生上的是同样的课，用的是同样的书，科目也一样。"确实如此，不但课程安排一致，进度一致，连作业以及考试时间也都是一致的，就那么严格。

在过去的15年里，情况发生了一些变化。自由，伴随一些混乱（开始时，各部一直处于重组阶段，一会儿叫作委员会，一会儿变成部，当然就没时间讨论教育问题了），统一的教育体制已经弱化。各地教学机构有机会自己选择科目和教材。结果可以预测得到：教学混乱和教学标准下降。现在，许多地方学校的教师都很怀念统一的教学计划、课程和教材，他们在21世纪的信息与书籍大冲击前备感无助。

俄罗斯在复杂多样的地理环境中所保持的令人惊讶的文化统一性，是数百年历史的结果。它伴随着俄罗斯人民横跨东

列宁广场

西、纵贯南北而逐步形成和发展起来，是俄罗斯作为一个统一国家的独特象征。

莫斯科——俄罗斯的心脏

莫斯科一处象征友谊的喷泉雕塑

无论是古代的莫斯科还是圣彼得堡（彼得一世迁都至此），首都在俄罗斯人生活中有着非常特殊的地位。1918 年，新成立的苏维埃政权把首都迁回莫斯科，恢复了它从前的地位。首都就像块巨大的磁石吸引着俄罗斯人。人们总有这样的感觉：所有最好的都集中在这个中心，而事实也大多如此。

在俄罗斯，首都（莫斯科和圣彼得堡）和其他省府有着鲜明的区别，俄罗斯历史上的政治经济中央集权制意味着国家的主要财富，无论是物质财富还是精神文化财富，都集中在首都。最关键的是，这些城市不但物质上更富裕，社会文化教育水平也相对高一些，国家为了缩小差距，努力在偏远地区建设剧院、博物馆，设立大学与图书馆发展基金。

然而问题依然存在。首先，人们还是认为最好的都集中在首都。在莫斯科生活已经成为所有俄罗斯人的梦想，成为事业成功的象征。尽管在过去的几年，欧洲和美国成了新“乐土”，但对于许多人来说，莫斯科仍是第一选择。现在俄罗斯人甚至有这样不妙的感觉，莫斯科把全国的钱都抽走了，那里的人过着成功富足的生活，而其他地方则一贫如洗。这种感觉并不完全正确，贫富差距在全国各地到处都有，莫斯科也不例外。

众所周知，首都要比其他城市更大都市化，在这里，你更能感受到这个国家的根和传统。不仅莫斯科如此，世界各地亦如此。而且，莫斯科汲取了国民生活的主要特点，因而它几乎反映了俄罗斯人的所有具体特征。难怪 18 世纪末俄罗斯著名历史学家和作家卡拉姆津（Karamzin）曾写道：“见到莫斯科就见到了俄罗斯。”

欢迎到俄罗斯的首都莫斯科来。莫斯科被称作“俄罗斯的心脏”，这个称呼恰如

莫斯科是按“环线与半径”的模式规划和建设的。因此，城市就像一棵枝繁叶茂的大树，数百年来环状的“年轮”在不断扩张，与街道纵横交错，有林荫环城路、花园环城路、莫斯科环城路等。一位美国游客感慨地说：从空中俯视，莫斯科就像一张奇特的蛛网。

其分。它确实是这个国家至关重要的部分，没有它，整个国家机构将无法正常运转。俄罗斯人“神秘的精神”也隐藏在此。

莫斯科被划成几个区。19 世纪的时候，有贵族区、商人区、学生区等。现在则划分为“富人区”“平民区”以及“睡眠区”（贫民区）。

富人区，也是地价最昂贵的区域，首先坐落在市中心，其次是西南和南部区域（如列宁斯基大街、库图佐夫大街、克雷拉兹科）。过去几年里，这里所谓的“精品”房产数量显著增加，一幢幢豪华昂贵的公寓大楼拔地而起。更令人惊讶的是，它们很快销售一空。俄罗斯人还是向往莫斯科，就算收入不高的人也梦想在那里有自己的房产。

与奢华昂贵的公寓楼形成鲜明反差的是所谓的“公房”，它们至今依然部分存在。大量的“公房”是在 1917 年革命和“二战”后建成的。几家人住在一套大公寓里，每户有自己的房间，但厨房、走廊、浴室和厕所公用，一栋楼里挤着很多户人家。

在这样的条件下生活是艰苦的。早上要排队上“公厕”，争厨房，生活在邻居的“监视”下，这些都是公房生活的特点。几代人同住一间房，父母、成年的孩子、祖父母，甚至还有其他寄宿的亲戚。不用说，这样的生活哪有隐私可言？可是，人们撑下来了，而且枕着思乡的美梦入睡，因为尽管有争执、有困难，那里更有友情、互助、亲

莫斯科市区全景

人般特别的邻里关系。

过去一段时间里，公房在莫斯科非常普遍。尽管至今仍有些在用，但它们必将慢慢地退出历史舞台。

20世纪60年代，在尼基塔·赫鲁晓夫时期，曾计划大规模地解决住房问题，逐步摒弃公房。莫斯科城出现了所谓的“赫鲁晓夫区”（kruschoby，把俄语中的赫鲁晓夫和贫民区两个词结合在一起），最著名的是在切尔尤姆区（Cheryomusky）。这些房子建造得极快，分给那些急需住房的人。这种五层楼房如今已成了肮脏恶劣生活条件的象征：狭小的厨房，没有走廊，单薄的墙体，隔壁的声音听得一清二楚。

但在那时候，无论多小，只要拥有自己的公寓就是值得高兴的事。经过战后的艰难时光，人们从公房搬入这些迷你居所就感觉很富足了。厨房虽小，可它是自己的；厕所不大，可不用和邻居抢了。现在，这些曾属莫斯科郊外的区域看起来离不断扩大的首都中心区也不远。老楼在拆迁，取而代之的是现代公寓。其中一些公寓给了回迁的居民，其余对外销售。

莫斯科还有个“睡眠区”：大规模居民楼聚集区。这些居民楼外表相似，基础设施相对分散，卫生条件较差，也比较拥挤。这些20世纪七八十年代建造的标准混凝土楼房可不是这座城市的“宝贝”，然而，它们确实部分解决了城市扩张中的住房问题。

相似的标准，难看的建筑，四处可见。在绝大多数大城镇，它们的建设是根据同一张设计蓝图进行的。这更加强了这个国家是个统一的整体的印象。

住房一直是莫斯科的一大问题。人口不断增加，住房紧缺问题格外突出。而且人们都想在离市中心尽量近的地方建造崭新奢华的住宅，这对城市整体外观的影响是不利的。

“命运”与俄罗斯住房

有一部俄罗斯电影叫作《命运的讽刺》，至今仍深受欢迎。影片的男主角，一个莫斯科男子，新年前夜和朋友出去喝酒，结果到了圣彼得堡。他根本不知道自己身处何方，醉醺醺地上了出租车，给了司机自己的住所地址。到了以后，他用钥匙打开房门，看到熟悉的家具，毫不怀疑是在自己莫斯科的家里，就上床睡觉了。幸运的是，这套圣彼得堡公寓的主人是位年轻漂亮的单身姑娘，结果影片是个皆大欢喜的新年童话式结局。不过，影片也讽刺了俄罗斯城镇建设千篇一律的风格。

更多关于莫斯科的信息

莫斯科位于北纬 55.45° （与哥本哈根和格拉斯哥相当），东经 38° ，平均海拔 130 米（约 400 英尺），坐落在俄罗斯欧洲区的莫斯科河畔。

莫斯科属大陆性气候，1 月份平均气温 -10℃ ~3℃，5 月 7℃ ~11℃，7 月 8℃ ~17℃。年平均气温 4℃ ~5℃，比格拉斯哥低 4℃，年降水量 640~670 毫米（为格拉斯哥的 1/3）。

莫斯科是俄罗斯最大的城市。1960 年建成的环城公路长 109 公里(约 68 英里)，内环面积 900 平方公里（约 347 平方英里）。之后，城市一直在扩张，现在已经增加了 200 多平方公里。

根据官方统计数据，城市人口约 950 万，这数字还不是绝对的。莫斯科始终吸引着俄罗斯人。一部分人为这里的文化教育而来。在商品短缺时期，莫斯科的商品供应也是最好的。任何时期，莫斯科的生活水平和生活条件都比其他省城好得多。

莫斯科红场

一个“典型”的莫斯科人可能有一个乌克兰祖母、犹太祖父，“撕破一个俄罗斯人的外衣，其实就是个鞑靼人(又译：文明无法改变本性)”。这句谚语，俄罗斯以外的人也都有所耳闻。

自从原共和国以及俄罗斯各地区间发生严重冲突以来，大量难民潮水般涌入莫斯科，寻求避难。莫斯科的国际化令它成了最吸引难民的地方。一些大胆的专家直言莫斯科的真正人口是官方数据的两倍，保守些的专家也认为其实际人口比官方登记人口多 100 万。这一切都导致人口过多问题日益严重，还有随之而来的住房紧缺、劳动力过剩、供应困难等问题。

除此之外，代表不同国籍的——尤其那些因战争而流放在外的，生活无着落的异族人，常常是莫斯科不断增加犯罪活动的罪魁祸首。而过去，莫斯科曾是世界上治安最佳的首都之一。

根据官方数据，90% 的莫斯科人是俄罗斯人，接着依次是乌克兰人、犹太人、鞑靼人（又称塔塔尔人）。但假如把未登记在册的莫斯科居民以及苏联时期常见的为数众多的跨族婚姻也考虑在内，这个数据也不是绝对准确的。

绝大多数莫斯科人的第一语言是俄语，俄语是莫斯科亚美尼亚人、莫斯科格鲁吉亚人和莫斯科鞑靼人的母语。那些选择莫斯科作为居所的人在生活方式和文化传统上都是俄罗斯化的。一直以来，那些到首都来的人都愿意让自己与整个城市的生活节奏合拍，当然部分保留他们民族的传统，比如饮食习惯等。

现在，情况有些变化。全国上下人口变化显著，民族冲突尖锐，这使谈论莫斯科的各个民族团体如车臣人、乌兹别克人、阿塞拜疆人等的发展成为可能。这个进程才刚刚开始，未来很难预测。

圣彼得堡

假如说莫斯科是俄罗斯的心脏，那么圣彼得堡就是头脑。它的面积仅次于莫斯科，被称为俄罗斯的第二首都（事实上在 1712—1918 年期间，它确实是首都）。300 多年以来，两城之间的竞争就没有中断过。

1147 年建成的莫斯科在人们心目中一直是传统、威严的城市，维护着民族生活方式和传统。尽管它曾一度（200 多年）失去首都的地位，但始终是俄罗斯宗教与文化中心。

圣彼得堡在彼得一世在位期间建成，是新生活的象征。它是外国工匠们根据欧洲风格建设的，一直被认为是学术中心，有点冷漠，高高在上，但比莫斯科面包加盐式的好客（俄罗斯传统待客方式）更显教养，更文明。从建成之日起，圣彼得堡就是座帝国之城，国家政治权力中心。这也是 1918 年布尔什维克政府决定把首都迁回莫斯科的原因：人们思想上不会把莫斯科和被推翻的帝国皇室联系起来。

这座位于涅瓦河畔的城市曾数次更名。彼得一世赐予它“圣彼得”的名字，按当时流行的德国风格取名为“圣彼得堡”。第一次世界大战期间，随着人们反德情绪的高涨，俄国国王尼古拉二世把它改名为俄式风格的“彼得格勒”。列宁去世以后，苏联政府在 1924 年将其更名为“列宁格勒”。

涅瓦河畔

圣彼得堡拥有大量俄罗斯艺术珍宝。长期以来，最好的艺术作品珍藏在此，富丽堂皇的建筑耸立在此，恢弘的剧院和奇妙的博物馆亦在此开放。难怪到圣彼得堡的游客逐年增多，它不但深受外国游客喜爱，俄罗斯人也经常蜂拥而至，在此感受自己国家灿烂的文化与历史。

圣彼得堡冬宫

戈氏改革开始以来，这个城市的名字问题又被推到风口浪尖。更名是个痛苦而艰难的过程。20世纪80年代末曾做过的一次民意调查显示有两种意见，一部分人投票选用旧名，他们认为有着如此灿烂的历史传统的城市应该恢复它最初的名字：圣彼得堡，而且这个名字和苏联没有任何联系。另一部分人则指出，新名“列宁格勒”也走过一段英勇光荣的岁月，重回过去毫无意义，甚至是对数代列宁格勒人记忆的侮辱。他们还特别提到战争期间，特别是列宁格勒保卫战中牺牲的无数先烈。然而在1991年，这个城市还是恢复了它的原名，又成了圣彼得城：圣彼得堡，多数人简称它为“彼得”。

但城内区域仍然保留“列宁格勒”这个名称，一方面显示了俄罗斯中央与地方的意见矛盾，另一方面也是俄罗斯当代政治一贯的妥协倾向的结果。

如今的圣彼得堡不失时尚。俄罗斯联邦政府总统弗拉基米尔·普京出生成长在

这里，他的许多克里姆林宫同僚也是他的同乡。盛大的节日、雄厚的资金支持和大量政府机构令这座城市熠熠生辉，也让它声名远扬。这位莫斯科的老对手依然生机勃勃，两城正和平相处，携手共进。

俄罗斯乡村

长期以来，俄罗斯都是个以农村为主的国家。1897 年的人口普查显示只有少于 15% 的城镇人口，而这些城镇居民大多数来自农村，1861 年农奴解放改革后才进城。现在俄罗斯人流行寻找自己的贵族血源，但要记住，大多数现代俄罗斯人都有农民的历史背景，农村生活及其传统与思维才是俄罗斯人性格的核心。

有趣的是，尽管这样，人们对俄罗斯农民的生活了解得还是很少。世界闻名的俄国文学作品多数是贵族写的贵族生活，留存下来的日记和回忆录也属于那个圈子。对农村生活感兴趣的现实主义作家主要关注的是它的缺点，苏联时期历史学家所写的“暗无天日的、被遗忘的和无知的”农民是为了更清楚地证明革命后生活的变化。现代教科书上描绘的都是历史著名人物的行为与生活。俄罗斯农民真实的日常生活以及他们的思想感受，几乎无人了解。

其实，少量对于俄罗斯农民的了解证明了他们的生活并非那么暗无天日、混沌无知或沮丧消极。自古以来，农村便有自己的不成文的法规：他们依靠土地与农耕劳作生活；他们受到集体的保护（这一点将在第三章着重讲述）；历史传统是他们生活的基础。

俄罗斯的农村生活中有一些重要的历史时刻：首先是伟大的沙皇改革者彼得一世，他的改革改变了俄罗斯贵族的生活方式。从那时候起，城市、宫廷与农村，官员、商人与农民之间的差距越来越大。之前，这个国家里所有人的生活方式与习俗是一样的，只不过有贫富的差异。一些人的服饰、用具比其他人昂贵些，但他们的样式相似，大家拥有相同的节日、传统习俗，相似的家庭关系等。彼得一世改革以后，贵族更向欧洲风格靠近，尽管

叶尼塞河上的大桥

还带点俄罗斯风味，而农民则仍然保留着俄罗斯的传统习俗。

另一个转折点是1861年废除奴隶制时期。从那时候起，俄罗斯农村开始慢慢衰退，城市开始发展。农民们得到自由以后，来到城镇，涌入大量新建的工厂工作；农民家庭开始变小，成年的孩子拥有自己的房子，独立生活工作；农民持有的土地也变小了；对自己和孩子将来的担忧与争论令农民忧心忡忡。所有这些最终导致农业生产的下降以及农村的没落。

苏维埃政府的首要任务是国家的工业发展。大量的人涌入城市，这是由于新政府的农村政策造成的：大规模的集体化、重新安置、农民整合等。城市不断繁荣发展，城市生活焕然一新、更加舒适与生机勃勃，而农村的基础设施依然陈旧不堪，无法适应新时代的需求，生活与时代严重脱节。年轻人离开农村，到城市发展，农村真的年迈落后了。戈氏改革最终终结了早已脱离现代生活、无法生存下去的俄罗斯农村。2001年的数据显示，超出73%的俄罗斯人口生活在城市。

当代俄罗斯农村的生活方式依然是过去式。像文化传统这样的国家根源在这里得以保留固然是件好事，但俄罗斯农村的生活太过时落后了，迫使年轻一代出去寻找更现代和舒适的生活。

俄罗斯国土辽阔，许多这些年维持下来的乡村隐于其中，成了被遗忘的角落。在那些村庄里，人们还是从井里打水，还是用柴木取暖、柴火做饭。洗衣机、洗碗机、微波炉以及

一个住在俄罗斯公房的女农民在自己的房间里养起了兔子，邻居抱怨时，她回答说兔子让她想起她的乡下老家，而且，典型的乡下做法是计划怎样把它们吃了，然后把毛皮做成帽子。尽管脱离了自然环境，乡村生活在俄罗斯的城市依然延续。

其他便利生活的先进电器在那里难觅踪迹。厕所不在屋内，这在寒冷冬日特别难捱。假如有商店，也只卖一些生活必需品。

没有文化娱乐活动。苏联时期，曾做过支援乡村的努力，开过一些俱乐部和影院。但现在，因为没有政府的支持，根本无人光顾。在新的市场经济条件下，农民没有什么可行的谋生手段，许多人只能靠种土豆、洋葱、卷心菜勉强度日，难怪村子里的人（不只是年轻人）都要想方设法出去。

然而，俄罗斯人仍然向往能与自然和谐相处的简朴的乡村生活。尤其随着人们厌倦了城市生活，这种趋势日渐显著。近百年的时间里，俄罗斯从一个以农村为主的国家变成了都市化国家，然而人们潜意识中依然保留着生活在森林、原野与河流间的美好记忆。假如问城市居民是否愿意搬到农村，大多数人也许会明确地否定，但确实有越来越多的人抱怨对城市生活的厌倦，对清新空气与广袤田园的怀念。

人们仍然被土地吸引着。20 世纪 80 年代，为了解决当时出现的食品短缺问题，曾大规模地推行分地到户政策。原则很简单，自己养活自己。结果令人惊讶，俄罗斯人把土地分成 400~600 平方英里大小的几块，建起了简陋的小平房（没钱建更漂亮的），投入极大的热情利用业余时间打理田地。那些职业上与田地没什么接触的教授、老师、医生等在自己的地里创造奇迹，他们种出了绝棒的西红柿、罕见的南部果蔬以及简单的北方蔬菜。这种源自农民的对土地的热爱，突然意外地在这些城市后人身上

俄罗斯乡村田园风光

迸发出来。

我们也注意到许多农村的传统习俗也已渗入都市人的生活。老习惯卷土重来，许多生活在城市的俄罗斯人仍按乡下的习惯生活，努力保留乡下生活的一些特点。许多人甚至并不了解农村之外的东西，他们只不过人离开了农村而已。

歌曲、电影以及文学作品里常见的莫斯科庭院在很多方面就是乡村生活的缩影：大家相互熟识，相互帮助，有乐同享，有苦同当。如今，尽管人们争相搬进精品公寓大楼里，也许那里更豪华、更方便，但是，老俄罗斯庭院生活仍然是人们无比怀念与向往的。

在俄罗斯城郊旅行是艰难的。没有方便舒适的设施，甚至没有平整的道路，有时只能徒步前行。但不到俄罗斯农村看看，就无法了解神秘的俄罗斯精神。

彼得大帝雕像

独特的俄罗斯公国

通常认为俄罗斯公国在公元862年建立，这是根据俄罗斯最早的编年史（名为《往年纪事》）所述。《往年纪事》从12世纪初开始，记录了许多早期的传说与传奇故事。它告诉我们：从前，斯拉夫部落聚集在一起，决定“寻找一个能够统领大家，根据习俗评判大家的大公”。他们来到瓦良格人聚居区（在古罗斯国，日耳曼–维金战士被称为瓦良格人），对他们说：“我们的土地辽阔又肥沃，可惜没有明君统领，来当我们的大公吧，来统领我们。”所以，留里克带着他的军队来到诺夫哥罗德，后来他的继任者奥列格征服了基辅，使它成为罗斯公国的首都。

这个传说引来的诸多争论至今仍没有停息。18世纪在俄罗斯科学院工作的德国历史学家首先注意到这段历史，他们结合编年史的传说创造并确认了这个关于缺乏独立精神的斯拉夫人需要一个强有力的人（最好是日耳曼人）来恢复国家秩序的理论。那时候，有许多伟大的日耳曼民族的簇拥者，这个理论恰好符合当时的政治状况，被称作“日耳曼”理论。然而，愤慨的抗议呼声不断响起。其中对于日耳曼理论最坚决的反对者之一就是莫斯科大学的创立人，伟大的俄罗斯科学家罗蒙诺索夫（M V Lomonosov）。试图证明俄罗斯国独创性的人出示了一系列的证据，比如说那个传说是后人臆造出来的；说留里克是斯拉夫人；甚至有争辩说他根本不是个人，只是个战利品等。当代研究者找到了对待这个问题政治上不犯错的方法，强调说即使有个叫留里克的人，他跟俄罗斯公国的建立也没多大关系。

无论事实如何，传说依然存在，也有权继续存在下去。无论正确与否（尽管在那时候，日耳曼士兵统治外国很常见——只需记住后来威廉统治了英格兰，但并没有人责怪英格兰人缺乏政治独立性），传说反映了某些概念和俄罗斯人民的观点。从这个意义上说，这比历史事实更重要。

通过对这个传说的分析，不难得出关于俄罗斯的一些重要结论：首先，罗斯国的统治者努力设法把无序的国家管理得有序；其次，它强调了这样一个事实，他是人民选择的，不是部分人，而是所有人选择的，换句话说，他代表了所有人的利益；最后，它强调了国家领导人在俄罗斯人生活中所起的重要作用。

在大众心目中，领袖和国家密不可分，这种观念由来已久。多数有关俄罗斯历史的书籍所记录的时代都是根据某位领袖人物在位期来划分的。至于他的称谓倒不是那么重要了：大公、沙皇、国王、总书记或总统……

一些特点决定着俄罗斯的历史进程。继承和延续在俄罗斯无疑起着相当重要的作用。所有编年史都以圣经故事开始，一直记录到编写者时代。在罗斯国，很长时间都是从世界创立日开始纪年，直到 18 世纪初才从耶稣诞生日开始。

延续性在集权制国家建立初期有着特别的重要性。12 世纪中叶，以基辅为首都的古俄罗斯国开始分裂为几个独立的公国，相互争战多年。随着蒙古国的入侵，情况变得愈发恶劣。统一俄罗斯的进程是缓慢而痛苦的，一直伴随着与外国入侵者的斗争。

后来，年轻的莫斯科公国在统一俄罗斯领土上意外地取得了主动。其中，三位伊凡起了决定性的作用，他们很好地运用了国家权力传承的思想。14 世纪前半期在位

克里姆林宫远景

大天使大教堂

的伊凡一世（约 1304—1341）——达尼洛维奇人称“卡利塔”（古俄语，意为“钱袋”）——是位谨慎精明的君主。他不仅将其他公国收归麾下，而且颇得蒙古可汗的认可，获得了从俄罗斯各地向金帐汗国缴收贡赋的征集权。这意味着莫斯科公国逐渐富裕起来，他可以用所征的税金买下邻国的土地。他还说服大主教（当时俄罗斯东正教皇）从弗拉基米尔搬到莫斯科，使莫斯科成为宗教中心。也正是在伊凡·达尼洛维奇时期，开始修建克里姆林宫的红墙以及克里姆林的第一批石头大教堂：圣母升天大教堂（又名乌斯实斯基）和大天使大教堂。

伊凡三世（1440—1505）是位伟大的君主，英明的政治家与外交家。正是在他在位期间，罗斯国最终摆脱金帐汗国的统治，获得独立。伊凡三世自诩为“莫斯科及全俄罗斯大公”，在许多史载里称其为自治沙皇。他在位期间，大部分土地得以统一，包括热爱自由的诺夫哥罗德，从此出现这个国家的新名称：俄罗斯。这个过程被称为“俄罗斯土地的统一”。

对于努力增强国力的伊凡三世来说，显示与民族传统的关系以及对历史依据的参照显得格外重要。莫斯科被称作“第三罗马”，罗马与君士坦丁堡的没落就是因为它们偏离了真正的信仰。莫斯科被指定为他们的继承者，东正教中心（根据俄罗斯传统，没有第四，因为上帝只喜欢三个）。莫斯科大公们都称自己为罗马帝国皇帝奥古斯都兄弟的后裔。

伊凡的第二任皇后是拜占庭末代皇帝的侄女索菲亚。君士坦丁堡在 1453 年被打败，因此伊凡三世宣布自己为拜占庭帝国的继承者。为了加强统治，许多仪式和传统都仿照拜占庭宫廷，这一方面突显了莫斯科人的继承精神，另一方面也由于它们的盛大与华丽非常吸引俄罗斯人。俄罗斯继承了罗马与拜占庭这两个伟大帝国的国徽（双头鹰，其图案刻在了俄国国玺上）、莫诺马赫冠（沙皇皇冠）等。伊凡三世继续建造克里姆林宫，建立砖墙，重建圣母升天大教堂与大天使大教堂，又建成天使报喜大教堂（又名布拉戈维先斯基）。建设过程中意大利工匠的受邀参与大大加强了俄罗斯与西欧的关系。

动荡时期

俄罗斯历史上最著名的事例就是动荡时期。伊凡雷帝曾有七次婚姻，五子三女。只有三个儿子活下来，他们是：伊凡、费奥多、德米特里。长子伊凡死于他亲生父亲手下。德米特里后亦离奇死亡（据官方记载，系宫廷玩耍时遭意外刀刺致死）。费奥多继位，1598年去世，无子继位。就这样，皇室继承链断裂。

费奥多妻子的弟弟鲍里斯·戈都诺夫开始掌控国家大权。作为一个有谋略的政客和有远见的国家领袖，他想方设法巩固自己的权力，但始终无法得到臣民的认可，人们仍然怀疑他权力的合法性。在他统治期间，一个真名为格里戈里·奥特里普耶夫（Grigory Otrepyev）的人自称伊凡雷帝之子德米特里，宣布自己被神奇救活，应是合法的沙皇。尽管这种说法有些荒唐，但还是得到了许多人的认可，于是，伪德米特里来到莫斯科，被封为沙皇。伪德米特里二世上台后，包括波兰、瑞典在内的国家入侵俄罗斯。俄罗斯在最后一位莫斯科人领导者手中到达顶点，而在冒名者手中分崩离析。一个词——动荡——的确名副其实。

最后是伊凡四世（1530—1584），人称“雷帝”（英文的传统译名“恐怖的伊凡”跟俄语的意思大相径庭，俄语更多地表示尊敬和尊重）。他成为这个统一的中央集权国家的首领后，自称“沙皇”，并继续加强他的权力。晚期，他率兵征服了西伯利亚国，俄罗斯领土继续扩张。

俄罗斯女皇叶卡捷琳娜二世雕塑

俄罗斯1000多年来都只有一种君主制，两个统治王朝：留里克王朝与罗曼诺夫王朝（它们之间关系紧密），国家权力继承与传统的重要性由此可见一斑。这跟欧洲的君主制差别极大。

说到对国家政权的支撑，其合法性很重要。人们对于谁是真君主，谁是假冒者都很清楚。君主必须是皇族的嫡系子孙，通过教堂册封为沙皇。违反这个规矩必定引发非议以及真君主被神奇地营救的传奇故事。

除了驱逐侵略者以外，迅速恢复国家政权也同等重要。那么怎样才能做到呢？只有一个办法，那就是像俄罗斯公国建国初期一样，重新开始，寻找一个新君主。1613

俄罗斯东正教会几百年来一直支撑着君主统治的地位和权力

年，代表俄罗斯社会各阶层的全俄罗斯缙绅会议（Zemski Sobor，1549 年成立的俄罗斯第一个议会，也被译为“国家议会”）开会选择了新君主：米哈伊尔·罗曼诺夫（Mikhail Feodorovich Romanov）。新君主年仅 16 岁，绝对没有鲍里斯·戈都诺夫（Boris Godunov）经验丰富，但他被认为是真正的沙皇，因为他与原皇室有血缘关系，得到全国的认可。

俄罗斯历史上有许多这样的例子。俄罗斯女皇叶卡捷琳娜二世登基背景颇为蹊跷，但没有人怀疑她与她丈夫的死亡有关联。她为俄罗斯创下丰功伟绩，但她一生饱受各种假冒者的困扰，有男有女。连著名的领导 1773 年起义的普加乔夫也宣称是叶卡捷琳娜的丈夫——获救的彼得三世。

1825 年，俄罗斯沙皇亚历山大一世突然离奇死亡。继位者应该是他的弟弟康斯坦丁，但被康斯坦丁拒绝，因为他宁愿为无皇室血统的平民妻子而放弃皇位。皇权就落在第二个弟弟尼古拉身上。可是这一来，正常的次序被打破了。不久以后，民间便开始这样的传说：一位隐居在西伯利亚的老人可能就是亚历山大国王，他没有死，而是决定远离浮华的生活，成为一名隐士。由此可见，皇位的合法传承一旦被打破，与之相关的各种传说与争议便会纷至沓来。

任何国家的政权都受到精神力量的支持。在俄罗斯，几百年来的精神支柱就是俄罗斯东正教会。宗教信仰支撑着君主统治的特殊地位和权力。伊凡三世时期，开始引入了拜占庭式的登基仪式，自伊凡雷帝开始，这种宗教仪式成了君主登基典礼的必要组成部分。每位俄罗斯新君主都必须经过这样的教堂仪式。这一天成为他的正式登基日，同时也宣布为全俄罗斯人的节日。

宗教仪式的背后隐藏的思想并不简单。沙皇是上帝派遣的君主，为国家服务被认为是一种宗教修行。教会使国家权力神圣化，不单巩固了俄罗斯沙皇的政权，也使他

统治者与百姓之间的理想关系就像一个家庭，父亲很严厉，但很公正；他有时会惩罚，但他还是深爱并保护着他的家。这一点在语言里就有所反映：人们称呼沙皇为“天父沙皇”和“天父”，自称为“子民”。这就是他们努力找寻一位强大的领导人的原因，在他们心目中，这意味着国家的强大。

背负了一定的责任，更确立了俄罗斯君主的特殊地位。在东方，一直以来君主都是受到人们膜拜的：他就是上帝，可以做任何事。而在西方，国王首先是个凡人，一个政客和国家领袖。在俄罗斯，沙皇处于两者之间——他的权力得以神授，同时也赋予他特别的要求与责任。他的权力一开始就受到一个更大力量的约束，但同时也带来这样的特殊效果：反抗沙皇就是反抗上帝。

俄罗斯的主人

1897 年俄罗斯第一次人口普查时，尼古拉二世在他职业一栏写下：“俄罗斯主人”，这个词确实反映了统治者在俄罗斯的地位和作用。

俄罗斯人民一直都希望有一位强大而公正的统治者，这种现象被苏联时代的历史学家讽之为“对好沙皇的迷信”。然而，信仰更高形式的公正确实是俄罗斯人性格的一大特点。统治者总是没错的，如果国家有问题，一定是他身边的人出了问题，是他们在暗中妨碍，隐匿事实，祸害百姓。不同时期有不同的辅臣：贵族、大臣、官僚；在百姓眼里，他们才是罪魁祸首。由此便产生了这样的愿望：上访，直到统治者听到他们的申诉，明察秋毫，惩罚罪犯。

彼得夏宫东部的教堂

这样的例子不胜枚举。大多数农奴并不理解1861年的废除奴隶制改革，他们被赋予了人身自由，赎回自己耕作了一辈子的土地。而农奴们却得出这样的结论：沙皇的旨意被一些邪恶的大臣篡改了，君主统治受到了威胁。斯大林镇压时期，受迫害的人们写了大量信件，告诉领导人这些背着他干的罪行。他们也像以前的农奴一样，相信领导人会把事情弄清楚，恢复公正。

俄罗斯广袤的土地

人们时常能看见俄罗斯民族这种奴隶心态的显现，他们乐于接受一位强势领导人的统治。不过，纵观俄罗斯历史地理特征，就会发现这种理想得以存在的诸多原因。原因之一就是这个国家的领土广阔，统一它需要一个强大的集权，否则混乱与分裂将难以避免。经济的不稳定与农业发展的困难（一些地区干旱，另一些地区冰冻，一些地方土地贫瘠，另一些地方遍地沼泽）意味着各个地区的相互依赖。为了控制整体经济，干涉地区政策，在保障整体利益的基础上进行重新分配、整合，强势中央必不可少。同时，俄罗斯又是个多元文化（多民族）的国家，在这种情况下，需要一个中间人，一个和平的维护者，立于众人之上，兼顾各种问题，建立统一的国家政策。最后一点，俄罗斯处于东西方之间，常常成为侵略对象。几千年来，战争是俄罗斯历史不可分割的一部分，因此便产生了保卫祖国与子民的勇士般的理想沙皇形象。原因各种各样，总之很简单一句话：在俄罗斯，不强势的政权必然导致战乱与国家崩溃。

这样一来，诸多神秘的俄罗斯历史与现存问题也就不难理解了。以伊凡雷帝为例，对于现代读者来说，他是暴戾独裁的象征：在位期间实施诸多暴政，处决异端，镇压百姓。但在民间歌谣和传说里，他却是深受爱戴的君王。他处决的是富人，是压迫百姓的贵族，他增强国力，战功累累，这对百姓同样重要。

俄罗斯人对选举没有多大兴趣。首先，俄罗斯人不喜欢作选择。市场经济发展起来以后，各种各样的产品潮水般涌入，商店货架上堆满了各种品牌的商品，许多人还不高兴地抱怨呢：他们为啥要那么多不同的奶酪、香肠和牙膏？这么多产品怎么选呀？万一选错了呢？许多人怀念起过去：那时候，好不容易（通过熟人，或者排了好长的队）才买到一双鞋、一块肉，让人多么高兴，就像古代猎人捕到猎物养活自己和

君主的权力

为君主效力和为国家效力对俄罗斯人来说是一样的。对统治者的爱戴就是爱国的表现。不久前，一个对历史政治细节并不熟悉的出租车司机谈起俄罗斯沙皇尼古拉二世时，感叹道："他无权放弃皇位。"可见近百年以后，一个在完全不同的时代长大的人也认为沙皇的决定是对国家的背叛，因为他没有肩负起上帝赋予他的历史使命。

家人一样。

俄罗斯人对政治选举也有类似的感觉。当1613年合法皇朝被颠覆时的迫切要求是一回事，苏联时期的选举又是另一回事，因为那种选举不过是苏联强硬政权的节日。只能选择唯一的一个政党，伴随着节日庆祝，投票站还有紧俏商品出售。看政党候选人先辩论再从中作出选择，这在俄罗斯无人感兴趣。首要原因是大家对选举不信任，流行的观点是：他们总能选择他们需要的人，有没有我们结果都一样。

俄罗斯需要单一强硬的政权并不意味着绝对的权力。英格兰的亨利八世引入新教会，完全改变了国家的宗教信仰。而在俄罗斯，17世纪曾有改革当时教会的尝试，结果导致的分裂至今仍然存在，旧教徒们就是不接受变化。中央集权的俄罗斯总会结合一定的自治，有各种形式的民主机构：国家杜马、农民协会、地区议会等。

理想主义依旧。苏联时期，人们仍保持着那些早被摒弃的旧时代的理想，尤其是对领导者的信赖。一切都变了——意识形态、政府形式、领导者——但这种思想仍然保留着。人们还是期待着他们的英雄，一位绝不妥协、果断强势的领导人必将得到人民的尊敬。

俄罗斯的东正教堂

俄罗斯的国教洗礼

俄罗斯东正教牧师

俄罗斯最早的编年史中关于公元 988 年俄罗斯接受国家宗教洗礼的记录颇具传奇色彩。宗教信仰的选择当然由多种因素决定，包括经济的、政治的、国际的。但该编年史作者是一位教徒，他写的是当时的统治者弗拉基米尔大公根据几个极其重要的原则为俄罗斯选择了宗教。

据记载，各宗教代表来见他，试图说服大公接受他们的宗教。弗拉基米尔喜欢伊斯兰教，因为可以娶多个妻子（弗拉基米尔以贪恋女色闻名），但他不喜欢其他的宗教仪式，尤其反感禁酒令。弗拉基米尔当时说了句流传至今的名言：“饮酒是俄罗斯人的一大享受，没有它，简直无法生活。”他对罗马的代表说既然他们的宗教之前没有被俄罗斯接受（“我们的先辈没有接受它”），现在也不需要。最后他又对犹太人说：“你们自己都被上帝抛弃，散落各地，怎么向其他人传教？假如上帝爱你们，律法属于你们，你们就不会四散在异国他乡，难道你们希望我们也这样吗？”

他认真听希腊代表讲述后，仍有些疑问，于是叫来贵族们，准备民主地解决这个问题。他们认为需要先去看一看再作决定。于是，他们先去各地，再回来集中讨论他们的所见所闻。贵族们不喜欢伊斯兰教，因为他们的礼拜仪式缺乏快乐与温馨。天主教堂不够华丽。令他们叹为观止的是希腊的礼拜仪式，其中一位贵族对弗拉基米尔说：“我们简直不知身处天堂还是人间，人间竟有如此富丽堂皇的地方。我们根本无法用言语向您描述，但我们知道，上帝和他们在一起，他们的礼拜仪式比任何地方都要华美，让人难以忘怀。”

于是，在俄罗斯国家宗教的选择上，正是那些因素起了决定性的作用，其中最重要的就是华丽。现在俄罗斯东正教堂的礼拜仪式依然十分隆重、华美。就像剧院的表演，把“观众”带入唯美的天堂。礼拜仪式里，一切都很重要，包括外部因素：逼真的圣像、精美的装饰、华丽的牧师袍，那些圣歌，甚至气味。而且那些到教堂来祷告的人不仅仅是观众，他们是整个盛大神秘仪式的参与者。身临其中，你不会放松地坐在那儿，不会心不在焉，你的眼睛一刻都无法从眼前发生的一切中移开。

注意到这个国家首领在这个事件当中的作用了吧。根据传说，是他决定了国民的信仰，洗礼仪式没有遭到任何明显的来自百姓的反对。东正教因此在罗斯国平静地被

假如你进了一幢房子，必须在圣像前画十字，用餐前也同样。根据俄罗斯人的传统，他们不庆祝自己的出生日，而是庆祝他们的圣日（圣名日），也就是他们保护神的纪念日。到了苏联时期才变成庆生日。宗教是价值衡量的准绳。如果谁做了错事，人们会说："你没有把上帝放在心里。"如果做了好事，就变成："那才是上帝的做法！"

接受，公元 988 年，它成为俄罗斯国教。

宗教在俄罗斯人生活中的地位

俄罗斯人传统上是非常忠诚的教徒。宗教进入了他们生活的各个领域：国家、家庭、公共事件。重要的事情开始之前都要先祷告。19 世纪外国游客曾惊叹于俄罗斯遍布的十字架与圣像。任何建设工程开始前都要先立十字架。莫斯科曾被称为"40 乘 40 之城"，意指他的教堂数目之多。没有任何一个角落见不到十字架，因此能随时随地祷告。

在俄罗斯，教堂建立在主要道路沿线以及山顶之上，这样很远就能看见。尽管苏联时期有一些破坏，但直到今天，在俄罗斯旅行，只要在周围稍加观望，就一定会在某个地方看到教堂，照耀佑护着游者的漫长旅程。

俄罗斯东正教的斋戒十分严格，一年共超过 220 天。斋戒期间，人们严格遵守戒律。不能吃肉类及奶制品，甚至鱼、油也不能碰，也不允许有任何娱乐活动。剧院关门，舞会停开。节制是对灵魂与功德的重要考验。如今，这些传统正在恢复，至少在吃的方面，不少人在斋戒期限制荤食，而且大家普遍认为：食素有助于健康。

一家人在祈祷

人们心目中的理想不是强大的俄罗斯，也不是富足的俄罗斯，而是神圣的俄罗斯。1943 年第二次世界大战期间（随着战争的持续恶化，损失巨

俄罗斯一个墓地的古老木制十字架

大，力量削弱，人民的生活极其困难），斯大林领导的苏联政府决定放开宗教信仰也就不足为奇了。重开教堂，召回流放的牧师，为鼓舞民众士气、给他们安慰与希望跨出了重要的一步。

人们那么容易理解与接受共产主义的主要原因之一，可能就是因为它令人想起某种宗教形式，至少外表相似。圣像变成了领袖画像，一切工作都以美好未来的名义被赞颂；今天也许艰难，但将来会得到幸福。连灵魂不朽的思想都是一致的。列宁逝世后，到处挂满了“列宁永垂不朽”的标语，这不是永生是什么？

俄罗斯人性格和文化的许多特征都与宗教有关。比如，谦逊——一个特别俄罗斯化的概念，很难用其他语言准确翻译。它与俄罗斯人的被动消极以及服从命运的心理有关。这辈子也许受苦受难，下辈子幸福快乐会等待着你。这种思想使人们认为斗争、反抗没有意义，要有耐心。有意思的是，俄罗斯东正教堂的主要节日不是其他基督教分支的圣诞节，而是复活节，意味着死后重生。

宗教也与这样的思想有关：精神力量永远比物质力量强大，这也是俄罗斯文化的一大特点。俗世的生命是短暂的，你不可能把俗世的财富带入下辈子。他们只会带来罪恶，这似乎意味着物质上的富裕是罪恶的。但这并不意味着俄罗斯人对财富反感，或不爱钱，他们只是为自己的灵魂永生担心。因此，你会发现俄罗斯的慈善捐献规模自古以来都极其庞大。每个暴富的商人都会捐钱，建教堂，或者捐给其他取悦上帝的相关事业，越多越好。

尽管人们有深刻的宗教观念，不少非宗教思想还是在俄罗斯传统中存留下来，他们与基督教相互交织，千百年来得以共存。这也显示了俄罗斯人性格的一大重要特点。

欢庆“伊万·库帕拉节”

俄罗斯人往往不跟新现象作斗争，他会认为这无法避免而默默接受，然后用大家习惯的老办法慢慢改变它们。这就是为什么许多西方传统被俄罗斯借鉴后悄悄发生变化而充满了他们的民族特色的原因。

非宗教信仰者皈依基督教后，融入了许多非宗教庆典仪式：非宗教的春节与封斋期之前的忏悔节结合在一起；夏至节变成圣三主日，教堂里布满桦树枝，人们许愿时在上面系上彩色丝带；纪念祖先的古老传统变成所谓的“周六家长节”；葬礼宴席与盛大的非宗教出殡宴相差无几。

过去几十年，俄罗斯兴起一股玄学热，出现了各种各样所谓的算命者、预言者、神医等。人们生活中碰到的困境则是迷信得以滋长的沃土。有些政客和商人甚至在占星算卦前不会贸然开始新事业。

俄罗斯人的宗教情感处于内心潜意识状态，在危急时刻就会显现出来。19 世纪，其他国家正经历无神论潮的时候，俄罗斯的知识分子们却强烈渴望宗教，并寻找它。极有可能正是因为被削弱的宗教情感导致了 20 世纪初俄罗斯的危机。

现在的俄罗斯东正教堂

尽管俄罗斯在苏联的几十年间官方推广的是无神论思想，宗教仍在人们生活中扮演着重要的角色。根据对宗教的不同态度，可以分成许多不同的人群。首先是那些真正的信教者，他们多数是年长者，尽管近几年也有不少年轻人加入；其次是那些参加教堂礼拜是为了赶时髦的人，他们也渴望找寻过去，找寻他们的根，而在教堂能见到许多知识分子和受过良好教育的人；在老一代人中，也会发现一些坚决的无神论者，他们仍然保留着 20 世纪 30 年代到 50 年代的革命热忱，他们只会把宗教跟停滞落后联系在一起；大多数人对宗教持无所谓的态度，偶尔会上教堂，“有时候去，不一定，反正也没啥坏处”，碰到麻烦的时候也会去（有句老话“人不到电闪雷鸣的时候，是不会想到上帝的”）。

大多数人对宗教信仰问题持严肃谨慎的态度，多数人不愿意公开讨论这个问题。俄罗斯传统里绝对没有把上教堂做礼拜当成某种社交活动。有时候和一小群人一起去教堂做祷告，但通常是自己一个人去。信仰问题对俄罗斯人来说是非常私密的，不跟别人谈论。在过去的几年里，教堂作为民族传统与道德信仰的聚集地，一直吸引着年轻人。

俄罗斯最具影响力的还是东正教堂。参加教堂礼拜的人在整个过程中都要站立，有时候要站几个小时。进教堂时，男士脱帽，女士相反，要包好头。衣着暴露，着短裤、无袖衫者不许进入。有些教堂甚至不允许女士穿裤装入内，当然对游客要求比较宽松。假如你要问某个圣人一些事情，必须在入口买好蜡烛，放在圣像前。礼拜过程中，不许大声喧哗，不许拍照、摄像或公然盯着礼拜者看。

对俄罗斯发展的不同观点

俄罗斯生活中最重要的问题之一就是自我定义问题。俄罗斯是什么，俄罗斯人是怎样的，他们的将来又将如何。这些都不是简单的问题，几千年来，俄罗斯人一直为之伤透脑筋。假如我们翻开俄罗斯哲学家、作家和政府官员的著作，似乎他们苦苦追寻的问题本质只有一个，归结起来就是：俄罗斯与西方。正是这双方原则之间的相互作用构成了俄罗斯社会与哲学生活的基石。

俄罗斯东正教堂

几世纪以来，讨论就围绕欧洲展开。俄罗斯算欧洲的一部分吗？俄罗斯人是欧洲人吗？怎样回应这些年来不减反增的欧洲影响？最后，对于和俄罗斯有着不断的交流但又显得那么遥远与陌生的欧洲诸国，俄罗斯人又是怎样看待的呢？

19 世纪末，欧洲的概念转变成西方概念。对于俄罗斯人来说，西方不仅仅指的位于他们西方的国家。这个概念首先包括欧洲，但前东欧社会主义国家除外。俄罗斯人从不认为波兰、保加利亚等国家是真正的欧洲国家。也许现在，在欧洲联盟这个新的政治地理环境下（对于普通俄罗斯人来说，最明显的效果是：到这些国家旅游只需一个签证），情况有所改变。其次，一个半世纪前，美国成了西方不可分割的一部分。最后，因其文化的具体性质，遥远的澳大利亚在俄罗斯人眼里也成了西方。这种变化了的西方概念成了俄罗斯人价值观定义与衡量的标准。

前苏联初期，政府在所有主要行业上鼓吹“赶超美国”的口号。近代以来，俄罗斯（或苏联）一直试图做到：赶上并超越某国。为何这一点如此重要，为何我们不能沿着自己的道路发展，使自己国家更进步、更完善，也是俄罗斯精神的奥妙之一。我们必须要比我们的邻居强大，或者至少势均力敌，否则毫无成就感可言。

19 世纪，俄罗斯知识界分成两大阵营：斯拉夫优越论者与西方优越论者。斯拉夫优越论者认为俄罗斯应该按照自己独特的道路发展，而尽力避免欧洲影响，这是保持俄罗斯独特特性，尤其是保持俄罗斯人独特的精神、宗教与国家稳定的唯一方法；斯拉夫优越论者认为彼得一世，又称彼得大帝，把国家引向欧洲化，破坏了俄罗斯的传统习俗，比任何人对俄罗斯造成的危害都大。对他们来说，彼得前的族长制社会才是理想社会。斯拉夫优越论者对欧洲有着自己的感情，他们常常坐在罗马的和风旭日下，思考着自己祖国的命运。

莫斯科郊外

正如这个名称显示的那样，西方优越论者对西方总是满怀信心。他们认为只有基于西方文明成就的改革与教育才能帮助俄罗斯脱离危机。科学、理性、资本主义、自由等都是这面旗帜的理想点缀。可是，真实的欧洲常常辜负这样的期望。俄罗斯早期一位逃亡国外的持不同政见者弗拉基米尔·彼切林（Vladimir Pecherin）1830 年逃亡欧洲后，发现那里的人民自己的问题一箩筐，作为一位流离失所、贫困潦倒的逃亡者，那里的生活根本不快乐。

实际上，斯拉夫优越论者与西方优越论者有许多相似之处。他们都清楚地感觉到国家需要变化，在努力设法避开革命动荡的前提下，在复杂的环境中苦闷地寻找着出路。他们同受日耳曼哲学思想的教育，热爱自己的国家，乐于周游欧洲，政治上也比较天真。他们的思想如同依附在俄罗斯哲学与文学这块蛋糕上的糖衣，却脱离真实的生活。

无论有多么的似是而非，多么的抽象与理想化，这些思想曾令这个国家翻天覆地。几千年来，俄罗斯人始终钟爱思想。思想越脱离现实，就越有可能找到同情者，甚至在现实生活中得以体现。直到今天，俄罗斯社会仍分成两大阵营，可以有条件地像过去一样称之为斯拉夫优越论者与西方优越论者，尽管多年来他们已经失去了原来的力量和对和平的热爱，也不像原来那样理想主义与抽象。如今，未来发展道路的选择仍取决于这个主要问题的答案：该走西方路线？还是别的路线？

东西方之间的俄罗斯

俄罗斯的地理位置是阻止俄罗斯人相信他们属于欧洲的主要因素。众所周知，它横跨欧亚两大洲。而且，国土大部分在亚洲，而人口多聚居在欧洲。关于俄罗斯人是欧洲人还是亚洲人长期以来一直困惑着人们。欧洲人往往把他们看作亚洲人，而亚洲人却不接受他们。

所以俄罗斯人只能认为自己是和别人不一样的特殊群体，就是俄罗斯人。他们也时常以此为荣，说："瞧我们多独一无二。"但有时候，像现在，这也令他们恼火。"其他地方的人都差不多，可就我们和别人不一样，和其他人的生活也不同。"有时候，俄罗斯人爱把自己当作强壮勇猛的东方勇士。著名的俄罗斯诗人亚历山大·布洛克（Alexander Blok）是一个性格温和、身体柔弱的人，也曾写下这样血淋淋的诗句："对，我们是斯基台人（古代欧洲东南部，黑海沿岸地区）！对，我们是亚洲人！带着贪婪的眼睛！"不过，他们通常乐意成为世界的一部分，虽然陈旧但却愉快舒适的世界的一分子。

在逃离 1917 年革命的俄罗斯流亡者中出现了一股特别的思潮，被称为"欧亚人"思潮。该思潮的追随者认为俄罗斯是结合东西方特点的特殊国家，当然这也是个独特的现象。他们认为西方的发展道路不适合俄罗斯，理想主义的斯拉夫原则与价值观也不适合。俄罗斯应该认识到自己的独特命运。这种欧亚人的观点确实不失其合理性，直到今天，持该观点的俄罗斯人仍为处于这种与众不同的特殊地位和处境的俄罗斯大声疾呼，希望得到人们的认可。

自古以来，俄罗斯一直是东西两个世界的分界线，这自然对这个国家的命运与人民的性格产生了难以避免的影响。一方面，不断有来自东西双方的入侵，意味着国家永远处在战争的边缘；另一方面，俄罗斯人坚信他们为保卫欧洲的边疆不受来自东方的侵略而不惜奉献自己的生命。伟大的俄罗斯诗人亚历山大·普希金（Alexander Pushkin）被俄罗斯人奉为先知，人们对他的话深信不疑。他曾写道："伟大的命运等待着俄罗斯。它那无边的平原吞食了蒙古人的兵力，阻止了他们对欧洲边境的入侵。

中俄边界风光

那些野蛮人不敢奴役自己的邻国俄罗斯而回到了他们东方的大草原。被摧残得奄奄一息的俄罗斯挽救了正在形成的欧洲文化启蒙。”

亚历山大·布洛克在 1918 年的一首诗歌里写道：“我们就像忠诚的奴隶，在两个仇视的民族——蒙古人与欧洲人之间树立了牢固的屏障。”诗中，他也暗示了这样的事实：俄罗斯人不再打算扮演这样的角色，那些欧洲人现在要靠自己了。

俄罗斯人对外界的态度

俄罗斯人对他们周围世界的态度可以总结为：有着毫不减弱的兴趣。他们的评价在不同时期会有变化（有时担心，有时尊敬，有时不安，有时敬慕），但对于外面世界发生的事情的兴趣一直保持至今。

长期以来，“外国人”这个概念在俄罗斯非常复杂。一方面，它意味着“一个潜在的敌人”——用军事用语描述——一个无论对国家还是对个人都构成真正威胁的人。这不仅是官方媒体的宣传，每阶段的生活本身也支持着这个理论。

这个问题也有另外一面。俄罗斯人最不愿意在外国人面前丢面子。就算在食品短缺的黑暗日子里，普通俄罗斯家庭对意外造访的外国客人的招待也毫不逊色于伊凡雷帝对英国大使的招待。餐桌上摆满了一盆盆美食，尽管这个家庭为此不得不倾其所有，还要用上它所有亲朋好友的关系（遗憾的是，就像沙皇统治时期一样，没有一个外国客人能吃下桌上 1/10 的食物），葡萄酒、伏特加，尽情交杯畅饮，还有特别邀请的堂兄表弟之类的“文艺节目”表演：来首《莫斯科郊外的晚上》什么的。

敌人来了

20世纪70年代，发生在当地一个牧羊人身上的事情让美丽安宁的塔卢萨小镇居民十分震惊。一个温暖的周六傍晚，他突然失踪了，忧心的牧羊人妻子警觉地叫醒邻居们一起找他，两天也不见踪迹。后来他终于出现了，全身衣服皱巴巴的，头发上还带有小撮干草，他讲述了这样一个故事：周六傍晚，他走在回家的路上，正想着回去帮他妻子干点家务，突然碰见两个外国人（更具体的说法是“美国人”），他们把他抓住，撬开他的嘴，灌了很多不知名的液体，后来就什么都不知道了。直到两天后醒来，发现自己在一个陌生的干草房里，头疼得厉害。所有塔卢萨镇的居民都对此深信不疑，包括这位可怜的牧羊人的妻子，尽管她对他所说的帮她干家务这点表示了怀疑（这明显是这个故事里最不可信的部分）。从此以后，人人都知道敌人没在沉睡，所以一定要提高警惕。

这些陌生人——老外们，对俄罗斯人来说是有些诱惑的。他们是那个遥不可及的不同世界的活生生的代表，神秘而又诱人。从莫斯科去符拉迪沃斯托克（约9000公里）很平常，可去相邻的柏林（1850公里）却是件了不起的“大事”。当然，俄罗斯人确实很想了解那里的人民是怎么样的，他们吃什么，生活工作得如何。普通俄罗斯人对此毫不知情。

外面世界的信息是有些传入，但极其匮乏。仅有少数幸运儿，如各种外交人员和记者，在周游世界后带回一些信息，这些信息便像民间传说一样在熟人朋友间口头传开。可是，他们国外的朋友圈通常也就仅限于苏联大使馆及其他相关俄罗斯人，这就意味着他们所见到的未必是真正的生活。官方媒体的记者报道文章也通常仅限于诸如“他们的道德与礼节”之类的文章，这类文章当然也有些指导性，但毕竟只是一面之

海参崴军港停泊的军舰

20 世纪 90 年代中期，一位新婚夫妇中新娘的母亲欣喜若狂地从美国写信说："我们都去参加婚礼了，我和我的丈夫、小女儿、我姐姐和她的两个孩子，还有我女儿的同学。我们都留在那儿了。"

词。苏联时期，对于"腐朽的西方影响"有一定的规范表述，对此，一些有头脑的人开玩笑说："西方是堕落，是腐朽，但闻起来味道不挺香嘛！"

由俄罗斯深受欢迎的电视节目主持人，旅行家尤里·森科维奇（Yuri Senkevich）主持的优秀电视节目"旅行者俱乐部"，试图聚焦那些似乎属于被人遗忘的过去的异国风情与生活。关于遥远国度的信息主要来自文学作品，通过外国作家的畅销小说与故事传给俄罗斯人。所以，在俄罗斯，不同的国家与人民有着各自的特殊标志：《三剑客》的巴黎；《福尔摩斯》的伦敦；《三个战友》的德国以及詹姆斯·费尼莫尔·库柏（J Fennimore Cooper）与杰克·伦敦（Jack London）笔下的美国。其他国家则在儒勒·凡尔纳（Jules Verne）的作品中（他曾犯下混淆拉丁美洲与非洲的荒唐错误）。在学校与研究机构，俄罗斯人学习研究的是贵族英语和基于军事讯问技巧的德语，没有一样是对日常生活有用的。

俄罗斯美女

在这种情况下，俄罗斯人对于外国人的真实生活还是一无所知。他们或同情（看了《他们的道德与礼节》或有关他们生活的苏联影片的结果）或嫉妒（听了那些遍地黄金的传闻以后），但总的来说，俄罗斯人没有多少时间来关心他们。他们只是安逸地躲在铁幕背后，甚至不把他们当邻居。

不过，那都是以前的事了。现在又怎样了呢？现在一切都变了。世界是那么广阔、美丽和诱人；丰富多彩的它正向俄罗斯人敞开大门。对于有些人来说门开得大些，有些小点，总之对每个人都敞开着。通过这扇开启的大门，一群带着好奇的俄罗斯人涌出去，有些人去工作，有些人去学习，有些人去寻找"幸福与地位"。西方人对俄罗斯新娘的显著需求在当地人中得到热烈的反应，她们几乎带着整个家族奔向她们的新婚丈夫：父母、孩子、前夫、堂兄姐妹等，任何能搭上边的人都不会放过这个机会。

我学生的一位朋友曾诚实地感叹："我去了圣彼得堡，它确实漂亮。后来，我去了很多地方：意大利、塞浦路斯、土耳其、西班牙，没有一个地方比它更美。"22 岁开始了解自己的国家还不算迟吧……

出国旅游者也明显增多。他们一般通过旅游公司，因为这样更便宜，也不再需要国外亲戚或找份国外的工作才能出国旅行。只要存够钱或贷点款，或者有个发了小财的儿子请你去国外看看他们。许多人攒了点钱就出去旅行，直到用完所有积蓄。俄罗斯人的生活哲学里可没有这样的一条："现在为你的儿子的教育积蓄，接着要攒养老医疗费，还有其他用途，剩下的钱可以去旅行了。"首先，在俄罗斯人人都清楚记得那些积攒下来以备不时之需的钱最后去了哪里；其次，长期以来，人们一直有这样的担心：要是开放的大门突然又关上了怎么办？我又无法亲眼见到巴黎了，他们说巴黎在《三剑客》之后变化很大，不过看起来跟电影《情归巴黎》里的场景差不多。

这种新生活也带来了新的挑战。大家在学校里学的语言看起来有点过时了。"不过，我们还能用，他们都能明白。"结果，他们发现老外们和俄罗斯人没什么两样：都是两只胳膊，两条腿，一个脑袋。那边的生活也不像曾经看起来那样甜如蜜，因此去那边过好日子的想法便失去了往日的吸引力。那边不差，所以出国旅行是件愉快有趣的事。现在的孩子对金字塔甚至比对圣彼得堡的宫殿了解得还多。

尽管欧洲对俄罗斯游客敞开了大门，但对他们来说依然神秘。跟着安排周到的旅行团旅行和看电视或电影没什么差别。你可以看到所有曾在明信片与书本里见到过的主要景点，在千篇一律的迎合大群游客的餐馆吃到点仿地方特产。可你真正了解的只有乘坐的旅游车（或游轮），旅游团里琐碎复杂的小问题够你烦上一路的。当然，知道谁上车又要迟到，耽误大家的游程；谁晚上会喝醉酒，想和你私下抱怨一番；谁没在自己房间睡（关键是知道他们在哪个房间睡），这些倒也不失趣味，可是，总不用为了这些花大笔钞票大老远跑去欧洲旅游吧。

俄罗斯人常把节假日与度假村联系在一起，度假通常被浓缩成和一群同胞坐在沙

西伯利亚西部的隘口

位于圣彼得堡的冬宫

滩上或泳池边，很少出去观光游览。真实的人与生活总是被挡在宾馆墙或大巴窗外。当然，这样的旅程意味着你可以跟别人说：我见过罗马大剧场了，或者埃菲尔铁塔或者金字塔什么的。不过，在这些话背后隐藏的是气闷、拥挤、嘈杂（的行程）和对傍晚回宾馆后来杯冰啤酒的渴望。他们真的能说：我见过意大利人，或者法国人，或者西班牙人了吗（除了卖纪念品的小贩之外）？

俄罗斯与其他国家

俄罗斯与邻国的关系历史悠久。欧洲之窗时而友好敞开，时而半开半掩，时而完全紧闭（确切地说是因为铁幕的隔离）。然而，就算在那种情况下，也并非密不透风。往来联系的暂时中断并没有阻止俄罗斯人对其他国家形成自己独特的印象。这种印象在俄罗斯人流行甚广的一些国际笑话中略见一斑。故事开始大同小异：有一个俄罗斯人，一个美国人，一个英国人和一个法国人（或德国人、西班牙人等）。接着，他们被放在某种特殊的情况中，他们的行为将与他们的民族个性完全符合（或者，更准确地说，他们的行为应该是按俄罗斯人对他们的印象发展的）。英国人冷漠又正式；法国人则草率又浪漫；美国人实际但不太聪明；德国人很有组织性但不够活泼；犹太人比较狡猾。俄罗斯人自己往往是比较粗鲁但不失热心的醉汉（现代版本），或者紧紧围绕在党组织的周围（苏联时期），或者没有个性的浪漫主义者（革命前期）。

有太多这样的笑话，下面是大家最喜欢的一个：

各个国家代表被分别送到几个无人小岛。每个岛上，两男一女。对于五年后国际委员会上各岛的所见所闻则有着无数个版本。西班牙人的小岛上生活着一个快乐的家庭，孩子成群，嬉笑玩耍。男女不平衡问题是这样轻而易举地迅速解决的：约瑟在一对一的决斗中杀死了朱安，和罗拉结了婚。法国人则和平地住在一起，吉恩、雅克和

大象的笑话

让各国代表写一本关于大象的书。一个月以后，英国代表带来了一本皮质封面、装潢精美的书，书名是《大象与象牙贸易》；法国人的书名则为优雅的《大象之恋》；德国人运来一整车的《大象生活介绍》；美国人则从口袋里拿出了一本小册子《大象须知》；俄罗斯人上交的是本红底金字封面的《俄罗斯——大象的故乡》（苏联时期的）；俄罗斯人则在盘子里放了一张纸条，写着："头很痛，客人们还在不断地打搅我。"（苏联前期的）实际上，这些笑话无穷无尽，因为每个国家都可以用这种或那种方式呈现出来。

路易丝三人组成一个家庭，正合适；英国人的小岛上，两位男士在打高尔夫，女士则坐在树下读小说，"我们不和那位女士说话"，英国绅士对国际委员们说，"我们还没人介绍呢。"在美国人的小岛上，有两幢房子，两个幸福的家庭，孩子成群。对于他们怎样解决女士问题，美国人的回答是："只有一个解决办法，再弄一个过来呗！"

俄罗斯人的情况有两个版本。苏联之前的版本里，三个人都很痛苦地生活在小岛上。奥尔佳爱其中的一位男士，却嫁给了另一位，结果每个人都很痛苦；苏联时期的岛上，两位身强力壮的男士在小屋里下象棋，一位自我介绍是这个村集体的村长，另一位则是党委书记。"你们是怎么解决那位女士问题的？"委员们问，"哦，你说群众吧？群众在地里干活呢。"可惜的是，还没有现代俄罗斯的版本。

俄罗斯与英格兰

英格兰与俄罗斯的关系颇有历史渊源。众所周知，在基辅的智者雅罗斯拉夫宫廷里就有两位盎

西伯利亚风景

马与英格兰人

和他们的孩子一样，俄罗斯贵族把他们的马委托给英格兰人驯养，因为他们认为英格兰人是优秀的驯马者与骑师。俄罗斯文学作品中，最著名的马弗洛（在托尔斯泰的《安娜·卡列尼娜》中不凑巧摔坏了背的那匹）的驯马师就是那时候俄罗斯人眼中典型的英格兰人：他严肃无趣，说话几乎不张嘴，任何紧急情况下都保持高傲冷静，高兴的时候只是嘴角微微上扬，表示他在微笑。

格鲁—撒克逊王子[1016年被谋杀的埃德蒙·艾伦塞德（Edmund Ironside）之子]。最后的盎格鲁—撒克逊国王哈罗德（Harold）的女儿从丹麦逃往俄罗斯，成了弗拉基米尔·莫诺马赫（Vladimir Monomakh）的妻子。对于她是否就是莫斯科创建者尤里·多尔戈鲁克（Yuri Dolgoruky）的母亲这一点，历史学界至今仍存争议。

围绕伊凡雷帝与英格兰女王伊丽莎白一世家族的联姻曾有许多的非议。在俄罗斯，一度谣传"英格兰毁了沙皇"，让他对俄罗斯女人视而不见，转而投向外国人的怀抱。但后来发现，伊凡雷帝并没有忘了俄罗斯女人，他爱的是俄罗斯女人，于是这段联姻便成了历史的一个谜。应该说，俄罗斯与英格兰之间差别极大。有趣的是，伊凡雷帝曾在他给英格兰女王的一封信中写道："在我目前所收到的文件里，至少应该有两个印章是相同的。可是所有的文件印章都不相同，这不符合一个君主应守的规范。没有国家会相信这些印章，每个国家君主都应该只有一个印章。"由此可见，那时候的俄罗斯人就认为用正确的印章为恰当的文件盖章是重要的，而英格兰人的行事却是那么的轻率无礼，让人无法原谅。

伊凡雷帝时期是俄罗斯与英格兰关系史的转折期。一开始，双方关系带有大

最近，俄罗斯的年轻人发现，伦敦就像是青年人的大本营。去过伦敦的年轻人都说，“那儿简直棒极了！”

索契植物园内的雕塑

量的经济因素，相互兴趣明显增加。英格兰的商品在俄罗斯备受赞誉。19 世纪俄罗斯的工匠们常把假英文商标放到他们的商品上，1851 年，《莫斯科人》杂志曾写道：“没有任何意义的英文”常常放在俄罗斯商品上，这类商品不但在俄罗斯本地需求量极大，还出口波斯地区，在那里，英文字母也是高质量、高价格的保障。

英格兰人被认为是良好教养的专家。有个英格兰保姆或家教在 19 世纪十分时髦，孩子很小就委托他们管教，因为那时候起就有必要好好管教了。

历史上，英格兰从来不是俄罗斯人热衷的旅行目的地。俄罗斯人对英格兰人更多的是尊敬而不是喜爱。在法国，参与时尚潮流，自得其乐；在德国，他们放松身心，修身养性；在意大利，他们沉浸于华丽的美学熏陶。去英国的则大部分是外交人员、商人、学者和其他政界人士。历史学家珀哥丁曾写道：“法国的生活更有趣，英国的更自由，意大利的更愉快，德国的更冷静。”从俄罗斯人去欧洲的数据上可以看出，在这些价值观中，自由对他们来说最不重要。

现在，许多人去英国学习。英语已经成为全球性语言，这为英国带来了滚滚财富。为了练好这门对他们的将来极其有用的语言，重视子女教育的俄罗斯人总会想方设法把他们的孩子送去英国至少一次。他们深信，英伦氛围能让他们的子女学到些知识与技能。那些富裕些的家长则更愿意把孩子送到英国学校或大学长期学习。英国的教育与教养仍享有很高声誉，每个俄罗斯富人都打心底里希望自己的儿子是翩翩绅士，女儿是窈窕淑女。

另一类人就是那些“俄罗斯知识分子”，他们看不起塞浦路斯和土耳其的海滩，

俄罗斯皇帝与他们的日耳曼妻子

俄罗斯人与日耳曼人的联姻中最令人惊讶的便是俄罗斯的皇帝们。第一位迎娶日耳曼公主为妻的是彼得一世之子，皇位继承人阿列克塞（Alexei），他娶了索菲亚·夏洛特·布朗切维奇（Sofia charlotte von Braunschweig）为妻（那时候日耳曼人是时尚的制高点，因此这不难理解）。而第一位让日耳曼人登上皇位的是彼得一世本人，他娶日耳曼情人为妻，彼得一世死后，其遗孀（译者注：叶卡捷琳娜一世）得以继位。

在接下来的200年里，各日耳曼公国马不停蹄地为俄罗斯帝国提供女皇或皇后。亚历山大二世在他的日耳曼妻子死后想立他的俄罗斯情人为皇后，遭到了极大的反对，她最终还是没能得到名分。有意思的是，这些具有日耳曼血统的皇族们比俄罗斯人还像俄罗斯人。不仅像亚历山大三世和尼古拉二世这些皇帝身上体现了俄罗斯人的民族特性，连纯日耳曼血统，热爱日耳曼传统的叶卡捷琳娜二世与巴维尔一世也一样。

不热衷芬兰的乡村和意大利的艺术，他们谈起前社会主义国家就用“鸡不是鸟，比利时不是外国”之类的话语。对他们来说，英国基本上就是伦敦，拥有高档商场与餐馆，著名博物馆与时尚剧院。他们中不仅有自以为是的富人，也有从小读英国经典作品长大的人，现在终于有机会（以前想都不敢想）亲眼看看这个曾经魂牵梦萦的世界。

总之，英国尽管不是大众旅游的首选，它无疑也拥有不少簇拥者。这在每天英国大使馆外长长的队伍中可见一斑。没有淡季，无论雨里、雪中，还是烈日下，人们都在努力设法实现自己的梦想，到那个如此熟悉又谜一般陌生的遥远国度去看一看。

亚历山大二世纪念碑

俄罗斯与德国

对俄罗斯人来说，谈论德国不太容易，难度也许仅次于谈论他们自己吧。首先，两国之间有太多千丝万缕的联系。德国除了是离俄罗斯最近的欧洲邻国之外，与俄罗斯也有古老的历史渊源与共同的性

尼古拉·果戈理铜像

情——相近的哲学思想、文学与音乐，同时更有切肤之痛。一方面，无法断定是否真的是日耳曼人创造了俄罗斯人的一切，从国家到教育体制。另一方面，许多俄罗斯人对德语的不连贯发音深恶痛绝。这也许是从经历惨烈战争的祖父母那里传下来的，也许是从不断播放的战争影片里看到的，也许就是骨子里的反感，这种对德国人声音的反感深藏在他们的潜意识当中。

在过去的几世纪，和俄罗斯人联系最紧密的就是日耳曼民族，甚至有所谓的“俄罗斯籍日耳曼人”。日耳曼人很早以前就来到罗斯国，当时主要是为了贸易来往。带有日耳曼传统、生活习惯、建筑甚至墓地的日耳曼聚居地在诺夫哥罗德、普斯科夫以及后来的莫斯科出现。18 世纪初期，到俄罗斯的日耳曼人数迅速增加，目的也逐步多样化。他们开始参与国家政治、管理，成为医生、教师与士兵，宣扬欧洲文化与科学；叶卡捷琳娜二世时期，他们甚至在俄罗斯土地上耕作。历史学家把“日耳曼统治”作为俄罗斯历史的独立部分进行讨论，讨论他们怎样试图通过让俄罗斯人致富来欺骗轻信他人的俄罗斯人。

当然，也有些默默无闻的穷人。有许多日耳曼人确实忠诚地为俄罗斯效力，把俄罗斯当成自己的家乡。许多德国人的名字与俄罗斯的部分历史还有点关联呢，比如：白令（Bering）、菲特（Fet）、贝肯道夫（Benckendorf）和斯雷彻（Shletser）。俄罗斯人很乐意与日耳曼人联姻，如俄罗斯著名学者罗蒙诺索夫（M V Lomonosov）就娶了日耳曼姑娘为妻，令俄罗斯科学很难摆脱日耳曼的影响；另外，联姻的还有俄罗斯诗人丘特切夫（F I Tyutchev）。俄罗斯地主雅克福列夫（Yakovlev）也钟爱日耳曼人，他与他的日耳曼爱妻的爱情结晶就是自由主义的实践结果：亚历山大·赫尔岑（Alexander Herzen）也有同样的婚姻。

两国间如此紧密的关系令相互之间的了解成为必然。对于其他国家的了解主要源于俄罗斯文学作品，其中有许多篇章是有关日耳曼人的，他们一般不是喜剧人物就具有一定讽刺意味（其实，这种特征也经常赋予俄罗斯角色，所以应该说没什么偏见）。

一个著名的例子就是尼古拉·果戈理（Nikolai Gogol）在《涅瓦大街》中塑造的铁匠斯基乐（Schiller）。“斯基乐是个彻头彻尾的日耳曼人，从 20 岁这个俄罗斯人还不知愁滋味的年纪起，就开始他的完整生活，从无例外地每天早上 7 点起床，中午 2

点午餐，每个周日喝醉酒……每件事情都那么一丝不苟。”日耳曼人形象充斥着俄罗斯的经典巨作，从托尔斯泰（Tolstoy）的《童年》里善良的卡尔·伊凡诺维奇（Carl Ivanovich）到亚历山大·高查偌夫（Alexander Goncharov）笔下活跃的斯托尔兹（Stolz），还有列斯科夫（Leskov）笔下别有用意的人物，不过他们都比较迂腐，讲究秩序，对混乱无法容忍。

长期以来，对于俄罗斯人来说，外面世界主要的欧洲人就是德国人，俄罗斯人就是从德国开始对那个充满诱惑又令人害怕的陌生世界——欧洲了解的，也是从德国边界开始两种文化的初次接触与碰撞的。

与欧洲的初次接触难免有些令人失望。异国风情太少，关系太密切，德国人太多。正因为这一点，路过的第一个大城市柏林在多数俄罗斯人眼里就像圣彼得堡，正如陀思妥耶夫斯基（Dostoevsky）所说的给他们留下了“乏味的印象”。有趣的是，现在的旅行者把柏林当成“他们自己的”而不是其他国家的首都。对于普通俄罗斯人来说，它离得更近更容易理解。也许就是它的啤酒和炸香肠比其他国家的菜更符合俄罗斯人的口味吧。

俄罗斯与法国

法国在俄罗斯人心里有着特殊的地位。在过去的几百年，任何一个有点自尊心的俄罗斯人都想去趟法国，一辈子至少一次吧。没去过巴黎，就不算出国旅行过。如果有钱，法国是你应该去玩与花钱的地方。这种观念19世纪就开始有了，至今仍旧根深蒂固。

可是，俄罗斯人到了法国，又更愿意和他们的同胞谈天，所以他们对法国的印象其实是模糊的。但这无法阻止俄罗斯姑娘们争先恐后地涌入法国做模范的法国贤妻良母。在夏日的巴黎市中心街头，常能听到俄语，还以为在莫斯科呢。苏联时期，著名

水天一色的贝加尔湖

不仅因为这里的气候有治病疗伤的力量，还有这里抚慰与幸福的气氛是其他地方无法与之相媲美的。俄罗斯文艺批评家安能科夫曾这样描绘 19 世纪的罗马："欧洲的声音到了这里就会弱得几乎听不见，可这里并不是完全脱离日常生活，而是更艺术，更高贵，就像是个伟人的工作室。有时候，我觉得欧洲故意留下这个令人惊叹的，被一堆废墟、坟墓包围着的城市作为他们的别墅，把其子孙送到这里，让他们从不安、焦虑、政治压力等一切烦恼中恢复过来。"

的民谣诗人歌手弗拉基米尔·弗斯托斯基（Vladimir Vysotsky）与法国女演员玛丽娜·弗拉蒂（Marina Vlady）结婚，他在歌中曾唱道："我们对世界各地的渗透在这里尤为明显，在遥远的巴黎公共厕所里竟有俄语的涂鸦。"

俄罗斯与意大利

意大利一直吸引着俄罗斯人。艺术爱好者、浪漫主义者、艺术家、朝圣者以及普通游客都向往去那里，各有目的，有些人沉浸在精美的艺术氛围中，有些人去参观神圣的历史遗迹，有些人去放松身心；或者为了满足他们苛求的品位，或者像其他人一样，就是为了回去能和邻居随意说上一句"我在意大利的时候……"有意思的是，意大利对于斯拉夫优越论者来说特别具有亲切感，他们就喜欢在这里反思自己国家的命运。

对于大多数去意大利的人来说，它就是个巨大的露天博物馆，每块石头都有它的历史，每个小村庄的教堂里都有艺术杰作，每个废墟都是古老的文物，能成为一家欧洲博物馆珍品的大师级作品在这里似乎随处可见。在这里，的确能沉浸在艺术的精美之中，放松地倾听音乐与歌剧，惊叹于乡间的旖旎风光。在这里，内心会很平静，也难怪那些患有精神疾病或情感受伤的人会到这里旅行疗伤。

西伯利亚原野上的长颈鹿

如今，意大利当然最受俄罗斯艺术家、浪漫主义者、知识分子、爱国的俄罗斯优越论者，当然还有普京总统的喜爱了。

伏尔加河一座桥上的同心锁

俄罗斯与斯堪的纳维亚

挪威与芬兰是俄罗斯的两个北部邻国，共有一段边界（它们是苏联时期与之交界的唯一的资本主义国家）。俄罗斯和它们的关系历史悠久，但与别国不同。与挪威的密切关系可以追溯到维京人的入侵。不过多数时期，它们的关系是建立在互利的基础上的，双方有贸易合作，挪威士兵也曾被请到罗斯国以加强兵力。

俄罗斯与挪威两国关系的特点之一就是它们长期和平相处。当然也会有问题，但通常不会变成严重事件，而是以和平的方式得以解决。亚历山大·涅夫斯基（Alexander Nevsky）曾派大使去挪威，协调两国对丹尼斯人及萨米人的赋税征收问题。尽管解决方案是征收双重赋税，从而加重了萨米人的悲惨命运，但问题总归得到及时的解决。他也成为1251年与挪威签订官方协议的第一位俄罗斯人。1326年签订的第二个协议确定了两国的边界（事实上早已存在），这条边界线至今依然存在，没有任何改变，也没有受到任何军事破坏。

第二次世界大战以后挪威加入北约，此后，两国关系时有紧张。现在人们会提及1968年的关系困难时期，不过，并没有发生公开冲突。尽管苏联时期两国的意识形态不尽相同，最终还是能和平共处。在寒冷的西斯匹次卑尔根岛上，挪威人和俄罗斯人的劳役营地混在一起（1941年，900名挪威人与2000名俄罗斯人从这个挪威小岛上撤离），这就很说明问题。就算现在，小岛上几乎半数人口还是俄罗斯人。

俄罗斯与芬兰人何时开始，怎样开始交流无法准确考证。斯拉夫与芬兰乌戈尔名称在俄罗斯北部地区的混杂就是两个民族自古以来相邻而居的见证。俄罗斯历史学家克里尤切夫斯基（V O Klyuchevsky）对有史料记载的俄罗斯人与芬兰人的初次接触是这样叙述的："他们怎样开始接触的，相互的关系如何呢？大致上，初次接触是和平的，无论史料还是俄罗斯人的民间传说中都没有关于两国持续大范围战争的记载。"

这种和平的接触长久以来都是两国持久和平共处的基石。芬兰人曾被瑞典人征

普希金的描写通常既充满寓意又简洁易记。“悲哀的自然遗弃者”和“可怜的芬兰人”就是他对芬兰人的描述。在他的著名诗歌《纪念碑》中，他梦想自己的名声传遍“整个伟大的俄罗斯”，他把芬兰人放在“斯拉夫人的骄傲子孙”之后，表明了他们在俄罗斯历史中的地位：

“我将蜚声整个伟大的俄罗斯土地上，它现存的一切民族都将传颂我这个诗魂，无论是斯拉夫人骄傲的子孙芬兰人、尚未开化的通古斯人，还是草原之友卡尔梅克人。”

服，这当然影响到了它的邻国俄罗斯。但俄罗斯敌对的对象是占领国瑞典（因为是它把芬兰变成与俄罗斯作战的基地），而不是被占的芬兰，俄罗斯人对它还是充满同情的。

1809年开始，俄罗斯与芬兰的命运交织在一起，关系更加密切。根据俄罗斯与瑞典的和约，瑞典放弃了对芬兰的控制权。芬兰开始成为俄罗斯帝国的一部分，俄罗斯皇帝的头衔加上了“芬兰公国大公”的封号。俄罗斯与芬兰人民之间的关系在帝国时期十分友好。芬兰的教科书甚至提及两国结合的前60年是“不寻常的成功”。比如，芬兰人仍记得赫尔辛基图书馆的大量馆藏得归功于俄罗斯沙皇，是他命令每本在俄罗

萨马拉的花园海滩

现在，令人诧异且无法理解的是，要是没有芬兰麦片、荞麦、果酱、黄油、牛奶这些必需品，俄罗斯人根本没法正常生活。开车路过井然有序、精心耕作的芬兰田地，就知道俄罗斯人的早餐在那儿，感谢上帝，他们还不会挨饿。

斯出版的书籍按程序都要送一份给芬兰。正因为有了这些书籍，在苏联与西方隔离时期，许多研究者才会到芬兰研究俄罗斯课题。至于芬兰首都的建设，站在芬兰中央广场上的每个俄罗斯人都会感到那么亲切与熟悉，一种与这位北部近邻休戚相关的感觉油然而生。

然而，美好并没有永远持续下去，俄芬两国关系在叛乱与战争的恐怖中遇到了各种挫折。第二次世界大战期间，希特勒把芬兰当作攻击苏联的前沿基地，情况变得特别恶劣。不过后来，两国关系又恢复了以往的紧密，邻居毕竟还是邻居。俄罗斯人清楚地记得在那个死气沉沉的年代，和西方几乎没有联系，但苏联人有爱吃的芬兰奶酪和饼干，节日餐桌上的芬兰

香肠是富足的象征。毛诺·科伊维斯托（Mauno Koivisto, 曾任芬兰总统和总理）在他关于俄罗斯的著作中以批评的口吻审视俄罗斯历史，得出这样一个结论：“与一个和气的国家为邻才有安全感，我们也愿意成为和气邻居。”这就是两国关系平衡的方式了。

旅游业的发展更增加了团结感。俄罗斯人喜爱去北部度假，特别是像芬兰这样有优质服务与舒适保障的地方。这对那些要舒适不要异国情调的人尤其适合。

挪威与芬兰是距离俄罗斯最近的国家。尽管在历史地理上彼此相邻，但对于挪威人与芬兰人，我们还是缺乏真正全面的了解。意大利人和英国人的生活方式要比这两个一衣带水的邻邦更吸引我们。著名的俄罗斯作家卡拉姆津（Karamzin）从他著名的欧洲之行回来后，对挪威人的印象他是这样写的：“我们碰到了挪威渔民。船长双手一挥，两分钟后，我们面前的甲板上全是鱼……挪威人嗜酒如命，尤其喜欢朗姆酒（甜酒），可以当水喝，然后拍拍我们的肩膀表示友好。”醉酒的印象消失后，剩下的就是鱼了。普通俄罗斯人对挪威人的了解就是在过去的几年，俄罗斯的商场货架上满是他们的鲑鱼。

我们对芬兰人的性格也不甚了解。俄罗斯作家索特克夫斯科金（Saltykov-

滑雪胜地基洛夫斯克

Shchedrin）19 世纪中期曾写道："芬兰人喜欢喝醉酒。尽管他们那里没有葡萄酒。只要到圣彼得堡来，芬兰人就会喝得酩酊大醉，钱没了，马也丢了，身无分文地回去。"正因为俄罗斯人对醉酒这件事特别熟悉，他们很高兴也能在别人身上发现这个弱点。

俄罗斯与美国

俄罗斯——或者说苏联——和美国的关系长期以来对于世界政治至关重要。这对普通俄罗斯人也一定有些影响。对苏联人来说，美国的本质就是资本主义，孩子们在幼儿园就对它颇有戒备，正是"他们"和"我们"相互对抗。出于当时的政治原因，高等院校里的军事部门不直接称之为"潜在的敌人"，但通过国歌、国旗和语言这些因素就能辨别。美国人是工人阶级的剥削者，不同肤色人种的镇压者，战争制造者与和平的敌人，为了光明的未来，必须与之斗争。在苏联人们眼里，美国人和大多数具有浪漫色彩的来自文学作品的欧洲人不同，他们同处一个时代，更真实。

不过也有其他的看法。比如：认为假如美国与苏联联合起来，便能拯救世界。尽管对旧世界不甚了解，我们总觉得美国人民与我们相似，是可以达成一致意见的。和

其他资本主义国家相比，关于美国的信息，即便是负面的，也在苏联媒体占据绝对的版面。“禁果”总是更加香甜。我们一直被灌输美国人悲惨生活的恐怖故事：在美国，百万计的穷人生活在贫民窟，少数富人却享受着大部分财富与奢华的生活。可是后来，那些富人的生活却引起了我们无穷的兴趣，尤其在苏联解体之后。许多人悄悄地把美国当作天堂：那里人人有游艇，住别墅，抽外国香烟，喝听装啤酒（这被认为特别时髦）。

随着戈氏改革与苏联解体，美国成了俄罗斯人最向往的旅行目的地。在国内一片混乱的情况下，这个遥远的国度成了一个模范，一个梦想。人们想方设法，无论合法与否，都要去亲眼看看那个奇迹般的国家，就算匆匆看一眼也无妨。初步的信息是令人安慰的，一切和原来想象的一样，甚至可能更好。第一批移民（有些是非法的）特别努力，他们把照片寄回家，上面写着：“我在我家房门前”，“我和我的新车”，“我在加利福尼亚金色海滩”以及“我在喝听装啤酒”等。而所有这些当中，唯一与现实相符的也许只有听装啤酒。

失望接踵而至。慢慢发现美国人也有他们的问题和困难。他们不会把房子和车子送给你，需要很努力地工作很长时间（十分辛苦，比在俄罗斯还要长，还要守规矩）才行。纽约真的是个“落差之城”，就像苏联老电影里说的那样，奢富与赤贫为邻。

教育体制也令人失望。15年来，我一直在研究俄罗斯青年（大学生）与美国青年的成长差异。开始，人人都想去美国参加培训学习，但慢慢地，人们开始问：“或许我们该到欧洲某个国家去？”那里毕竟离我们更近，更容易理解。

俄罗斯人仍然对美国饶有兴趣。不信，只要看看美国大使馆外的队伍就知道了。不过，它不再神秘，不再那么理想化，也不再是遥不可及的梦想。剩下的只有现实，现实总是没那么有趣。

现在，美国成了俄罗斯人最想去的旅游目的地

第三章

国民性格

“我毫不犹豫地说，我所了解的人中，俄罗斯人最亲切、最热情。是的，俄罗斯人等级分明，但他们的仁爱精神能化解所有的冷漠，打破所有的传统屏障，融为一种民族情感，这点是和其他国家完全不同的。”

——美国外交家，卡修斯·马塞拉斯·格雷（Cassius Marcellus Clay）

外界看俄罗斯国民性格

俄罗斯人像其他民族的人一样，其性格主要也是经历时间与空间逐渐形成的，历史与地理环境都在上面留下了难以磨灭的痕迹。历史能说明许多问题，可是只有少数人真正了解它。几百年来不断的战争威胁使俄罗斯人具备了强烈的爱国精神，以及对强硬的中央集权的渴望；恶劣的气候条件使人们必须集体生活与工作；广袤的土地孕育了俄罗斯人大气的行事风格。尽管这种概括具有一定的惯例性与相对性，俄罗斯人性格的诸多规律与普遍特征仍不难辨别。

在外界的眼里俄罗斯人的性格是怎么样的？特别是在西方人眼中？根据 19 与 20 世纪的旅行者们的笔记以及过去 10 年笔者的调查概括如下。

西方对俄罗斯的政治观点惊人的一致，就是一个词——专制。专制的俄罗斯通常是民主的西方的反面，这当然让西方更好更彻底地感觉到自身体制的优势。历史上曾有些时期，西方对俄罗斯即将到来的自由充满希望（像 1861 年的大改革和 1985 年的戈尔巴乔夫改革），然而，失望往往接踵而至。美国前总统林肯曾说过："在俄罗斯，专制是纯粹的，没有任何伪装。"一位英国记者（1891）的观点是："在俄罗斯，政府官员的解释是，独裁者的意志超越一切法律。这里没有独立，没有自尊。"同时，强

基里洛夫古城

硬政权被认为是必需的，因为这样才有和平与秩序："那时候的俄罗斯最需要的就是铁腕统治，无论追求自由的教授与学生们怎样想怎么说，多数知识分子对自由普遍持反对态度。"

俄罗斯套娃

西方对俄罗斯经济的看法也相对一致。他们认为，其发展的主要障碍就在于俄罗斯国民性格：比如，缺乏独立个体精神，集体意识特征（革命前期的作者称为"共产主义者"）等。也有不少观察者羡慕这一点，比如一位美国的议员曾说："个人主义恐怕是盎格鲁—撒克逊人难以根除的天性，俄罗斯人往往以共产主义为原则做事，同样的事情要是碰到美国人或者英国人，甚至德国人，首先会被争论中断，接着被吵架破坏，最终因为无法取得各成员一致意见而付诸东流，而同样数量的俄罗斯人就会团结一致，相互之间不会有任何对抗。"

不过，绝大多数西方人认为正是个体精神的缺乏阻碍了俄罗斯的正常发展。下面就是当时典型的观点："他们没有经济发展与适应现代环境的能力。他们不是没有希望赢得斗争的最后胜利，但这（经济与工业进步）需要几代人的努力，直到个体努力得以激励，个人力量得到回报，才会实现。"

当代西方人的观点与100年前相近。近90%的受访者认为个体精神是俄罗斯正常发展的必要条件，个体精神的缺乏是这个国家经济发展道路上的一大障碍。

说到俄罗斯国民的主要特点，以下是提到最多的（括号里的句子摘自各旅行游记）：

■ 热情好客

（“俄罗斯人习惯豪放奢侈地待客……”）

■ 宗教信仰

（“……俄罗斯的宗教信仰……信不信由你，总带着爱国主义色彩，只要有俄罗斯这个国家，就会有俄罗斯宗教。”）

■ 外表含蓄，实际真诚开放

（“旅行途中，俄罗斯人会变得爱说话，像苏格兰人一样好奇，简直难以想象他们这么真诚、开放，连自己私密的事情都会说。”）

■ 和善但多疑

（“一名学生用沙皇尼古拉的画像做了个灯罩，一个初次拜访他的英国人或法国人看见的就是一个灯罩，上面是沙皇尼古拉的画像；而换作一个俄罗斯人，就会理解为这个年轻人把沙皇尼古拉当作光明的障碍。”）

■ 团结一致，但缺乏个体精神

（“俄罗斯人无法像现代英国人一样分住在分散的农场；俄罗斯人是群居动物，他们渴望有同伴为邻。”）

■ 耐心，持久

■ 逃避，虚假

（“尽管他们装出一副单纯的样子，根本不能相信俄罗斯农民的话，或者俄罗斯任何阶层人的话……”）

■ 天生懒惰

（“从忙忙碌碌的西方来，你会觉得他们既懒惰、得过且过，又冷漠……”）

■ 对政治自由漠不关心，思想保守，相信宿命

（“……在俄罗斯这样的国家……如果对内做到公平，对外保障安全，绝大多数

索契的帆船运动

人都不会关心‘自由’这玩意儿。”）

■ 粗心大意

（“所有俄罗斯人都还必须学习的重要课程是珍惜时间观念。”）

■ 愿意为某种思想或冲动放弃一切，即便对他毫无益处

（“他们竟会沉浸在一种情感，一种思想中无法自拔；他们甚至能为此牺牲自己。”）

俄罗斯的一种冷汤

现代西方国家的俄罗斯指南

在过去十年里西方国家出版的指南中有一些当今俄罗斯人性格的概括性描述。但这些整体性描述没有深入解释俄罗斯人性格背后的深层原因，这很奇怪，要知道一本指南应该做的是团结而不是分隔大家，是为了帮助对话而不是阻碍沟通。

读西方国家的俄罗斯指南时吸引你注意力的是围绕着他们的那种模糊而神秘的气氛。这就是去俄罗斯旅行的主要目的：有秘密，就要揭开它的面纱。“莫斯科与圣彼得堡一直是吸引旅游者的颇具挑战性的目的地，在发生巨变的时代，这种挑战与诱惑更大。放下你的成见，带着开明的心态与探险的精神，就可以开始这个叫作俄罗斯巨大谜团中心的探索，或许能帮助解开这个谜底。”

怎样向西方的东方文学读者展现“俄罗斯人的神秘灵魂”呢？对此有两种截然相反的趋势。一方面，展现的俄罗斯是个落后残破的国家，前“罪恶帝国”，有着悲惨的命运与人民。旅行指南中充满了令人不悦的描写、让人害怕的景象，以及城市生活的黑暗。作者常使用这样的手段：过分渲染和放大缺点，甚至胡编乱造。这些指南通常没有多少插图例证。

“超过 850 万人居住在莫斯科，这个陌生又迷人的大都市却缺乏其他国家首都几乎都有的效率、舒适和便捷。连之前对此有所了解的游客也对它的相对落后感到震惊。许多商场饭店里，价格是用算盘而不是机器计算的。像出租车、饭店、航空邮寄或旅行这些西方人习以为常的基本享受在那里常常夹杂争吵冲突，这令商务客人十分失望。”

“住房短缺、商场排队、生态污染、不断上升的犯罪率、投机买卖、卖淫嫖娼、

莫斯科地铁站

敲诈勒索等，这些都还只是问题的一小部分。”

“直到最近，在莫斯科中心区，一直都还是一种购物者推攘拥挤、尘土飞扬的情景，人们为了在商店抢购一块肉而打斗一番，而货架上却早已空空如也。”

“食品短缺也影响了俄罗斯菜肴的口味。连著名的俄罗斯甜菜浓汤（borscht），在餐馆里都成了没有一根甜菜的卷心菜汤。”

在这些叙述中，我们可以发现有夸张（20 世纪 90 年代初期是有商场外排队买肉的情况，但不至于为了一块肉而打架），也有误解 [没有甜菜秆的汤叫四喜汤(schi)，也是一道非常传统的俄罗斯汤]。

另一方面，俄罗斯时常被浪漫化。尽管有那么多的困难，生活是那么黑暗与艰辛，俄罗斯人仍是热心人，有着“神秘的灵魂”。这些指南的作者说，俄罗斯人不会为买肉而争斗，他们只会把时间用在谈论哲学、阅读书籍和吟诵诗歌上。他们是那么的慷慨大方，就算自己一无所有，也要把所有一切与人分享。

“入夜，那些有文化的俄罗斯人为哲学难题辩论着……喝着大口的伏特加，辩得面红耳赤，为了支持自己的观点，个个引经据典。西方游客常常诧异地发现俄罗斯人的确博览群书，就连西方语言的文学作品也比其本国人读得多。”

“只要上俄罗斯人家，就一定有盛宴招待，即使是在食物短缺的困难时期也不例外。总会腾出一张床给客人，而他们一家四口就挤在一间房里。”

“……假如一个俄罗斯生意伙伴邀请你去他（她）家或上饭店或招待酒会，你要清楚一点，那就是俄罗斯人对各种与生意不相关的话题都非常了解，如一个航空公司的飞行员就能跟你聊普希金。”

“……假如把这群在大街上表现得那么粗鲁的俄罗斯人单独放到客厅或任何单独相处的环境当中，他们变得那么的慷慨与热情。”

虽然所有这些都是俄罗斯人神秘灵魂的极佳例证，但也有些矛盾和疑点。不过，任何国家的国民特点总是充满矛盾的。在这个神秘与矛盾的聚集体中，这些关于俄罗

我在大学的学生们对著名的西方微笑持有相似的很不以为然的看法，“那些西方人太怪了，明明是不认识的人，没任何理由，也没有任何的意义，没事儿老是笑什么呢？”在俄罗斯，要是有人没事儿总跟别人不停地微笑，这人不是个傻瓜，就是个轻浮不正经的人。

斯的书缺少了一点，那就是：其实它和其他国家没什么太大的差别，俄罗斯人和其他国家的人也有许多相似之处。

就像我前面曾提到的，俄罗斯人的神秘大多源自对他们文化与传统的误解。对于文化方面的误解，我最喜欢引用“微笑”这个例子。国外游客总是抱怨俄罗斯人在公共场合的奇怪行为方式。他们说：“俄罗斯人挺好，可他们从不对陌生人笑，走在大街上的俄罗斯人看起来真忧郁，好严肃。”旅行指南上对这种行为的解释是：俄罗斯人的生活那么艰辛，有那么多的伤心事，当然就不爱笑了。

“假如你看到特维尔大街或涅瓦大街上的人一副忧郁、可怜的样子，就想想他们必须承受的艰辛吧，记住在他们忧伤的表情背后隐藏着的是真挚的友善与热情。”

这些指南中描绘的是一个奇怪又乏味的世界里一群奇怪又乏味的人。

“莫斯科对西方人通常比较热心，可他们相互之间却不太友善。高峰期乘地铁或公交车可能会受伤……他们在拥挤的车上用胳膊肘顶你的时候，别期望听到俄罗斯人口中一句对不起。”

“缺乏效率的制度导致斗志低迷，苏联人似乎一有机会就抱怨他们的生活、工作、政府及自己的同胞。许多人会反复求你帮他们离开这个国家，真让人头疼。餐馆、商店雇员的不诚实会让你大吃一惊，他们撒谎是因为太懒惰，不努力。”

“莫斯科人在大街上往往比较粗鲁，不过这是因为他们一生中 1/4 的时间都要在商店外排队。”

这样的整个描述是完整的，什么样的国家就

圣彼得堡的公交车

故事的两面

我给莫斯科大学外语学院的外国学生上“东方学课程”。当我告诉他们我觉得我的童年和学生时代是一生中最快乐的时光时，他们都不相信。我清楚地记得那些快乐的日子，一个团结的大家庭（家庭在俄罗斯人的概念里包括各种各样的亲戚），那么多朋友，去乡下房子（夏日小别墅）、海边的愉快旅行，还有祖母为我做的漂亮连衣裙。对于我的这些来自国外的学生来说，那时候正是赫鲁晓夫的志愿主义、勃列日涅夫的停滞萧条与克格勃恣意横行的时期——一个黑暗又危险的时代。俄罗斯的近代史里，根本不会涉及普通百姓的日常生活，不会有他们的喜怒哀乐。

有什么样的人民。但缺少一个前提：俄罗斯人不好也不坏，他们只是普通人，没什么特别的秘密、矛盾或优缺点。

在西方世界与俄罗斯之间有许多错误的观点与误解。我在美国演讲的时候，我的一位50多岁的学生曾对我说：“我年轻的时候，总对你们国家的人感到同情，想到你们的悲惨生活都会流眼泪。”我对她说这也是我年轻时候对美国人的感受。听不得那些关于种族主义的恐怖故事，还有穷人睡大街、失去工作，以及其他不可思议的一些事情。我们对彼此国家的国民生活的了解都只是冰山一角。

索契植物园内的喷泉

集体主义

俄罗斯国民性格中非常鲜明的特点之一就是集体主义精神。有个很典型的例子能证明这一点。汽车在高速公路上极速行驶，明显超速了。这时，迎面驶来的车子开始闪灯，司机马上反应过来——前面在测速，赶紧松开油门。过了检查口，他也闪灯警告迎面驶过的车辆。遵纪守法的西方人可能会认为这是种无赖的行为，对其他人有潜在危险。而对俄罗斯人来说，这是团结友爱的表示，一种集体主义保障。在这个国家，相互帮助脱

集体里的劳动是愉快的，有时会使农民们乏味的劳动变成节日一般。比如秋天，人人参加腌卷心菜活动。腌制的卷心菜是农民们的重要产品，因为它是冬季维生素C的主要来源。每个家庭主妇认真干的话，几天能干完。可是大家一起来更有意思。所以，女人们轮流聚集到每家每户，一起边聊天或边唱歌，边干活。

离难关的感觉非常重要，而法律常常与大众常识相抵触，交通标志有时和人的简单逻辑相矛盾，因此人们自然会这样做了。

喀山的官方标志——Zilant 神兽

几百年来直至20世纪初期之前，占俄罗斯人口最大比例的俄罗斯农民生活在叫作“农民公社（peasant commune）”的集体里面。这个集体让他们聚集在一起，保护他们不受外国侵略者、强盗土匪、政府官员等外来的侵犯，所有重大问题都要开会集体讨论。他们一起决定每人分到多少土地，以保证公平；组织要帮助谁；派谁上战场；谁犯罪了该惩罚，怎样惩罚；怎样缴纳赋税等。连某个家庭出现矛盾了，也交由集体讨论解决。这种制度下，弱者不会落魄（俄罗斯的村庄里，人们不知道什么叫贫穷），强者也无法鹤立。集体主义制度作为一种社会结构，其建立起来的过程曾带来血腥斗争。其实之前，这种平等与平均主义在俄罗斯社会就早已普遍存在。在这种环境中，相互支持的原则甚至要比自我保存的本能还要重要。

公社里的农民不但一起解决问题，还一起庆祝节日，一起劳动。20世纪初，俄罗斯总理斯托雷平（P A Stolypin）的改革支持并在经济上刺激农民离开公社，可农民们一点也不急着改变这种早已习惯了的生活方式。俄罗斯有这样一句话：“在米尔（mir）里，死也是美好的。”米尔是农奴们对公社的称呼，事实上，米尔有多重含义：它是战争的反义词（和平）、农民的集体组织，也是世界（和平世界）。对于农民们来说，共同体就代表着这一切，给他们保护、稳定，是他们的世界。

20世纪，公社开始消退。新环境与苏联时期引入的集体农场使这种本性民主的机构得以存在。总体上，苏联的体制倡导集体劳动、个体联系与相互帮助的观念。80年

集体得奖

现在，俄罗斯人内心的团结感经常令一些西方的生意方式狼狈受挫。一个特别明显的例子：作为芬达广告促销策略的一部分，公司组织了一次收集芬达瓶盖抽奖活动。在莫斯科、圣彼得堡及其他城市，芬达销量急速增长，而那些收集瓶盖的人聚集到了一起，这样就可以集体参加抽奖，得奖的机会自然会大一些了。

代末，学生们还习惯于不上学，去“捡土豆”——帮助村里收庄稼。这到底能帮农场提高多少生产力尚存争议，但就学生而言，好处不言而喻。一个月的时间参与集体劳动，共同克服困难，一起庆祝节日，回来之后，学生们完全变了个样。他们之间的关系更加紧密，友谊更加深厚，相互之间的了解也更进了一步。总之，这就是苏联时期教导的集体概念的实现。

这种集体主义感解释了俄罗斯人为什么会毫不犹豫地参与到朋友、邻居甚至陌生人的事情中去。

集体作决定对俄罗斯人来说也很正常。一个美国人和一群俄罗斯人在俄罗斯旅行途中，这个美国人很惊讶这群俄罗斯人没有人负责作决定。大家只是聚在一起，讨论出现的状况，然后一起作决定，再付诸实施。在俄罗斯，重大问题都是这样解决的。而且自古以来，这个过程中有争执，有讨论，甚至争吵。但无论如何，最终解决方法总能找到，没有人会反对“集体的决定”。

这位外国游客也惊讶于整个旅程中俄罗斯人做事的顺其自然。这也是俄罗斯人性

等公交车上学的乡下女孩

有一种情况让住在莫斯科的外国家庭一直很惊讶。假如他们在寒冷的早晨带着孩子出去散步，没给孩子戴上帽子，对他们这种对待孩子过于随意的建议与责备一路上便会纷至沓来。在莫斯科，从街上的陌生人那里得到建议太正常了。

格特征之一。每天早上出发前，没人知道晚上在哪里停歇。他的俄罗斯同伴说：无论去哪儿，总会有地方落脚的，谁知道路上会发生什么事情呢。刚开始时，他觉得事先不做好计划太疯狂了，晚上落脚地还没确定，摆渡的渡口也没预订。到了傍晚，大家就在一个村庄停歇，问村民哪里有最好的旅店。很快，他明白了这是在俄罗斯唯一奏效的方式。根本不可能提前预订渡口，有些地方根本没有。至于住宿，没人比当地人更了解的。想从莫斯科了解这些地方的情况十分困难，甚至不可能。最重要的是，这种顺其自然的做法很适合他的旅友们。

俄罗斯野外的一处教堂

俄罗斯人喜欢向别人询问，也喜欢给人建议。苏联时期，有一个双关语，说的是一个求助的人到哪里得到的都是建议："要知道，我们是一个理事会（councils）的国家。"就像所有的双关语一样，这个笑话也很难准确翻译。不过，大声朗读，意思就明白了。"苏维埃（Soviet）"这个词有许多意思，英语中通常表达的意思是一个群体或理事会（像安全理事会的理事会），可是，和 councils 同样发音的另一个词（counsels）有建议或顾问的意思。因此，大声朗读就容易引起歧义："我们是个顾问（理事会）的国家。"这也是集体生活的结果：开始做事之前，先听听邻居的建议吧。

不应该过于简单、过于理想化地理解俄罗斯的集体主义。当然，集体劳动或集体玩耍，集体的友谊与帮助是好事。但也是集体主义带来了暴发户。英国人排队是那么的井然有序，可在俄罗斯，插队是英雄主义的表现。

集体的责任有时候导致了责任的缺乏：为什么要我扫地？其他人可能也会干吧。

俄罗斯人集体意识的一个很有意思的结果是关系网，通常称为 blat（通过你的影响或你认识的高层人士办事）。"你帮我的忙，我也会帮你的"是个极简单的原则。

俄罗斯人仍有许多事情喜欢一起做。比如去看望朋友或者出去散步。外国人常常抱怨说他们和一个女孩约会，结果她带着一大堆朋友来了。女孩也许会说，他们也很感兴趣啊，何必阻止我的朋友和我一起分享快乐呢。

这种关系网在苏联后几十年商品短缺时期特别普遍。那时候，买不到东西，但能想办法搞到。这东西可能是张莫斯科大剧院的票，一双出席晚宴的鞋子，芬兰的香肠，上好学校读书，药品等，总之，一切可能供应的东西。

有时候形成了关系链。比如，你想去一个好的疗养院疗养，但没有熟人。于是就想办法弄到些好咖啡送给某人，他们再想办法搞一台新的录音机送人，一系列交换之后，你就能去这个疗养院疗养了。这个系统很复杂，但总有人是这方面的专家。即使在苏联时代，人们也抱怨这种关系网，常在媒体和电影里讽刺它，可是，它仍然存在，而且十分有效。

现在，这种情况似乎没有任何好转，有时候甚至变得更加荒唐。一方面，可以以高价买到任何东西；另一方面，关系网仍然有用，它能帮你保证质量。所以，假如你要出去度周末，准备花 4000 卢布订个房间，最终还得通过熟人才行。

问题在于如今即使付钱买东西，也没有质量保证。贵族学校或医院里的教师医生们都是通过关系才进去的。因此为了避免犯错，最好先征求朋友的意见。

特列季亚科夫画廊藏品之一——《伟人》

金钱与财富观

俄罗斯人对待金钱与财富的态度非常复杂。俄罗斯文化与文学作品总是教导人们，富有不一定代表幸福。金钱无法买到幸福，这个观念深入人心。俄罗斯历史上就有令人信服的例证。

19 世纪后期，有些俄罗斯商人很富有。他们的企业经营和商业才能得到了广泛的认可。可是，过于富有给他们带来了一种莫名的负罪感，于是，他们把大笔财富用到了建教堂、学校、医院（不是

特列季亚科夫画廊外

为了他们的员工而建，而是为了当地老百姓）以及资助各种慈善机构中去。他们的子孙则把大量金钱使用在文化艺术的发展上，如购买收藏艺术作品，资助民间手工艺，开剧院，支持优秀的年轻艺术家们。比如，世界闻名的特列季亚科夫画廊（Tretyakov Gallery）在莫斯科得以开放，就归功于一个著名商业家族的代表帕维尔·特列季亚科夫（Pavel Tretyakov）的慷慨解囊及其对艺术的满腔热情与精致细腻的艺术品位。莫斯科艺术剧院也在莫斯科商人萨瓦·莫罗佐夫（Savva Morozov）的投资下由传奇的剧院导演斯坦尼斯拉夫斯基（Stanislavsky,原名阿列克谢耶夫，也是一个商贾世家子弟）创建而成的。许多富商（如萨瓦·莫罗佐夫和萨瓦·玛曼托夫）都因为把大量资金投入艺术与慈善事业而破产。但不管怎样，为了攒钱而攒钱是没有意义的，也是心灵的负担。

尽管大家都认为贿赂在俄罗斯很普遍，还是建议你在咨询一些俄罗斯人之前别贸然行贿。贿赂能解决许多问题，这在俄罗斯不是秘密了。但是，错误的时间、错误的方式（太公开）都可能把事情搞砸，或伤害到他们，或者惹他们生气。俄罗斯人流行这样一个原则：“虽然贫穷也要保持骄傲。”这远比送给他们金钱重要，发现这一点也许令你诧异不已吧。

这种对待金钱的态度和不稳定的经济状况结合起来，意味着对俄罗斯人来说，攒钱没什么意义。钱本身是罪恶的，随时可能失去价值，我们何必攒钱呢？不如把它都花了。这就是现在俄罗斯人著名的（有时候也挺悲哀）挥霍作风的根源。这些因为艺术豪掷千金而著称的富商们，同时也是挥霍金钱的范例。他们邀请达官贵人，举办豪华宴会，不断用昂贵的礼物取悦情妇，甚至把衬衫送到巴黎烫洗。

现在，你也会碰到相似的情况。谁在购买欧洲最昂贵的房产，谁住在饭店最奢华的房间，又是谁会出最高价为一瓶绝版的葡萄酒买单（尽管他们心里有时候还惦记着老牌伏特加）呢？“我们爱俄罗斯人，”伦敦的一位房产公司经理在一次俄罗斯电视台的采访节目中说，“他们买的是最昂贵的房产，从不还价。”

一辈子的经历

不久前，一个从俄罗斯到美国的移民谈起他第一次在这个新家园的落脚经历。离开俄罗斯前，他攒了一笔钱。一到纽约，就租了一套富人区的高价公寓，摆设好漂亮的家具，还买了辆豪华车。接着，他加入了高档的体育俱乐部，购置新装，和朋友出入高档饭店，朋友们则从美国各地赶来赴宴。

不用说，这种快乐时光并不长久。钱挥霍殆尽，他不得不搬出公寓，变卖家具、汽车，最后只能住在纽约的某间阁楼里。可这位俄罗斯移民没有丝毫悔意，回忆起他那段短暂的快乐时光还喜不自禁。俄罗斯有这样一种说法："这样，不就有值得回忆的东西了吗？！"每当为了一时享乐而花光最后一分钱时，就会这样说。

索科尔尼基公园内的指示牌

不过花钱不仅仅是有钱人的特点（特别有钱的人实际上反而不会乱花钱）。辛辛苦苦工作赚到了钱，俄罗斯人就会把它花在出国旅行上，或者添置几件新衣服（就算并不是很需要），换句话说，就是把钱花在那些非必需品上。

我们并不是说俄罗斯人只会挥霍浪费。只是这种对待金钱的态度和西方人是完全不同的。一个朋友曾惊叹说："你能想象一个有自己的房子、生活还算体面的英国人对我说：'我一直梦想着品尝一下某种特别的香槟酒，可是它太贵了，要 25 英镑。'你能想象吗？算了，还是我买一瓶送给他，圆了他这个梦吧。"要知道，这个朋友还没有自己的房子，薪水也远不如那位英国人丰厚呢。

在俄罗斯，同时也存在着与对待金钱的率性、随意完全相反的态度。战争与战后艰难挨饿的时光在俄罗斯人民心里留下了难以磨灭的记忆。仍有一些老年人，瞒着家里的年轻人，把面包弄干，为了他们所说的"落魄日子（a rainy day）"做准备。有意思的是，两种态度并非水火不相容。那些什么都不舍得买、拼命攒钱的人可能突然把钱都花在一样并不需要、完全意料之外的东西上面。担心挨饿和真能攒钱根本就是两码事。

法律观

俄罗斯人对待各种法律法规的态度非常复杂。比如，在人口密集区域的一个莫斯

俄罗斯人的时间观和美国人的时间观

我的一个朋友对一次在美国召开正式会议的遭遇感到特别惊讶。她的邀请函中写着会议时间是傍晚5点到8点。对她来说，只要5点开始客人陆续到达就可以了，可她万万没有想到到了8点钟，她还以为晚上就这样继续下去，大家不会遵守“上流社会”的规矩时，所有的美国人却都准备起身离开了。在俄罗斯，假如你邀请了大家，根本不会想到还有时间限制这回事，只要有人想继续，聚会就会一直开下去。

科公园里，会看到许多标牌写着“狗不得入内，违者罚款”，可在这些标牌底下，那么多的狗正玩得欢呢。很正常啊，必须带它们出来遛遛，这里是附近唯一的一块绿地。此种情况下这种禁止标志显然很荒谬，没有人会遵守。公园里的孩子不少，他们也就学会了这种对待法规指令的态度：有些是可以不遵守的。

如果你了解俄罗斯人对待法律法规的态度，当你看到学生们在“不准抽烟”的标志下肆意抽烟，或者听见有人在标着“尚无营业执照”的小摊里询问酒的价格的时候就不足为奇了。对于到莫斯科旅游的游客来说，这点了解是十分重要的。比如，莫斯科的斑马线没什么用，小心点过就行。

时间观

时间无关紧要。很难说是什么决定了俄罗斯人这样的时间观，也许因为地方太大，很难确定什么时间能到达；也许因为气候问题，突然一场暴风雪就可能破坏所有计划；抑或是因为俄罗斯人过去是农民，习惯生活在自己的小村庄，生活空间有限，去邻省也被认为像去趟“国外”一样。

俄罗斯人对待时间的态度很随意。一位俄罗斯朋友突然造访，原本打算待5分钟就走，结果很可能待上3小时。在俄罗斯，迟到15分钟根本不算迟到。如今，除了气候的、自然地理的困难之外，还有大城市里的交通堵塞问题，要算清楚路上花的时间确实太不容易了。

俄罗斯一处湖景

口头表达与书面文字

俄罗斯人有两句俗语反映了口头承诺与书面承诺在他们生活中的重要性。一句是“纸不会脸红”，另一句是“麻雀飞走还抓得回来，可说出的话不是麻雀”。对俄罗斯人来说，口头承诺比书面承诺更有分量。

俄罗斯商人以他们“信守商业承诺”为荣。不守信的商人绝对不是成功的商人。在与政府的贸易关系问题上，俄罗斯商人并不依赖多样的手段策略，但他们会信守承诺。

就算现在，与书面字据相比，仍有不少人对口头承诺更加信赖。要他们签合约或协议会觉得不舒服。既然给出承诺了，为什么还不信任他？这简直是种侮辱。

人们一般对书面文件持有怀疑态度。也许是因为用得太多，失去了意义，抑或有更严肃的原因。几百年来，书面文字只能是上帝语录（直到 20 世纪，对农民来说），记在《圣经》里，是他们的主要阅读材料。其他任何东西都不值得书面记录。

俄罗斯人一般不太重视书面文件。只要求他们帮忙，他们会帮你弄到任何文件，也不会感到丝毫良心谴责。不过一张纸罢了，人家想要，就给他们呗。就这样，许多文件在俄罗斯都能通过关系搞到。医药文件、执照、证书，都可以买到或通过其他途径得到。

这就是当各国使领馆为了更好地控制签证人，申请签证需要越来越多的文件时，为什么俄罗斯人常会感到不解了。文件不难搞定，而且往往越有问题的人越有办法搞

苏兹达尔的教堂和小屋

俄罗斯的教育考试制度中，口试一直以来都占有重要地位。如今，俄罗斯的教育制度开始仿效西方，因此对口试出现了很多质疑和不满的声音。教师们则认为口试能考出学生的真实水平，而笔试则不然，因为笔试的时候学生可能会抄袭，有时还可能是碰巧猜对了答案。

到所需要的凭证。诚实守法的公民这方面反倒不行。这就是为什么英国使馆特别受人尊敬的原因，它只要求一定数量的书面文件，之后需要的话，会做些其他调查。在俄罗斯，无穷无尽的文件证明不了什么的。

俄罗斯民间舞蹈

俄罗斯人性格的主要特点

爱国主义与自我批评精神

俄罗斯人的一个显著特点就是爱国。有各种表现形式：可能是安静的、隐藏的或害羞的。俄罗斯人也常常自我批评与责备。别忘了，这可是骄傲与自尊的另一面。别被他们的一句“没法在这个国家生活”欺骗了，俄罗斯人时常抱怨自己的生活（确实有理由抱怨），但他们不太接受来自陌生人的同样的批评。

对自由的理解

自由概念在俄罗斯已形成了一个鲜明的观点。自由本身从未令俄罗斯人感兴趣过。俄罗斯农民在公社的保护下，迷失在这片无边的土地上，感觉不到个人的依赖性。他们祖祖辈辈在这片土地上辛勤劳作，交纳赋税，出现问题都由公社出面解决。当然也有些农民被虐待，不过这些人主要是某个地主的仆人或是宫廷仆佣。地主和官员们都知道，只要农民们提供了收入，就不能再毫无缘由地压榨他们。

全世界都欢迎亚历山大二世推行的解放农奴改革。他们为何不能享受自由呢？一夜间，百万农奴翻身解放，获得自由。可农奴们自己却并不开心，他们无所适从，到处打听别的他们认为真实可靠的法规。对农奴来说，什么是自由？一个完全抽象的概念，又不能当黄油加面包。不过现在，他们不用交纳原来的赋税，必须购买自己的土地，更重

在欧洲，灰姑娘装扮成公主，尽管她不是公主，王子还是爱上了她，最后有情人终成眷属。而在俄罗斯民间故事里，王子爱上的是一只青蛙，后来这只青蛙变成了一个美丽的公主。先是对不幸生灵的同情，然后要有耐心，最终娶到美丽的妻子，而且还带着嫁妆呢！至少故事里是这样的……不过，很多人都相信，都会耐心地等待。

要的是，他们用的是原来农奴根本不可能得到的钱。这些才是他们能真正理解的。

吸引人民闹革命的并不是自由的承诺，而是获得和平（第一次世界大战期间）与土地。戈氏改革以后，外界又一次欢呼自由来到俄罗斯。可是，人们失去了稳定和秩序，失去了整洁的街道和可以承受的商品价格，这就是许多社会阶层的人仍怀念旧时代的原因。什么是自由？只有作家、政治人物、知识分子和持不同政见者才会感觉到缺乏自由，还有在克格勃的监视下缺乏自由。对大多数普通百姓来说，它只不过是句空话。

同情与耐心

同情是俄罗斯人的个性特征之一。有些情况下，争执或坚持自己的权利只会浪费时间，对对方不会造成任何影响。但是假如他们同情你，就一定能成。

西伯利亚风光

只字片语?

我们的一个朋友告诉我们，她曾收到一封美国朋友在沉寂了许久之后的来信。本来，收到信她特别高兴，迫不及待地打开看，结果当她看到信里只有印刷体的“新年快乐”和“安娜和约翰”的签名时，心都凉了。俄罗斯人不会把它当成关注的表示，而是忽视，说明这些人连写几句关于他们生活、工作和家庭的话的时间都没有，可这些才是俄罗斯人期望的来信内容啊。

政客们就经常利用俄罗斯人的这个个性特点。成功者未必得到多少理解，而贫穷不幸的人却能激发人们的同情心与帮助的愿望。

耐心也是俄罗斯人最热爱与重视的品质之一。俗话说得好：“耐心点，爱情终会到来。”

怀疑与信任

集体主义精神与兄弟情谊带来了许多俄罗斯民族特性。人与人之间的关系很随和，友谊得到高度重视。你得准备好对一个常规的问候“你好吗”的详细回答。外国人通常公式化的回答可能会伤到俄罗斯人的感情。莫斯科剧院的一位著名导演嘉莉娜·弗切科讲述了一个关于她在美国所做的一项特别的语言试验的故事。当她对“你好吗”这句问候的回答是“我丈夫溺水死了”的时候，听到对方给的回应还是惯常的

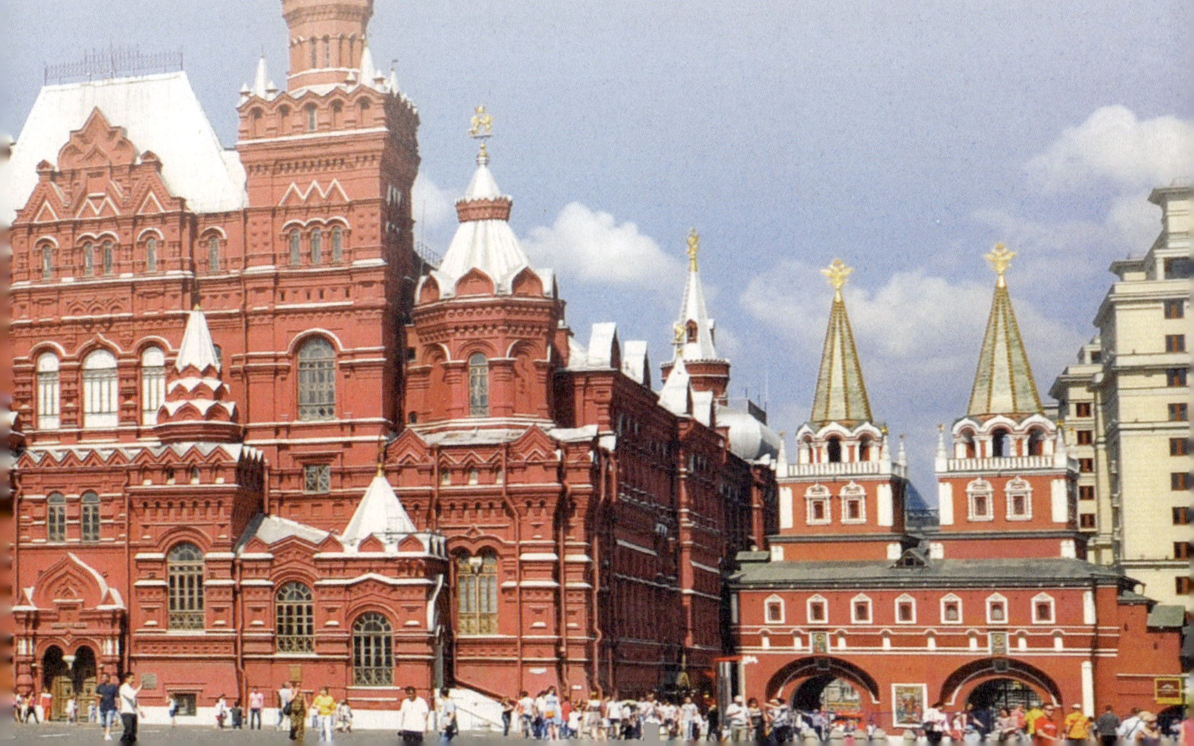

西伯利亚西部的莱卡犬

"很高兴听到它"。即使这不是个真实发生的故事，也挺有意思的，它显示了一位著名的、交友甚广、知识丰富的俄罗斯妇女因不同的俄罗斯传统而对国外这种公式化沟通方式的抗议。

俄罗斯人对私事的开诚布公常令外国人吃惊不已。俄罗斯人不擅长不夹带任何私人感情的私人谈话。所以，如果坐从莫斯科到圣彼得堡的夜班火车，与你同一包厢的陌生人跟你聊起他们私人生活的点点滴滴时，千万别惊讶。

在俄罗斯，沟通，即便是公事沟通，也往往是非常私人的事。和讲述生活经历一样，涉及私事、私人感情的问题都很平常。这也许就是西方国家著名的"谈论天气"在俄罗斯并不普遍的原因吧。西方人习惯的邮寄"现成"贺卡的做法也时常令俄罗斯人伤心。

然而，俄罗斯人的坦率与多疑、严守秘密同时存在。有一个简单又能说明问题的例子。在俄罗斯，采野生蘑菇是全国性的爱好与活动。蘑菇是人们最喜爱的美味菜肴。从林子里采完蘑菇回来，他们通常用叶子和小树枝把篮子盖上，隐藏在背后的想法是："其他人不知道我们采了多少，如果他们谁知道我们采了很多，他们就会跑进林子，找到我们采蘑菇的地方，或者会忌恨我们。我们采得少，他们就会笑话我们不懂怎么采。"过分的谨小慎微可能会使一个俄罗斯人不自觉地撒谎，或者把简单的事情不必要地复杂化。

迷信

俄罗斯人很迷信，不管知识分子还是年轻人或商人都不例外。在安全方面，就有一些规矩人人遵守。比如，当你受邀去某人家里，必须遵守下面的规矩：不要在门框下与人打招呼或告别，因为它预示着争吵；一张桌子不能坐 13 个人，因为这代表死亡；不能在屋子里吹口哨，不然就会失财；假如你把盐撒了，必须得撒点盐在你的左肩上，吐三次口水，不然就会流言四起……有许多类似的禁忌，所以，当你的俄罗斯朋友做出在你看起来稀奇古怪的行为时，也千万别吃惊。

第四章

社会交往传统

“他们有性格——俄罗斯人的性格——彬彬有礼，很真诚的彬彬有礼。法国人的彬彬有礼往往出于客气，而俄罗斯人以他们热诚的话语表达他们的礼貌，令人对他们的真心诚意深信不疑。”

——马克·吐温（Mark Twain）

在前面章节里，我们谈到了农民公社是影响俄罗斯人生活的一大要素。它对当代社会的集体生活，包括对社会交流传统的影响是显而易见的。在这样的集体里，每个人都生活在别人的眼皮底下，因此，个人的生活方式与生活条件必须要考虑到邻居的感受与看法。于是，多数俄罗斯人往往有两种互相矛盾的感觉，这种感觉至今仍然强烈。一方面就是不要太突出，要过和其他人一样的日子，这样才不会让你的邻居忌妒。俄罗斯人至今依然迷信这种说法：周围人的忌妒一定会带来损失与不愉快。这就是人们不愿意炫耀他们的财富或幸福的原因，而事实的确如此，有些事自己永远搞不懂。俄罗斯人非常担心“邪恶的眼睛在注视着”，俄语里有句极为流行的谚语：“上帝照顾那些自己小心的人。”

一位在一家俄罗斯公司工作的法国专家在他的孩子出生后给公司同事发了个短信，上面写了孩子的身高、体重、健康状况等细节，还附上孩子的照片。对他来说，这么做太自然不过了，自己有好消息愿意与其他人分享。可他的俄罗斯同事们，包括年轻一代俄罗斯人，都很惊讶，还批评他这种做法不妥。难道他不怕吗？就是应该把自己重要的东西藏起来，不能给外人看，这样才能防止不幸的事情降临到他头上，尤其是孩子，尤其在他刚出生的时候。

而另一方面，总是生活在别人的注视下也就意味着别人对你的看法很重要，你自然就想尽力做到最好。1917 年大革命前期的改革分给农民土地，让他们成为小企业主。尽管个体企业明显要比公社集体更具生产力，也能为业主带来更可观的收益，可实际上这个政策只得到极少数人的拥护，许多人后来纷纷要求回到原来的公社集体中去。因为如果无法向别人炫耀自己的财富，那么财富也就失去了意义。邻居、同事、朋友等的看法对俄罗斯人来说依然十分重要。也有些人为此感到恼火，质疑说：“楼下那个

俄罗斯农民表演一个集体节目

根本不认识的邻居说些什么对你又有什么影响呢？”但无论如何，对多数人来说，这的确是决定人们行为的关键因素。

结果，两种极端的规则影响着俄罗斯人的生活。在日常生活中，得和其他人一样，不能太突出。自己可以穿便装，吃便餐，但有些特殊的时候（招待客人），什么都得准备到最好：衣着、餐具、食物等，即使有的客人你并不是特别喜欢，不值得过于重视，也必须确保一切都做到最好。

与朋友、同事的交往

俄罗斯的社会关系也不简单。一方面，存在着严格的等级观念，对上级的尊重以及对职位地位的依赖性。

另一方面，又不像看起来那么简单。比如，老板与下属之间的关系中，老板确实是担负全面责任的一方，但这并不意味着他们不能平等地沟通。总的来说，在俄罗斯，这种上下级的关系要比许多西方国家的都要更加随意与人性化。

而且，就像许多俄罗斯文学作品里描述的那样，“小人物”也有他们的尊严。一部大机器里的小螺丝也会拒绝转动，所以，即使你是个大老板或很有钱，也不能忽略他们或不尊重他们。

在这种情况下，以礼貌的请求代替指挥命令能产生奇效。对于他们来说，关注与尊重比金钱与事业更重要。难怪一位普通员工用这样的词汇描述他喜欢的老板：“尊重人”、“关心人”或“和善”。

友谊在俄罗斯受到极高的评价，在人们生活中也占据着重要的位置。在西方国家

建议带一些小纪念品去俄罗斯，可以送给酒店当班的服务员、公司的秘书、医院的护士、隔壁邻居等。不过别把它当做贿赂或做了什么大好事。俄罗斯有句谚语:“不是你的礼物，而是你的爱打动了我。”获得欣赏是你的关注与善意，而不是纪念品的经济价值。

由心理分析师做的事情在这里经常由朋友来完成。首先，朋友是你倾诉的对象。可以和他们分享你内心的想法、你的愿望，甚至你的秘密。快乐的时候需要他们，可以和他们一起庆祝节日：邀请他们参加生日聚会，欢度新年，或仅仅是为了天气不错（或不好）。

和朋友的亲密关系往往伴你终身。7 岁时候的同桌可能是一辈子的朋友。他们相互参加婚礼，一起把孩子养大，一起去海边，去看电影，一起送别逝去的亲人，总之，相伴度过一生。见不到面就打电话或写信；争吵冲突时都会很难过，关系破裂或背叛都像夫妻离婚一样严重。

在俄罗斯家庭中，女性的角色仍主要是照顾家庭

对待女性的态度

在俄罗斯，对待女性的态度也有点复杂。一方面，它要比多数西方国家都要传统与保守。而另一方面，不要忘了在 1917 年大革命以后俄罗斯妇女就宣布得到了“自由”。苏维埃政府的首部宪法就宣布男女拥有平等的权利。可直到现在，下面的情况都很普遍：妻子的工作比丈夫更体面，薪水也更高，可是一家之主还是丈夫，最后还是丈夫说了算。最有意思的是，这却符合女性对理想家庭生活的期待：男人应该是一家之主，他挣钱养家，一切由他来作决定。通过对在各个公司、银行、国家机构任高级职位的俄罗斯现代职业女性的采访可以总结出下面这句简单的格言：有事业固然好，可家庭幸福就更好了。

对待女性与她们在家庭地位的态度在俄语里也

俄罗斯女性通常在社会上处于弱势

有所反映。男人“zhenitsa”的意思是“娶媳妇进门”，女人“ykhodit zamuzh”的意思是“像靠着坚固的石墙一样靠在丈夫身后”。俄罗斯女性想嫁给一个强悍男性（像道石墙）的强烈愿望从未停止过。不过在如今的俄罗斯，很少能看到全职太太，或许只有在某些特殊的社会阶层才有。比如，军人家庭可能会有这种情况，因为经常要突然搬家；或在一些“暴发户”家里，对他们来说，有个全职太太是他们财富与身份的象征。绝大多数女性有全职工作，这不仅是出于经济原因，而是因为她们渴望自己的技能与天赋有用武之地，能为社会做一些有用的事情。

与此同时，家庭观仍至关重要。因此，独身的男女便会引发猜疑：他们一定有问题。没有男友的女性也常常被看不起。我的一个同事，一位薪酬很高的职业女性，曾拒绝参加同学聚会，原因就是“他们会问我丈夫与孩子的问题，而我却没什么可说的”。

男性强者与女性弱者之间的关系在现代俄罗斯社会就像是场游戏，双方都懂得游戏规则。

这种观念在公共场合男士对女士的特别尊重与关照中得到验证（现在越来越少了）：男士为女士开门，在公交车上让座，帮女士披上衣服，女士优先，等等。

在商务关系中也同样。因为女性不被重视，所以一些西方书籍对于在俄罗斯做生意时女性常会面对的诸多具体困难都有所描述。但重要的是，形式与实质不能混为一谈。正如前面提到过的，其实，女性商人在俄罗斯很普遍。在教育与贸易领域，她们甚至占据了主导地位。不过，一些习俗仍需遵守。假如你是到俄罗斯谈生意的女性，请记住，你这个柔弱的性别会吸引俄罗斯男性的特别注意。他们或许会在介绍或分别时亲吻你的手；他们会让你先过，用英语说句“女士优先”。在有女士参加的聚会里，难免会向“漂亮的女士”敬酒。在商务会议中对女性的特别关注、求爱的暗示或调侃都是可以接受的。不要把这种半玩笑式的举动当作真的恩赐。假如你想认真地做成生意，就向他们表示感谢，尽管这有可能让他们对你更殷勤。

时尚与对待时尚的态度

几百年来，俄罗斯人形成了对待时尚的独特态度，那就是基本上没有时尚的概念。欧洲人早就被新的服装、装饰与行为潮流牵着走了，而俄罗斯人仍然生活在古老的传统之中，年复一年，身穿相似的衣服，过着相似的生活。无论穷人还是富人都这样，唯一的区别不在于款式而在于华丽程度：连衣裙的款式相同，但可以加上不同的玻璃或宝石装饰。

彼得一世时期发生了变革，他强力推行欧洲模式新习俗。但正如戈尔巴乔夫时期有句流行的俗语所说的那样，俄罗斯人生活的特点就是：“我们是想变得最好，但结果还是跟原来一样。”就这样，彼得一世决定把俄罗斯贵族的华丽服饰变成荷兰风格的实用服装，结果在他去世后不久，俄罗斯人便转向另一个极端：奢华夸张的欧洲服饰。就这样从18世纪中叶开始，俄罗斯文化中出现了时尚的概念，而且与西方时尚紧密相连。

古姆百货商场展出的俄罗斯19世纪时尚穿着

总体来说，除了大城市里的小部分时尚人群以外，俄罗斯人还是选择比较朴素保守的服饰。在农村，人们几乎不太关注这些，他们就穿着灰色的衣服出门，既实用又易洗。

老年人喜欢深色的服装。欧洲老年人的鲜艳服装令俄罗斯人很困惑，他们认为应该按不同年龄着装：年轻人可以穿得比较鲜艳，再年长一些就

俄式建筑

俄罗斯风格

一位俄罗斯妇女嫁到美国的一个大家族。每次家族聚会时，她总是显得很突兀。所有美国的女儿、媳妇上父母家就是平时的普通穿着：牛仔裤、T恤衫。而这位俄罗斯媳妇却总是盛装打扮，涂上指甲油，穿着高跟鞋、毛领衫，戴着珠宝，让所有人很吃惊。对她来说，受邀出门做客就意味着要展现最漂亮的样子。这让她的丈夫也感觉很有面子。

该穿得朴素些，老年人的色调则更深。不过，节假日里人们都会精心打扮，这是必需的。而白色衬衫与裤子仍被视为精心打扮的要素。

现在，俄罗斯市场里到处是国外的产品，多数是产自中国的价格低廉的仿冒产品。许多人都很怀念过去的日子，那时候，可以买到俄罗斯本地产的天然织料服装，款式简朴，价格便宜。过去很长时间，棉料与毛料都比人造化纤便宜。

常有人评价俄罗斯妇女缺乏时尚感，她们总以深色简朴的服饰为标准。现在，选择的范围广了，许多人根据价格、货源与颜色选择购买衣服，结果当然各种各样，有时候会很滑稽。当然，也有一些比较时髦的女性，穿上最时髦的服饰，比欧洲女性还新潮。

对待外国人的态度

对外国人民的认识往往比较概括，也会有矛盾的地方。当然在莫斯科或圣彼得堡的一些大跨国公司里，对待外国人的态度比较平和与中立。在苏联解体以后短短十余

伏特加和卤汁鲜蘑

年时间里，俄罗斯人已经学会了与外国人怎样相处。在世界各国多数大城市里，人们开始习惯越来越多的俄罗斯的游客，也像对待其他国家游客一样对待他们。伦敦、巴黎、纽约到处都有俄罗斯人，他们的目的各种各样：商务、购物、求学、观光、赚钱或花钱等。他们被这些世界闻名的城市所吸引，融入了不分国籍肤色的国际群体之中。

俄罗斯其余地区（大城市除外）对待外国人的态度一般都既充满好奇，又带点不信任；既友善又妒忌，既热情好客又有些恐惧。缺乏了解而导致的误解使一些陈旧的看法与成见根深蒂固。这些观点源于苏联的意识形态，如今通过电视新闻、外国影片，尤其是美国及拉美国家的肥皂剧又有所恢复。

俄罗斯人眼里的外国人的整体形象可以概括为以下这些词：富裕、礼貌、有教养、要求高，还有可能是个间谍或潜在的间谍。

反过来也是同样。外国人对俄罗斯人的态度同样是好奇与不信任的混合体。有很多的担忧成分，担心黑帮，担心无法预测的欺诈行为。一户俄罗斯人想在意大利租一套公寓，只要意大利一方以为他们的客户是英国人（因为都用英语沟通），一切进展都很顺利，可一旦弄清他们是俄罗斯人的事实，对方马上就回绝了，谁知道他们是不是隐藏的恐怖主义者呢？

外国人眼里的俄罗斯人：严肃、没有笑容、热情、好客、爱喝伏特加、头戴皮帽、较情绪化、神秘，还可能是个黑帮成员。

应该谈些什么

初见面时，有不少话题适合谈论。俄罗斯人喜欢谈谈家庭与日常生活；对你的国家、你的公司，以及你对莫斯科及俄罗斯的印象等也都饶有兴趣。总之，俄罗斯人喜欢坦诚的交流——关于你，也关于他们自己。意想不到地坦率谈及生病、家庭或日常碰到的麻烦问题也很寻常。在俄罗斯，和你分享烦恼与问题就意味着把你当朋友。顺便说一句，当你被问及对俄罗斯的印象时，建议你不要过多批评，即便他们自己对自己的国家颇有微词。还有，要做好在任何场合都可能谈及生意的准备，因为如果你的俄罗斯生意伙伴对某个项目特别有兴趣，他们就会在任何时间、任何地点、任何条件下谈论它。

喝杯伏特加，做一些非正式的接触，一方面能帮你轻松获取生意伙伴的一些新信息；另一方面也为了建立一定的私人关系，这一点对于生意的成功极为重要。

俄罗斯人不太喜欢正式的寒暄。在办公事的时候，假如有一个你不熟悉的人和你谈及他的私人生活细节，别太惊讶，这时候他更期待你和他一样敞开心扉。不少俄罗斯人对欧洲人或美国人习惯的正式会谈感到很迷惑：如果大家都无法放松地坦诚交流，那有什么意思啊？

最后，俄罗斯的政治是个很复杂的问题。俄罗斯人现在不太喜欢和陌生人谈论政治问题。他们的政治观点完全是混乱的，一些社会生活中的常见概念，比如像民主、资本主义、自由等都只是个空壳，在俄罗斯都会有不同的含义注入其中。因此在俄罗斯，要想建立良好的人际关系，那就把政治抛在一边吧。

社会传统与礼俗

源于对集体生活与一起聚餐的喜爱，俄罗斯人喜欢庆祝各种各样的节日。所有私人的事情都会变成与大家分享的东西，比如你的生日。随着年龄的增长，生日或许变得不那么重要，可在俄罗斯，每个生日都是要庆祝的。先和家人与朋友在家里过，有时候，如果客人比较多，还要延续两天呢。有时候，两天的聚会后（尤其当主角是位女寿星时），还需要好好放个假，因为是她做好所有聚会的准备工作，招待客人，整理打扫。男人们当然也帮忙，他们把食品买回家，开酒瓶，摆设餐桌，帮忙洗碗等。不过，女人们不会让他们承担更多的劳动。

俄罗斯乡村酒店前的娱乐

就这样，餐桌摆满美食，人们开始庆祝，跳舞，还有他们最喜爱的娱乐活动——唱歌。这个令人惊奇的传统仍然十分流行。几杯美酒下肚以后，谈天已不够兴致，客人们就开始唱起歌来。常常是年纪较大的人先唱，年轻人知道这些老歌的歌词与曲调，便跟着和。从老的爱情歌曲到俄罗斯民歌，还有苏联时期民歌等各种歌曲都唱。国内战争时期的一些歌曲很受欢迎，它们节奏明快、旋律优美，尽管年轻一代并不记得红军打仗时发生的事情，不了解“从东部针叶林直至英吉利海峡坚不可摧”的历史，但也会很投入地一起唱。不过最流行的还是那些痴情的爱情歌曲，这类歌曲曲目表里有很多。

除了家里，还会在工作单位里庆祝生日。如果是整十的大生日，需要摆满一大桌的食品和酒水，同事们都来参加，一般都放在下午（也是工作时间）进行。如果只是一般的生日，几瓶酒、一个蛋糕和一些三明治就可以了。大家都会带一些礼物，不回请他们不太礼貌。

其他一些事情也会在单位里庆祝，比如结婚、升职、获得一大笔奖金、新入公司或要离开公司，总之只要有一点意义的事情都要与朋友、亲人和同事一起庆祝一番。甚至有这样的迷信说法，假如不庆祝，就不会给你带来成功。所有主要节日单位里都要庆祝，这就意味着新年前 10 天左右，完成任何工作都会很困难，因为大多数单位里的员工都要开始庆祝新年了。所以，如果碰到医院里的医生、学校里的老师、邮递工人、商店老板在这段时间忙不过来，对你的要求和评价毫无反应，别太惊讶。

婚礼举办得比较隆重。新娘的华丽礼服与白色婚纱近些年又开始流行起来，婚礼将邀请尽量多的客人（不能漏掉任何人），包括那些除了婚礼与葬礼平时不太见面的远房亲戚。传统的说法是，婚礼越豪华，客人越多，这对新人幸福的日子就越长久。有时候，庆祝的规模大得令人咂舌，家长们为了让自己孩子的大喜之日不比别人逊色，不惜倾囊而出。这种情况实际上已经形成攀比炫耀的趋势了。

一对俄罗斯新人

婚礼上有许多传统习俗要遵守：往新人的头上撒种子；新娘的鞋子被“偷走”，大家一起找；还必须要有面包加食盐等。受邀宾客一般会送一些婚后比较实用的礼物，在现在，也有人送礼金，但这只限于近亲之间。

俄罗斯无名烈士墓

过去几年，人们记得还有一种新的婚礼礼俗：新郎必须抱着新娘过 7 座桥，大家兴高采烈地跟着他们从一座桥到另一座桥，每过一座都得喝一口酒，气氛变得越来越热烈。还有种玩笑的说法，说是如果婚礼上没人喝醉酒打起架，婚姻就不会幸福。

结婚登记在叫作 ZAGS（公民身份证登记处）的登记办公室进行。涉外婚姻只能在某个涉外 ZAGS 进行登记（在莫斯科，只有一家涉外登记处）。想要举办宗教仪式的新人必须带上结婚证与护照上教堂。当然也必须在教堂接受洗礼。如今，在教堂举行婚礼十分流行，而且不仅限于教徒。这种宗教婚礼仪式华丽而隆重，被认为能对持久的婚姻提供额外保证。

结婚登记以后，婚宴举行之前，传统做法还要去瞻仰一些重要的名胜古迹。在莫斯科，人们通常去克里姆林宫，为那里的卫国战争（俄罗斯人对第二次世界大战的称呼）纪念碑与无名烈士墓敬献花圈。这个传统在苏联时期非常流行。其他较受欢迎的地方还有麻雀山，从那里可以看到美丽的莫斯科全景。大家开心地开香槟、拍照片、聊聊天，很是热闹。

每个地区都有各自地区人们去的地方。而且，这些地方都和一定的历史时期与思想信仰有关，可能是宗教或历史遗迹，或是苏联时期的战争纪念碑，抑或是文化古迹。在圣彼得堡，人们去瞻仰彼得一世的雕像，在卡卢加去圣提康故居，在图拉则去托尔斯泰故居博物馆。

葬礼也有独特的仪式。根据传统，为了避免得罪任何人，也为了对离去的亲人表

跟俄国人交往时一定要记住：庆祝活动是俄罗斯人日常生活中非常重要的一部分。不仅是公众假日大家要庆祝，每个人自己特殊的纪念日也要庆祝。很多时候看起来非常不起眼的一个纪念日也可能最后变成一次盛大的典礼。说自己生活拮据或者是工作一整天之后很疲劳都不能算作是取消庆祝活动的好借口。

示尊重，葬礼要邀请尽量多的人参加。在火葬场或公墓（许多人，尤其宗教徒，不认同火葬）举办正式仪式之后，大家受邀到逝者亲属家里参加葬礼宴席。

葬礼宴席是非常古老的传统习俗。起源可以追溯到公元前，那时候，人们认为葬礼宴席能保证逝者下辈子的重生。为葬礼摆设宴席的习俗至今仍在俄罗斯盛行，就算在无宗教信仰时期都没有中止过。桌上摆满丰盛的菜肴，人们大喝伏特加，在那一天，不能拒绝任何人的敬酒。专为逝者留一个空位，摆上一杯伏特加酒和一片黑面包，每当为逝者干杯时，不能碰酒杯。

外国人常对俄罗斯人这种为葬礼设宴的“野蛮行径”感到诧异。但这种传统有它独特的理由。首先，这是一种最后纪念逝者的方式；其次，它有助于安慰伤心亲属，让他们暂时忘掉悲痛，正如现在有人说的，酒精是不需服药而减轻压力的自然方式。死者逝后第九天与第四十天，还必须摆设小型宴席。

喀山库尔谢里夫清真寺

多种选择的生活方式

在莫斯科和圣彼得堡，你会发现和其他西方大都市一样有不同的生活方式（有时甚至更多）可以选择。在俄罗斯的主要城市与城镇，也有这种迹象。而在其余的农村地区，情况就不同了。

第五章

定居

“游客们在俄罗斯帝国游历时，每天都会无数次地听到俄国人说这么一个词：“Si chass”。

这个词的原意是“马上”或“立刻”，但是俄国人爱说这个词并不表示事情马上就能办好，通常来说，他们至少要一个小时之后才真正地采取些措施去解决问题。

——托马斯·诺克斯（Thomas Knox）

正确的法规

不久前，一位在俄罗斯工作，并且妻子孩子都是俄罗斯人的外籍人士在机场海关被滞留，理由是尽管他有居住证，他的护照上没有签证。他们把他滞留数小时，威胁要把他驱逐出境。

这位不幸的外国人的家属们想方设法找关系，一直找到外交及内务部的高级官员。最后这位外国人终于在被罚了款后释放，但这个事件当中最令人吃惊的是没人搞得清楚边检人员的做法是否符合法规。大概有个法规规定：如果有居住证，就不需要签证，可是对此没人能百分之百地肯定。

俄罗斯护照

手续

要把俄罗斯对外籍人士的正式要求写清楚特别困难。首先，要求经常变化，而且变化会很大，很快，所以任何一本参考或指南里的信息都很快会过时，与现实不符。正因为不是所有单位都能提供最新最准确的信息，来俄罗斯之前，最好到俄罗斯大使馆咨询，而且必须核实再核实所有的细节。

俄罗斯困难之二是这些要求与手续十分混乱、不确定，以至于有时候很难搞清真实情况。

最后，更困难的一点就是人这个最关键的决定因素。如果边检人员不喜欢你，如果他们觉得你的行为是挑衅与粗鲁的，他们就会非常挑剔。或许未必把你驱逐出境，但至少让你的神经大为紧张一番。

但人的因素也正是大多数问题的解决途径。和俄罗斯人说话千万不要骂骂咧咧，拿着法律条文振振有词，也不要对他们说他们的国家很野蛮，相同的事情绝不会在你的国家发生等。这么说也不太公平。只不过是因为俄罗斯人清楚在国外怎样获得签证、工作许可或居住许可，外国人却不太熟悉这边的情况而已。

你需要表现得礼貌一些，保持冷静，想办法达成一致意见。最好说些这样的话："那么我们该怎么做呢？"或者"现在需要做些什么？"让人家有机会帮助你。显出一副沮丧不开心的样子要比显得很有目的、咄咄逼人的效果好得多。金钱有时候会有所帮助，但在这个问题上千万小心，否则可能会使情况更糟糕。认为所有问题在俄罗斯都能用金钱贿赂的办法解决是错误的。可以试探性地问一句："是否需要罚点款？"而不要仅仅给某人塞点儿钱就了事。

其实，实际情况没那么糟糕。在俄罗斯的绝大多数外国人生活工作得都很顺利。游客及短期滞留的外国客人只需要记住一点：过边检时，不但需要在护照上盖章，还必须有登记记录。如果受一家单位邀请来访，该单位会帮你登记。如果是私人邀请，那么就在发邀请函处做好登记。最简单的就是住宾馆，就算只住一夜，也会有登记记录。有种说法是即使你不是这个宾馆的客人，他们有时候也会在你的护照上盖章，不过我建议别太相信这些说法。

如果你要在俄罗斯工作或学习，待的时间比较长，那么有关你及你家庭的材料必须由邀请单位准备，因此要和他们提前讨论一下。什么都自己做将会是个复杂而困难的过程。

来俄罗斯的外国人通常会问要带些什么。以前，这个单子比较长，包括卫生纸，甚至高尔夫球。高尔夫球特别受一些英国人的喜欢，因为喜爱泡澡的他们一直抱怨俄罗斯的浴缸没有堵下水的塞子，而这些球大小合适，刚好可以当塞子用。在俄罗斯，人们出于个人卫生的考虑，通常只在自家浴室泡澡。建议是：如果你住的宾馆浴缸没有塞子，最好淋浴。而在一些高档的酒店，浴室比较清洁，浴缸通常也有塞子。

在俄罗斯，基本上能买到任何其他国家能买到的东西。关键问题是价格常常比别的地方贵。问题是到底选择到俄罗斯后多花点儿钱买呢，还是出发时为额外的行李买单，大家自己决定吧。

俄罗斯房子室内布局

假冒伪劣产品

酒、茶、咖啡、药品及昂贵的香水常常没有质量保障（高价格也未必是高质量的保障）。所以，假如你是个特别爱喝咖啡的人或需要某种特殊药品，最好还是自己带上。

房子与家

家在俄罗斯人生活中十分重要。这个词的所指很广泛，不区分居住的地方、家庭还是房子本身（而英语里“房子”与“家”是有区别的）。所有这些概念都融于一个词，“dom（家）”。

而且，房子本身对俄罗斯人来说并不重要。当然，俄罗斯人和其他地区的人一样，以自家“窝”为荣。可是，现在很少有人能说：“这幢房子是我曾祖父留下来的。”20世纪的战乱（先是大革命，接着是国内战争与第二次世界大战）摧毁了众多的民房，甚至整个村庄，但这并不是唯一的原因。自古以来，无论农村还是城镇，传统的俄罗斯民房都是用木头搭建的。俄罗斯森林资源丰富，木材可以就地取材，价格低廉，是十分实用的建筑材料。最重要的是，人们认为木房子能“呼吸”，人住在里面也能更好地呼吸，因此更有利于健康，而石头这种陌生的材料，又冷又不通气。有趣的是，即使在19世纪，石头建筑开始流行并且成为身份与财富象征的时期，富人们也愿意

俄罗斯老式木屋

> 俄罗斯人钟爱传说中的一种鸟：凤凰。凤凰会浴火重生，俄罗斯的房子就像传说中的凤凰，烧尽后可以重建，生活也可以不断重新开始。

俄罗斯小女孩

在建地基及底层（储物）的时候使用石材，而第二层（住人）还是用木材。甚至有人索性建一座传统的木材别墅，然后把它装饰成类石材的外表。装饰得很像，远距离根本无法区分真假。现在还能在俄罗斯一些城镇看到这样的房子。

木材尽管方便又实用，但也有一个重要的特点：易燃。因此，几百年以来，火灾是俄罗斯乡镇最主要的灾祸。有时候，整个街区或村子一夜间被一把火烧为灰烬。但生活还得继续。俄罗斯人学会了迅速搭建房子，在公社里，大家互帮互助，又建起了一幢幢新房。在中世纪，莫斯科还有个房子市场，在那里买到的房子就像现在儿童的乐高积木一样：所有部件都预先裁制好，只要一件件拼凑搭建起来就可以。

所以，俄罗斯人对不动产或房子这种建筑没什么特别的感情。他们知道这些东西几分钟内就可能被完全毁坏。英国小说中的男女主人翁为挣得房子而斗争对于俄罗斯人来说是那么的不可理解。再建一幢新的好了，没那么要紧吧。

在俄罗斯人看来，他们及祖先共同生活与劳作的这片土地更为重要。一切都会变，只有土地永远珍贵。俄罗斯农民自古以来都把耕作的土地当作自己的，尽管事实上它的合法所有权属于地主。

如今，多数俄罗斯人再次感觉到了他们的农民情结。就像第二章提到过的，戈尔巴乔夫改革初期，作为完成政府生产计划的一部分，全国的城市居民都分了一块土地。这是个类似“生产自足”的计划：给你地，自己种自己需要的东西。土地不大，只有四索克塔（soktas），但要求很高。全国上下刮起了一场农业耕作风。医生、教师、工程师，所有这些生在城市，长在城市，只在商场货架上见过蔬菜水果的人带着难以言表的热情开始在自己的小块田地里种植各种作物。每个周末，他们带着幼苗与定植苗，勇敢地挤上当地拥挤不堪的火车，然后带着收获的果实回来。我认识的一位教授，一位著名的微生物学家，在他的菜地里成功种植了一种特别棒的彩色西红柿。

红鱼子酱煎饼

可整个冬天，他都要求他夫人做自己种的蔬菜吃，认为其他农产品质量都太差。

几百年来对土地的热爱在这些早已远离它的人身上复苏。有意思的是，在这些地里建造的房子极其原始：一个小粮仓加一张桌子、一张床就够了。那时候（20世纪80年代后期），巴西与墨西哥的连续剧风靡俄罗斯，这些拉美电视剧主角的炙热情感在前途未卜、巨变前夕的俄罗斯找到了追随者。“富人的乡村别墅”（“fasenda”）这个词也从拉美连续剧进入俄语。任何人，只要拥有一块小菜地，旁边林子里有一幢带卫生间的简陋小屋，在上当地公交车的时候都会兴高采烈地向别人宣称：“我要去我家乡下别墅。”冬天，他们会骄傲地告诉客人：“这是我家乡下别墅种的。”对于许多俄罗斯人来说，这小块田地以及简陋的房子，就是他们的乡村别墅，满足了他们对拥有土地的渴望。

在俄罗斯人的意识里，家的概念与家乡紧密相连。俄语中的“家乡（Rodina）”与“出生”同一词根，它就是你出生成长的地方（在旧时代，也许会过上一辈子）。苏联影片《加油站》（*Garage*）中的一个人物在开会时说：“我把我家乡卖了，换了辆车！”人人都惊讶地看着他，以为他是个间谍，后来他宣称自己说的是他出生长大的那幢房子。

有时候，为了不跟俄罗斯这个大的家乡概念搞混淆，人们会说他们的“小”家乡。它指的就是自家房子和房子周围的地方，这在大城镇里特别明显，比如在莫斯科，一些原村民们住在某个特定区域，他们心目中的“莫斯科”就是他们房子周围几条街的范围，那里的几家商店、市场、医院和学校。对他们来说，其他所有地方，包括莫斯科中心区，都是遥远的，一辈子也不会去几次的地方。

所以，对于俄罗斯人来说，家的概念所指很广泛。它指的是家庭所在的实际空间，周边的土地，以及他们出生成长的所谓的“小”家乡。家在俄罗斯人的生活中极其重要。俄罗斯民间故事就是反映这一点的很好的例子。大多数故事主角刚开始离开家乡，在完成英勇的事迹以后，最后还带着美丽的妻子荣归故里，或者至少建了新的家。

回归故乡

肖洛霍夫小说《静静的顿河》中的男主人翁葛利高里·麦列霍夫身陷席卷他家乡的内战之中，他先和大多数哥萨克人一样加入了白军，后来转投红军参加革命，最后又脱离革命。苦难、流血、政治动荡、热烈的情感，看起来都是那么无穷无尽。最后只剩下一件事要做。小说结尾，麦列霍夫回到自己的故乡，似乎只有在这里，才能找到平静与真理。对这段曲折的历史有所了解的读者当然会怀疑在经历了那样动荡的生活后，麦列霍夫怎么还可能在自己家乡找回平静。不过，就小说主题而言，这一点似乎不那么重要。

生活在俄罗斯

如今，和世界其他地方一样，酒店分为高档与低档两类。只不过在俄罗斯，价格与质量的差距要比别的地方更明显。俄罗斯的酒店价格比其他地方贵，即使花费不菲，仍有可能只能得到一间普通房。我们将在第七章详细介绍这方面的内容。

假如你计划在俄罗斯住上一段时间，尤其还带着家人时，最好租一套公寓住。价格也很高，三卧室的一套公寓在莫斯科至少要每月一千美元。根据它的面积与位置，价格甚至可能升至天文数字。俄罗斯其他地区的价格要低一些，但住宿质量就很有限了。

与签证一样，住宿最好由你的邀请单位解决。如果不行，还有两种选择。最流行的做法是通过你的朋友找公寓，大家一般都这么干。其次是通过租房中介公司。关键

俄罗斯的一幢乡下别墅

莫斯科国立大学宿舍

要预防上当受骗。所以最好让你的朋友推荐一家可靠的房产中介，或者自己找一家大一点的公司，就算费用高一些也值得。俄罗斯有句俗话“越想省钱越要花钱”，想省钱反倒带来更多麻烦。

假如你是来上学的，学校一般都会把你安排在学生宿舍。有些学生宿舍条件很差。廉价的学生宿舍是旧时代的遗留物。过去，学生住宿费一般都由政府承担，学生只要象征性地缴点费就可以了。这些几乎免费的宿舍在苏联解体后许多都没有再重新装修。不过，现在大多数学校均提供自费但价格合理的住宿，换句话，你得自己掏钱才能住。

如今，在俄罗斯买家具、搬家或租车都没有问题，只要付钱就行。不幸的是，那些专做外国人生意的公司往往把服务价格抬高，所以最好联系一家普通公司。是的，也许你解释起来有困难，所以最好找个会说俄语的人帮帮忙。

定居小贴士

关于定居问题，必须记住以下几点：

- 不要试图找到所有手续的法律依据，那样既浪费时间又徒劳无功。俄罗斯的法规制度比较复杂和混乱，每个地区、每个市区都不一样，有时候连官员自己也搞不清楚。规章制度每个月都可能有变化，因此严格遵守规矩都是骗人的。即便最权威的机构提供的也可能是矛盾混乱的信息。
- 要依靠你的邀请单位的帮助。通常，他们会帮你解决所有住宿、金融、医疗以及交通等问题。
- 如果邀请单位拒绝帮你解决问题，那么就找你的俄罗斯朋友或者找那些在俄罗斯待了足够长的时间，有俄罗斯朋友的外籍人士帮忙。
- 最后，记住所有的手续都可能通过与官员建立私人关系得到解决。

找房子住

公寓出租广告在各种报纸的广告栏都有。比较流行的是《转手广告》（Iz ruk v ruki），也有网络版，不过所有广告都是俄语的。

如果携带比较贵重的东西，包括珠宝、古董以及艺术品等，记得必须把这些贵重的东西在海关申报表格上填好。不然，回去的时候很难带走。正规地说，凡是携带价值超过 2000 欧元的东西都需要申报，不过，没有人真那么严格地遵守这个规定。

日常生活点滴

俄罗斯的城镇与乡村生活是完全不同的。生活在城镇里的居民拥有卫生间、热水以及电力等现代便利设施。而住在农村，除了电就没有别的了。俄布尔什维克党人认为电力普及化是他们的重大成就之一。有句口号说的是“共产主义就是用苏维埃的力量让全国电力普及”。可惜类似的相关供水与下水道建设的口号却没有得到实施，因此，所有这些便利设施中，农村只享受到了电。

即使在城市，也有些具体特点要牢记在心。多数俄罗斯人居住相当拥挤，这在他们的生活方式上留下痕迹。只要有可能，他们就设法腾出一间房作为聊天、看电视的“起居室”，可是，起居室、卧室、书房经常是同一个房间。当然，我们谈论的不是那些富人，富人的别墅公寓是按最豪华的欧洲风格建造的，他们的生活方式与欧洲富人无异。

当代俄罗斯人很长时间都待在家里。厕所与浴室通常是分

西伯利亚贝加尔湖冬日景色

热水供应每年要停一次，停最多一个月的时间。主要是为了管道的修理维护。因为停水通常发生在炎热的夏季，人们对水的需求比其他时候更多，所以很碍事，很让人恼火。可是没有办法，你只能苦笑着忍受。这时候假如你的朋友愿意你上他们那里洗东西，就只能靠他们了，因为不同区域的停水时间是错开的。

俄罗斯妇女做的各种美食

隔开的。没有分开便是贫穷的标志。地毯的使用非常普遍，或者铺在地上或者挂在墙上。它们一部分是财富的象征，一部分是为了保暖。贵重的东西总是留给客人或在特殊的日子才拿出来使用。大家要求不高，自己用简单的旧器皿盛饭菜就可以了，用不着什么太高级的东西。

许多俄罗斯人，尤其老年人，对化学清洁剂有偏见。他们觉得这些东西对身体健康有害，没有必要使用。人们对于家庭卫生一般都有自己的看法。有人认为擦擦地板就足够了。有另外一种奇怪的现象：不少主妇会花上一整天的时间拿一根掸子到处掸灰尘，实际上并没有弄得更干净。

秋季储食过冬也很普遍。许多家庭在阳台橱柜里堆满一罐罐的腌制黄瓜与腌制西红柿，以及蔬菜酱、蘑菇与各种果酱。一些主妇在这方面有着无限的想象力与制作方法。如，用蔬菜汁或西瓜皮做成酱。主妇越能干，食物储藏就越丰富。

俄罗斯的垃圾处理状况不容乐观。人们不会把垃圾分类，什么东西都放在一起扔掉。大家对待垃圾的态度比较草率，通常都是在男人匆匆上班途中或孩子放学回家后扔垃圾。有时候还会出现一些额外的垃圾堆：有人把垃圾扔在不该扔的地方，后来慢慢地，大家都往那里扔垃圾。不幸的是，这个问题在俄罗斯相当严重，目前仍没有妥善的解决办法。

水、电、供暖收费较低。不是按实际消耗量，而是每月定额缴纳。所以俄罗斯人使用起来比较浪费。他们在出国旅行的时候对外国人老是监督水电的用量感到很生气，觉得他们太小气。

城市里有洗衣干洗之类的各种服务，有时候还可以上门服务。自助洗衣尚不多见，基本不可能找到。总之，日常生活所需的所有服务都有，只不过有一个问题：它们要么比较贵，要么质量不太好。不过，这个问题应该不只是俄罗斯独有的，世界各地都差不多吧。

教育

幼儿园与中小学

苏联时期，全国都为儿童设施感到骄傲。那时候，有一句流行口号是“一切为了孩子”。事实上，确实为孩子做了许多，而且绝大多数儿童都能享受到。幼儿园与托儿所虽然不是特别豪华，但质量好且费用低，绝大多数人都能上。

如今，旧体制的公办幼儿园因财务窘迫而逐渐衰落，与新型私立幼儿园之间的差距巨大。前者只有来自政府少得可怜的补贴，只能依靠一批老教师的热情奉献维持。由于它们费用低，需求大，想上这类学校十分困难。私立幼儿园在大城市办得越来越多，它们条件好，容易进，但价格高得和其他国家的贵族学校相差无几。可惜没有两全其美的选择。和其他情况一样，为孩子择校方面最好也多听听朋友或邻居的建议。

小学的情况也差不多。免费的学校常常状况比较糟，你能明显感觉到它们缺资金、缺师资。自费的学校费用很高，还不能保证教育质量。

儿童娱乐设施的状况现在好多了，尽管还只是在一些大城市里才有。有传统的动物园、马戏场、儿童剧院，还有新的西方风格的娱乐中心，全年开放。

在俄罗斯，只有一些昂贵的私立托儿所或幼儿园接收外籍幼儿。找个看孩子的保姆更方便，价格也更合理。最好通过朋友或网络找一些专业公司雇保姆，不过，后者可能要贵很多。

俄罗斯一所小学

大学

在俄罗斯，9月是开学的月份。所有大中小学都在9月1日开始新的学年。250多年来（俄罗斯第一所，也是最著名的莫斯科大学建于1755年），高等教育在影响俄罗斯人生活方面起到了至关重要的作用。莫斯科国立大学现有2.6万余名学生，7000名研究生，以及约2000名来自世界各地的外国留学生。时代、政府、国家制度都在变，但是，受过高等教育的人在社会上拥有特殊的受人尊敬的地位这一点还是没有变。那么，现代俄罗斯大学生是什么样的状况呢？

要进莫斯科大学，学生必须经历十分严格的选拔过程。目前最受欢迎的专业是外语、法律、经济与心理学。这些专业毕业以后更容易找到高薪的工作，因此从经济的角度看起来更有优势。俄罗斯现代生活的一大新趋势是学生对待高等教育持有更实际的态度。如果说过去只要受过高等教育就能开始一份好事业，现在的年轻人在选择专业时则考虑到各个方面：研究学习科目，是否有实践机会，是否有国外的就业机会，甚至连文凭上的学位名称也很关心。

俄罗斯教育的另一新趋势与这种对待学习更实际的态度有关：希望课程更接近生活，更实用。过去，教育的主要目的是为了让学生在某一领域获取广泛的基础知识，而现在，为了适应时代精神与学生需求，教育内容越来越窄，更注重某种具体的、高度专业的知识。为了使科学更接近生活，为了给学生提供他们将来工作所需的知识，引进了不少新的科目。人文方面就有许多新科目，比如公共关系、跨文化交际、管理

俄罗斯大学生

俄罗斯人与高等教育

20世纪90年代戈氏改革初期，对高等教育感兴趣的人数明显下降。人们发现一个头脑灵活的年轻人不需要任何学位证书或学识就可以通过投机手段在经济或政治上赚到一定的资本。然而，随着时间的推移，一切又回归正确的轨道，传统价值观又开始回到俄罗斯社会，其中之一就是对高等教育的尊重。这种趋势在大学表现得特别明显。2001年，大约有2万名高中毕业生参加莫斯科大学的入学竞争，4000名左右被录取，其中外语专业的录取率是10：1。如今，全世界向俄罗斯的开放以及东西方的交流对整个俄罗斯社会的影响巨大。掌握外语成为影响事业成功的重要因素。

等。同时，一些科目也从专业教学单上逐步消失——那些诸如科学理论、科学方法论之类的纯科学纯学术性质的科目。这种教育与生活的结合，尽管有时候是以牺牲基础学术知识为代价的，但也是过去10年来俄罗斯社会需求与理想的变化所带来的结果。

莫斯科大学雕塑

因此，过去你毕业证书上的文字并没有什么特别的意义，因为最重要的是你受过高等教育的事实，而现在，它们将决定你是否能得到一份工作。而且，可供选择的大学也多了很多。苏联时期，高等学府，尤其是大学，只有很少的几所。戈氏改革后，尽管教育水平差别甚大，各种大学的数量却成百倍地增长。只有以莫斯科大学为首的少数学校在国家与公众体系中始终保持着它们独一无二的地位。

对于许多俄罗斯家庭来说，高等教育仍是一种享有特殊声望的东西。即使家长无法完成他们的学业（出于各种原因），他们也认为这是自己的孩子获得成功的必要条件。不少家庭为了让孩子有机会上大学，省吃俭用。尽管俄罗斯的教育仍基本免费，上学还是需要一大笔钱的。得花钱请家教辅导，还有上学时的日常生活开支。全日制的学生有政府助学金，但数目太有限了，要是没有父母的支持，单靠它根本无法维持。

现在，上大学学习的主要目的就是想找份高薪的好工作，想在社会上有个受人尊重的地位。这些目标比过去更加个人主义化，在过去，一些诸如为社会做贡献以及发展科学之类的比较抽象的思想是学习的主要动力。

俄罗斯大学一般为4~6年学制，当然也有例外，如医科学生就需要学更长的时间。学业结束时，学生必须参加两个或三个他们所选专业的全国统考，还有论文答辩。对于人文专业的学生来说，这意味着要独立完成某个选题的研究，在公开会议上向国家委员会汇报。之后，学生便可以拿到所谓的专业证书。过去几年，俄罗斯尝试引进了西方式的4＋2教育体制，即四年学士学位后再加两年就是硕士学位。这种制度已在莫斯科大学经济系成功运作。不过，无论学生还是家长都更熟悉原来的五年制文凭。而且，由于过去十年教育体制变化频繁，俄罗斯社会对所有的新生事物都持有一定的怀疑态度。人们担心今天引进的制度也许明天就取消了，结果什么文凭都拿不到。不断的改革与不稳定是现代俄罗斯教育的另一特点。

俄罗斯大学新引进的政策之一是自费教育。国家的经济困难不可避免地导致国家对教育投入的削减。可是，必要的开支却在增长。技术进步、新教学手段的出现、国际研究合作的发展以及新知识领域的出现都需要大量的资金支持。与此同时，过去十年来，俄罗斯出现了这样一群人，他们有相当的经济收入，也愿意把钱用于孩子的教育投资。自费生可以与经过传统严格筛选的学生一起进莫斯科大学学习。通过入学考试的学生无论家庭经济条件如何，一律免费。而那些分数不够，但成绩也不算很差的学生则有机会自费上大学。整个课程费用根据各个科目的热门程度而有所不同。在莫斯科大学，大多数自费生都选择经济、法律、

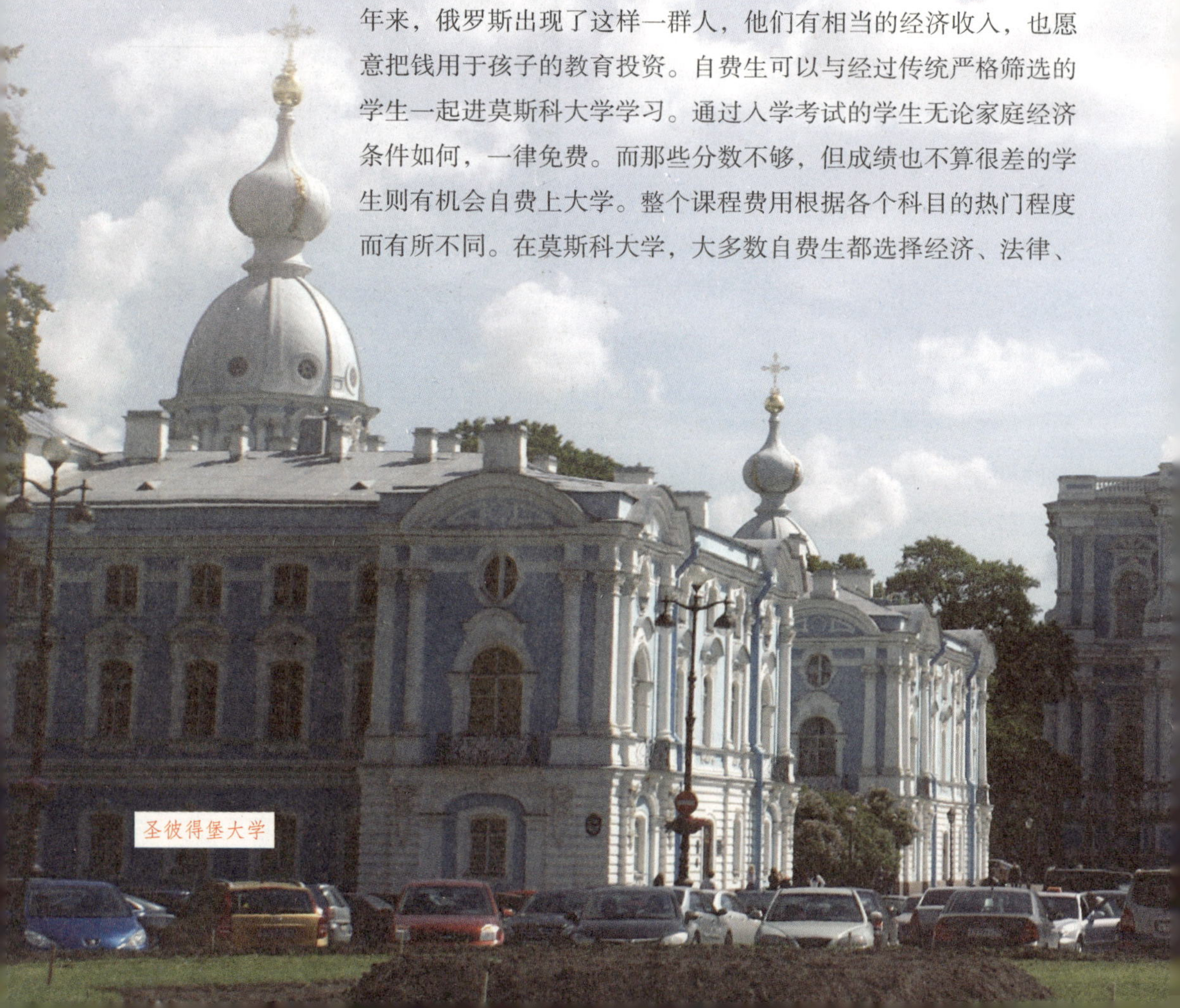

圣彼得堡大学

外语、行政管理以及国际关系等专业。

自费教育体制的引进带来了新的社会问题。首先，教师学生在适应新体制方面都经历了明显的困难。俄罗斯的教育以其民主特色而著称，苏联时期，平等原则是放在首位的。免费教育使学生之间不容易产生不平等的感觉，也意味着教师的权威是无可动摇的，教学原则不容责难。而这些自负学费的学生（和他们的家长）常常认为教育过程是他们花钱买的东西，总觉得他们有权参与本专业的教学计划，因此会向老师和系领导提意见。同时也出现了相反的一种趋势：自费生们比较担心自己的状况，觉得自己是落后分子，在学识上比那些通过考试的公费生差。近些年情况有所好转，社会对自费教育的观念也有所变化。尽管必须承认这个问题还远没有得到彻底解决，但越来越多的人认为它是有必要的，尤其在政府层面。

俄罗斯学院或系教学大纲中的课程是固定的，适用于同一学院的所有学生，学生只是在最后两年选择专业课程。历史系的学生必须在头三年听完有关人类发展历史各个时期及世界各地历史的一整套讲座，还有一系列附加的历史学科课程，在第四、第五年他们可以选择某个更具体的地区或时代，如中世纪的英格兰史，就一些具体问题进行深入的学习研究。

俄罗斯和以前一样，大学不但是教育中心，

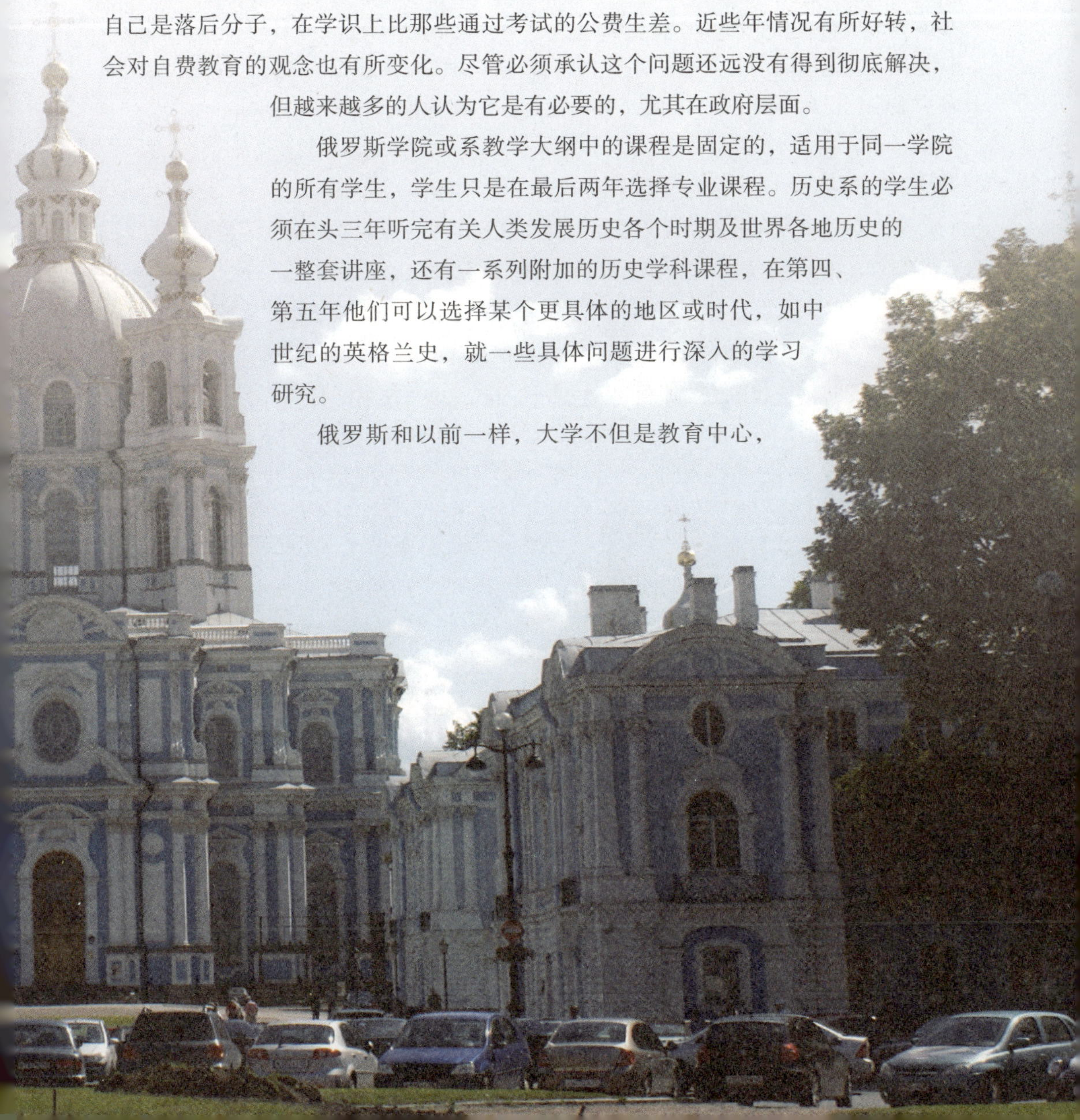

莫斯科大学

莫斯科大学拥有学生学习所需的绝大部分设施：很棒的图书馆（莫斯科历史最悠久的图书馆之一），自己的出版社、体育场馆，为外地学生准备的学生宿舍（费用很低），价格低廉的食堂与咖啡馆。许多学院都配有电脑教室、语音教室、音像教室和复印中心。不过，必须提到的是，资金的缺乏意味着学生能真正使用这些设施的机会很少，主要的教学用具仍是黑板与粉笔（教师）以及笔记本、钢笔（学生）。

也是研究中心，有各种讨论会让学生积极地参与研究。每年春季都有一个全国性的叫作“罗曼诺索夫读书会”的大学学术研究会议，会上，学生和教师有机会展示他们的研究成果，讨论不同的研究问题，并对优秀研究成果进行评奖与出版。

学生生活

大学里，头几年通常早 9 点开始上课，直到下午 3 点到 5 点结束（越到高年级，学生自学的时间就越多）。每节课约 1 小时 20 分钟，中间没有课间休息。主要有两种类型的课，一种是讲座课，100~400 名学生（视不同系别，专业人数不同）听老师讲课，偶尔以书面的形式提问。第二种就是讨论课，学生人数少很多（10~25 人），主要授课形式是一起讨论与课程相关的各种问题。课程结束都有考试，俄罗斯的传统考试形式是口试。

俄罗斯每节讨论课都有回家作业。下午或者周末是做作业的时间（低年级学生平均一周上 5~6 天课，高年级学生则上 3~4 天，更多时间进行自主研究学习）。现在，俄罗斯的学生一般对课后作业、复习迎考，以及整个学习过程的态度更加严肃认真。

莫斯科国立大学

去聚会还是学习?

苏联时期，大学毕业生都由政府统一分配工作（工作有好有坏，但工资收入差不多）。现在俄罗斯大学生都得自己为自己的将来做打算。为了找到一份好工作，必须刻苦学习，取得好成绩。某大学在一次晚会中搞了一项调查，结果很有意思。作为推广活动的一部分，学生有机会参加获取一些莫斯科热门俱乐部免费入场券的抽奖活动。活动结束后，当问及学生假如抽到奖，愿意去哪家俱乐部时，只有25％的学生作出明确的选择，35％的回答是宁愿回家上床睡觉，还有40％的学生说他们还得复习迎考，没有时间出去参加聚会。

他们更有目标、更认真地完成老师的要求，因为他们更清楚自己读书的最终目的：有一份体面的工作，可观的收入，可以出国旅行。而对于他们的前辈们来说，校园生活要比学术研究更重要。他们利用大学时光做自己喜欢做的事情，补充知识，体验丰富多彩的生活，多数科目只要考试及格就可以了。

戴头饰的俄罗斯美女

不过，俄罗斯学生的某些传统特点仍保持不变，让他们的外籍教师感到很棘手。很少有学生准时上交作业，因为他们的本国老师从不奢望这一点，他们知道设定最后期限太理想化，只对那些极有纪律性的学生管用。另一大问题就是“抄袭”，这种行为尤其令美籍教师十分震惊。这个问题不但展示了俄罗斯人思维方式的独特特点，某种程度上也表明了某个群体中学生的关系特征。俄罗斯的教育制度和其他国家一样，对抄袭与剽窃行为是严格禁止的。不少教师对此也十分重视。他们经常要求学生考试时除了空白纸与笔外，不准携带任何其他相关资料，而且座位也分开。但与此同时，俄罗斯社会发展的历史、文化以及教育特点也造成了对这个问题看法的极大分歧。

在俄罗斯，对学生学业情况的评估传统上（自从莫斯科大学成立以来）是通过口试进行的。在这种情况下，笔试的抄袭行为就失去了意义。即使学生在准备的时候写了点东西，经验丰富的教师能在学生回答时马上察觉。而且，口试可以针对课程涉及的广泛话题进行讨论。布置给学生的书面作业通常有许多不同的题目变化，而且量很大，学生之间不太可能相互抄袭。因此，就算有抄袭现象，对考试结果也没有实质性的影响。学生也不公开谴责抄袭作弊的同伴，就算某人巧妙地作弊成功，他的同学也绝不会向老师透露。在俄罗斯社会，集体感还是很强的。俄罗斯学生一进入大学某个专业学习，就与同系的同学组成了一个群体，而且这个群体要持续五年时间。在这段时间内，自然形成团结紧密的关系，每个群体都是个独特的大家庭。在这种情况下，透露同学的小错误被认为是不妥当的。另一方面，学生们都清楚一次偶然的成功并没有什么太大的意义。还有，对于俄罗斯人（学生教师都一样）来说，透露同伴的错误与“揭发告密”的概念相差无几。由于一定的历史政治原因，这个词会引发极负面的联想。

教师是极受尊敬的。无论教师年龄多大，师生之间总有一定的距离。这一点通过他们相互称呼的方式就能表现出来：一般都采用头衔加姓的礼貌形式；除非比较熟悉，否则每天对话时都这样称呼对方。过去几年，一些显示尊敬的标志正在大学校园里不知不觉地消失，如教师进教室时要起立，提问或回答时要举手等这些不久前还都是强制性的规矩。学生的要求也更多了，比如：如果他们对教学质量不满意，就会频繁地投诉。不过整体上，师生之间的内在关系大部分仍保留原来的尊敬与信任。

在俄罗斯，教师是受尊敬的

俄罗斯如今的大学生，尤其高年级学生，常常会找份兼职工作。他们有的纯粹出于经济原因，为了挣钱养活自己以减轻父母负担；有的则为了提前找到并占据一个好职位，为自己的将来做好准备。他们在各种单位任秘书、助理、经理或翻译。在俄罗斯，极少有学生像其他国家的学生那样为了挣钱去当招待或营业员，除非实在没有别的办法。因为这些职业被认为属于服务类的工作，和大学生这个大头衔太不匹配。教师与校方不太鼓励学生找工作，因为这通常会影响学业，两者很难兼顾。

俄罗斯 20 年前曾是学生生活

骑兵团阅兵仪式

塔迪安娜节

莫斯科大学最热门的社会活动之一就是塔迪安娜节（Tatianin Day）。每年1月25日举行的学生节日，标志着寒假的开始。1755年的这一天（也是俄罗斯东正教的圣塔迪安娜节），俄罗斯女皇伊丽莎白·彼得罗芙娜签署命令建立莫斯科大学。从那天起，这个日子被当作大学的诞辰日，圣塔迪安娜则被认为是师生的庇护神。这个节日也成了最受学生欢迎的节日。俄罗斯著名作家契诃夫在19世纪末开玩笑地这样描述：“今年，我们什么都喝，除了莫斯科河，因为它结冰了……钢琴在敲响，乐队在不停演奏，歌声嘈杂。这是多么快乐的活动，学生们像小鲜鱼一样尽情地沐浴在欢乐的海洋。”

如今，这个节日没有以往那么喧闹，但更像个节日。在这一天，大学召开大会，学生与校长见面，还有音乐会和舞会。还出现了一些新的传统：到了庆典的高潮，校长亲自斟酒；还有所有名叫塔迪安娜的学生进行比赛等。最后，在莫斯科的最高点——麻雀山的主楼外燃放烟花，圆满结束庆典。

重要组成部分的社会活动，如今却明显消退。通过多种方式（思想、道德、爱国、劳动等）对大学生进行教育的各种社会青年组织成了过去时。现在的学生更加个体化。不过，我们也看到过去的优良传统有回归的趋势。学生们参加各种校级的体育赛事，组成业余戏剧团体，组织主题晚会等。莫斯科的学生团体在政治方面不太活跃，沉重的学业与就业压力、当代俄罗斯的政治改革都意味着如今的学生不会积极地参与国家的政治生活，他们对此真的不怎么感兴趣。

现在的学生比以往更加自立。苏联时期，集体主义精神的教育是教学过程的组成部分，而如今，很少有活动让学生聚集在一起。他们的个人问题（经济困难，不断增加的学习压力，有时候还要打工）头等重要。不过，学生总体上仍保持着比较密切的关系，他们有空会定期碰面，一起去看电影或一起做作业。相互登门拜访，一起出去远足、全国旅行或跟团旅游都很常见。

金融事宜

信用卡在各大城市、百货商场以及超市都可以使用。不过，在1998年8月卢布贬值而引发金融危机以后，信用卡变得不太可靠。因此，去俄罗斯最好带些现金。

我们曾在俄罗斯联邦储蓄银行（Sberbank，俄罗斯国家银行）分行见识过这样一件事：几张十元美钞被仔细检查，用橡皮擦擦，用指甲刮，再放进电子仪器检测，结果被退回。客户感到十分惊讶，问道："它们是假钞吗？"对方的回答很肯定，"不是，但机器不能接受，只能是美国造币厂的问题了。"

使用最广泛的硬通货币当然是美元了，接着是欧元。包括英镑在内的其他货币的兑换处很少，也不方便。美钞也最好是新的。

俄罗斯的银行系统与西方仍有极大的差别，尤其在个人账户方面。对于俄罗斯人来说，钱首先就意味着现金。个人银行账户只是存放现金的地方，可以在银行的各家支行存取，但不太可靠，尤其在金融危机的情况下。

俄罗斯的价格非常不稳定。东西一般都比较贵。莫斯科有时被称为欧洲最昂贵的首都。而另一方面，一些俄罗斯产品仍以"老"价格出售，换成美元，就几乎等于白送了。

假如住在俄罗斯人家，需要了解的是，住宿费包括了冷热水、暖气、煤气费及市话费，而电费与长途话费是另付的，因为它们特别贵。

现在许多公司通过银行支付薪水，因此外籍员工需要在当地银行开个账户。开账户需要移民卡、护照及境内登记记录。

俄罗斯卢布和信用卡

医疗

大城市的状况大致与世界其他地方相似，仍保留一部分老的免费医疗体系，但在过去几年已经慢慢衰退；也有设备先进的现代化医院诊所，但上那儿看病得自己掏钱。许多大公司支付其职员的医疗费用。急救服务——就算在大城市——也

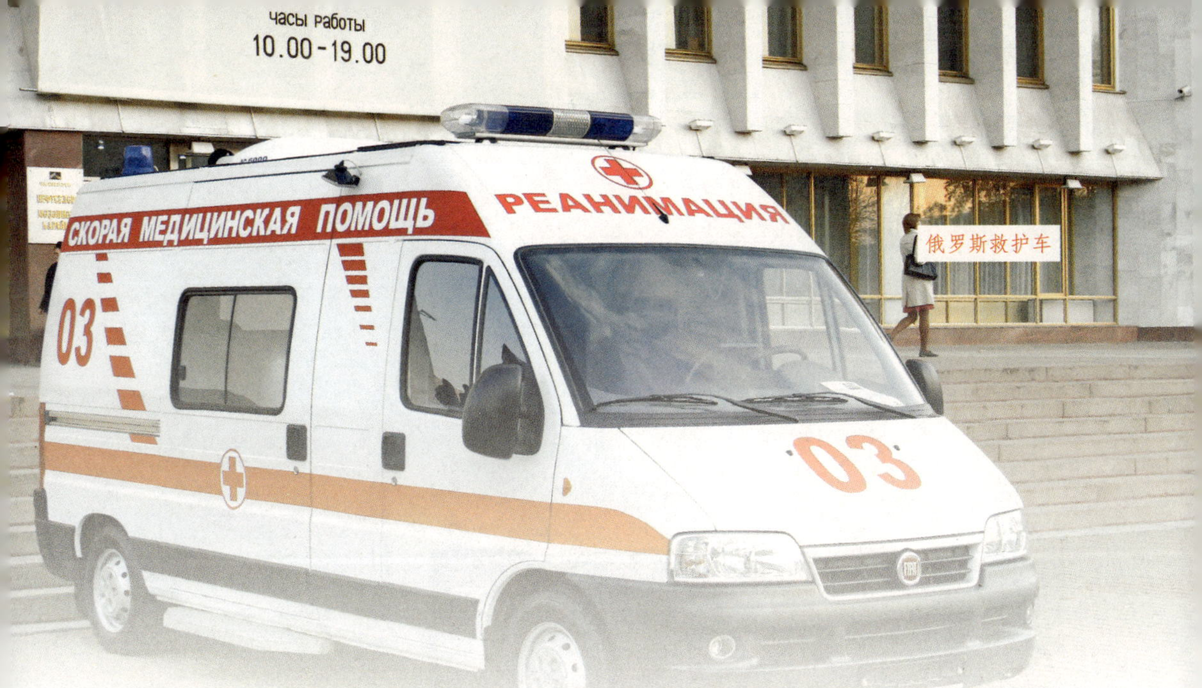

俄罗斯救护车

任何时间任何地点，只要拨通号码 03，就可以叫救护车，不过不能保证它很快就到或者你一定能得到专业的救助。而且，救护车上的医生喜欢把病人送医院，这样就可以减轻他们承担一切后果的责任，而且他们送的医院也未必是最好的。

远没有发挥其应有的作用，所以最好与一些提供急救服务的私人诊所保持联系。

如今，俄罗斯的医疗状况有点矛盾。国家拥有有能力实施独特手术、开展新型救治、创造医学奇迹的优秀医生，可与此同时，整体医疗体系却处于衰退状态，这从地方上的全科医生、护士、看护等中低阶层更能明显地感觉到。一次手术成功的病人或许因得不到其他医疗人员的称职照料而死亡。

全国的医疗救助离理想状态还很远。因为缺乏资金，薪水无法到位，设备无法购置。在许多偏远地区，可能只有一个热心又勇敢的助理医师坚守从医誓言，无私奉献，在各个乡村治病救人。这种情况任何地方也都有。

如果没有医疗保险，就拿不到俄罗斯的签证。有了医疗保险，碰到一般的毛病，就可以上任何一家医疗机构看病。

商场与购物

与俄罗斯生活相关的许多其他问题一样，俄罗斯的商场多种多样。现在的俄罗斯大城市商场是西欧与美国的翻版。有超大型的超市，购物中心里有诸如宜家（Ikea）、

什么都没有卖的商店

我的几个朋友曾遭遇一件有趣又有启示性的事情。忙着采完蘑菇后，他们感觉肚子饿了。但因为离家很远，不想回去吃饭，于是，他们决定去最近的村子看看有什么吃的。商店的大门敞开着，售货员站在门口，见到他们，她拦住门，说道：“我们除了面包，没别的吃的。”他们十分惊讶，但觉得面包也没关系，就同意买点面包，可是营业员还是不让他们进，说：“可面包还没运来。”这就是农村里那种什么都没有卖的商店。

俄罗斯农贸市场卖的蔬菜种子

欧尚（Auchan）、斯多克曼（Stockmann）之类的国际连锁店。购物的环境与商品的品种基本上和国外差不多。俄罗斯的超市和其他国家的区别并不在于营业面积、经营规模或结构，而在于营业时间是否每天24小时，周末照常。

传统苏联风格的商店仍然存在，随处可见。出售的商品比较有限，通常只有一些基本食品与用品，卖家与顾客之间也更为熟悉。如果你和店主的私人关系比较好，他就会建议你买什么，更重要的是哪些东西不新鲜，不要买。这些商店的营业时间通常从早上 9 点到晚上 9 点，中午从 1 点到 2 点或 2 点到 3 点休息。

俄罗斯在各省区的小乡村，商品的品种极为有限，如果有商店的话，也只供应一些生活必需品。

苏联解体以后，售货亭变成十分流行的销售点。它们通常卖相似类型的东西：甜食（巧克力、蛋糕、饼干）、罐头食品、坚果、薯条、香烟和酒。几年前，曾通过一项法令禁止在这种公共售货亭销售烈酒。店主很快找到其他替代品，增加经营商品，照常继续营业。它们通常整天营业，没有午休，但销售的商品质量往往得不到保证。

市场（包括食品市场与综合市场）现在已成为俄罗斯商业贸易的重要部分。市场的价格往往比商场更加低廉，但质量没有保证，得碰运气。通常，这类市场的商品价格是固定的，没什么还价的余地。

不过，农贸市场的情况又不太一样，可以砍价。尤其当他们见到老外把价格抬高

一本莫斯科指南里说：在莫斯科从头到尾，一包外烟就能搞定。不久以前确实是这样的。但现在，一包外烟已帮不上什么忙了，必须付钱，卢布比其他货币更管用。

的时候。这里农产品的质量也要比商场好，更新鲜，人工添加剂更少。市场从俄罗斯南部进大量蔬菜与当季地方农产品。从文化的角度来看，去这种农贸市场逛逛也是一件很有意思的事情。市场里比较嘈杂，会碰到些性格很有特点的卖家，农产品丰富多彩，有些产品只有在这里才找得到，如新鲜的野生蘑菇、浆果等。

交通

打电话叫出租车尽管价格贵一些，也更费时间，但更安全。莫斯科现在有不少个体出租车，可以在电话指南上查询他们的电话号码，或者询问你的当地朋友或酒店工作人员。

在大街上拦出租车是人们比较习惯的做法。但在俄罗斯，打私车更常见，当下有许多私家车主靠它赚些外快。打一辆私车要比出租车更容易，价格也更便宜（有时候价格仅为出租车的三分之一）。有些人只是顺路做点生意，因此万一被拒载，别失望

俄罗斯的公交车

俄罗斯地铁车厢很文艺

或生气，这可能只是因为不顺路，和其他因素无关。别忘了在出发前谈好价格。当然，这种出行方式也并非完全没有风险，不过风险不大，而且特别受莫斯科人欢迎，因为这比电话叫正规出租车便宜且快捷。尽管有些外国客人会认为拦下的车很可能已搭载其他乘客，但在莫斯科这种情况极少发生。

现在所有较大的跨国租车企业都在莫斯科开设了分公司，所以租一辆车开也很方便。不过在莫斯科开车难度比较大。尽管交通法规与其他国家相似，但不是所有法规都得遵守，尤其在限速方面。人们不习惯让其他车子先过，所以，假如你的驾驶使交通变得更缓慢、更堵塞，又更耗汽油，那么在你租车前得三思而后行了。不过，那些习惯在尼泊尔开车或者习惯伦敦、纽约堵车的人相信在莫斯科开车也没什么的。

外籍人士在俄罗斯买车是非常麻烦的。车辆登记期限最多只允许一年，与你的入境登记期限一致，这意味着每年都得过一遍相同的程序，而这个程序既费时又费钱。

在俄罗斯租车很方便。在所有主要城市，既有国际车辆租赁公司，也有当地租车处，租车只需护照与驾照便可。

一般来说，国外驾照在俄罗斯的头 6 个月是有效的。根据与各国的协议不同，针对不同国家有不同的规定。6 个月后，可以通过俄罗斯交通规则考试而得到俄罗斯的驾驶执照。但这考试可不像听起来那么简单，特别是因为它是俄语卷。

俄罗斯的城市里有多种公共交通方式。首先是地铁，莫斯科、圣彼得堡、萨马拉、叶卡捷琳堡、诺夫哥罗德、新西伯利亚等城市都有。地铁被认为是最可靠的交通方式，火车在地下各站之间快速定时运行。俄罗斯人曾一度为自己的地铁拥有精美的

下面是出国旅游时发生的一个典型事例。一群俄罗斯游客正在庞贝旅游，女士与孩子们都排着整齐的队伍在认真地边听边游览。一位商人模样的男士走到了一边，毫无疑问，一定是用他的手机打商务电话。

地铁站和整洁的车厢而倍感自豪。如今，地铁站精美依旧，每个车站布满圣像、雕塑或大理石柱，都是艺术品。这个国家最顶尖的建筑师与艺术家参与了地铁的设计，尤其在20世纪30年代至60年代更是如此。后来建造的车站也延续了这个传统。

不过，现在的地铁没那么整洁了。打扫得没有那么频繁，维护得也不够好，有很多垃圾。以前，如果有人喝了酒，就算他衣冠整齐，只是稍稍有点步履踉跄，也不敢贸然进地铁站。因为警觉的警察必须保证只有没醉酒、衣着整洁的乘客才能进地铁，就好像进宫殿一般严格。而现在的地铁站，也许能看到穷困潦倒的人、无家可归者，还有酒鬼。不过，地铁总体还是比较可靠又便捷的交通工具。

除了地铁，还有公交车、无轨电车，一些城市还有有轨电车。它们的主要问题是不够准点（冬季下雪、秋季下雨都意味着要等很长时间，因为恶劣的天气对它们的影响很大）以及过于拥挤（有时候人都快被挤扁了，所以得做好奋力挤上车的准备，得忍受人挤人的感觉）。

和公交走相同线路的中巴或箱型出租车越来越普及。它们的价格比公交车稍贵，但比较舒适（乘客全部有座），但也不那么可靠。

通信方式

俄罗斯的主要通信方式——邮局，正在这个国家慢慢失去原来的重要地位，变得不太可靠：信件很长时间才能寄到，甚至连有没有投递都得不到保证。国家的经济问题意味着邮递员这种低收入的工作特别不受欢迎，如今在一些地区根本就没有邮递员，信件说不定就在哪里堆积起来了呢。

俄罗斯邮局发行的“雅尔塔会议”邮票

另一方面，因特网正在全国普及。

尽管一段时间内还不一定能到达所有乡村，所有大中城市都已相当普及。网吧则主要集中在莫斯科与圣彼得堡。

在俄罗斯，得到一个固定电话号码太难了，几乎不太可能。一直都缺号码，原因值得深思。莫斯科早已落后的电话程控交换机正在更新，因此得到的承诺是这个问题马上能够得到解决，就算只在莫斯科解决那也不错。

手机出现以后，很快得到了俄罗斯人的喜爱。城市里，人人都努力想办法弄一部，连小孩子也不例外。人们无论何时何地都用手机交谈。许多单位禁止在重要会议中使用手机接听电话。尽管在理论上谈生意的时候接听电话极不礼貌，实际上，许多人并不遵守这个不成文的规矩。

如果有一群人进了饭店或咖啡厅，一坐下，他们就会把自己的手机拿出放到桌上，以防错过电话。有时候，你甚至会见到一群坐在一起的人各用手机打着自己的电话。

顺便提一下，俄罗斯和其他一些国家不一样，还没有实施手机免费接听的制度（接听来自同一通信商号码的情况除外）。因此记住，打电话时，接听电话一方也要付费的。

给俄罗斯外籍人士的建议

如今的俄罗斯外籍人士众多。有些在这里的跨国公司工作，有些则与俄罗斯人建立了家

克拉斯诺亚尔斯克的缆桥

庭，还有些人待在这里只是出于对这个特别又迷人（假如出于喜爱而不过多关注它的缺点）国度的热爱。在莫斯科、圣彼得堡或其他大城市工作的外籍人士喜欢经常在某个地方聚会、聊天交流，营造着属于他们自己的世界。在俄罗斯的生活有以下一些具体特点。

先说说城市的治安情况。来俄罗斯的外国旅行者听说过许多关于俄罗斯黑帮、犯罪以及混战充斥城市的故事，以为情况真的就是这样。当然，假如拿现在和 20 年前的莫斯科相比，现在违法犯罪的情况确实多了许多。但假如把莫斯科与世界上其他大城市相比，你会发现其实情况差不多，任何一个人口密度大的城市的治安都不太好。

需要遵守的预防措施首先源于个人常识，这与在其他城市如纽约、洛杉矶、巴黎等所需要做的没有很大差别。随意结识回宾馆路上碰到的陌生人，没事在城里四处瞎逛，或者露财等做法都是不明智的。1990 年我第一次出国，去的是伦敦，就在一个市场里被抢劫了，所有钱物被洗劫一空，而且对方采用的是极其狡猾可耻的手段。但那并没有阻止我对伦敦的喜爱，只是让我相信哪儿的生活都一样。

是的，俄罗斯确实有小偷、罪犯，问题不少，情况复杂，但许多其他国家地区的情况不也一样吗？生活还得继续，许多西方人早已太熟悉不过的事物——失业、流浪人群、自费医疗与教育等，对于俄罗斯人来说还都是新问题。试试不带任何反感情绪到莫斯科走走吧，不要害怕，俄罗斯有句俗语说得好：“怕什么就来什么。”

针对一些具体问题，以下是需要注意的小建议：

■ 在街上要小心。和欧洲及美国司机不同，俄罗斯人认为司机比行人更有过路权。所以记住在俄罗斯，司机在斑马线前不会停下，就算绿灯也不能保证安全，一

俄罗斯街头的英文、俄文标牌

辆轿车很可能会跟着绿色转向灯从旁边岔道飞快地窜出来，不会给你让道的。

■ 不要在街上随意兑换外币。即使汇率特别优惠，被骗的可能性还是很大的。最好在宾馆、银行以及正式兑换机构兑换。上街总之要特别小心。现在的莫斯科街头有许多价格低廉的小贩，最好不要上那里买东西，尤其是买食品和酒，最好在大商场买，宁可价格高一些。

■ 在莫斯科，找公共厕所可不容易，可以说基本上没有。而饭店、咖啡馆、博物馆、剧院及其他公共场所的厕所也不对外开放，所以在离开这些地方前，别忘了先利用一下哦。

■ 不要太相信公共标志牌。一个“禁止抽烟”的标志未必就意味着真的不准抽烟，而“马上营业”也绝对不能保证到时间真的开门营业。多问多核实总没错，免得事后发现自己上当受骗。

第六章

俄罗斯美食

“他们的餐桌总是向熟人、朋友敞开，一个朋友可能带上五六个人一起来参加晚餐。即便在一顿大餐结束的时候，你也不会听见俄罗斯人说：‘我们吃过晚餐了，你来得太晚了。’他们不是这种性格，不会说这样的话。通知厨师，继续做菜，晚餐重新开始。”

——意大利探险家，卡萨诺瓦（Casanova）

看看历史，我们会发现俄罗斯商人的多数大生意都是在餐厅酒席上做成的。19 世纪后半期，一个莫斯科人曾这样描述一家著名的莫斯科餐厅："巴布诺夫餐厅在商人生活中扮演着极其重要的角色，除了周日与节假日，每天从早到晚都挤满商人、管家和买家，他们边喝茶边谈生意，大笔大笔的钱款在这里交易换手。"

俄罗斯人的好客传统

俄罗斯人的好客传统被认为是俄罗斯人性格的突出特征。对俄罗斯人来说，好好招待客人——无论是谁——首先意味着要招待好客人的肚子。我至今仍记得在一位美国学生讲述和他奶奶见面的情景时俄罗斯年轻人震惊的表情，美国学生是这样说的："我上奶奶家去看她，我们喝了点咖啡，吃了点饼干，聊了聊。"任何一位有点自尊的俄罗斯奶奶在想尽办法让她的孙子孙女们吃撑之前，都不会和他们谈正事的，无论事情有多严重。一位俄罗斯主妇的首要本能就是招待好客人，即便是客人无邀而至。而拒绝吃东西往往被当作是一种对主人的轻视与冷落。

俄式茶饮

对于多数的俄罗斯人来说，任何非正式的结识以后都要坐到一起吃喝一番。

尽管吃的问题看起来多么的直接与俗气，它也常常是许多问题与文化冲突的源头。因为虽然一个人也许说得一口流利的外语，想竭力研究了解外国传统，记住所有行为准则，但要强迫他喜欢外国食品却往往十分困难。只要想想下面这些外国美食就够了：韩国的狗肉、非洲的烤蚱蜢，还有法国的牛蛙。

在包括俄罗斯在内的许多国家，拒绝对方给你的东西都会令对方不悦，因此建议处理这个问题必须要谨慎负责。

外国人与俄罗斯美食

苏联解体以后，不少对俄罗斯很感兴趣以及一些学习俄语的外国人被吸引来到这个国家。那时候（20世纪80年代末90年代初），酒店很少，不少人就寄宿在俄罗斯人家里。对于这些俄罗斯人家来说，这既能赚点钱，又能和老外谈天交流，在那时候还是挺新鲜又有意思的事情。有意思的是，大多数的抱怨都是关于吃的，俄罗斯主人很用心做，可是他们的吃饭时间以及爱吃的菜都和外国客人不一样。

吃俄罗斯人最喜爱的荞麦粥、香肠、土豆以及比较油腻的肉类食品，对于习惯素食的人来说会不适应。一些俄罗斯的菜肴甚至让外国人感到有点恐怖，比如节日必备的一道美食：肉冻。它的做法是将猪肉或牛肉炖五六个小时，然后把骨头剔除，剩下的肉和汤料凉下来以后，就凝固成半透明的肉冻，口味很特别。可是考虑到它的成分（肉），不少人还是觉得它“不寻常”，看上去实在有点野蛮。

肉冻

俄罗斯人早餐吃得比较多，中午是主餐，而晚上就喝点茶，晚餐比较简单，这与欧洲人及美国人的饮食习惯不太一样。而且没有让客人尝过每个菜之前，主人绝不罢休，如果客人拒绝吃某一个菜，主人就会生气。总之，这方面的抱怨很多。

俄罗斯人出国旅游的时候也会碰到类似的文化冲突。他们就是很难理解为什么在那些富裕的国家，商店里的食品那么丰富，可是午餐就只有一小片肉（每人就只有一片肉）、一点沙拉，然后直接就是甜点。而俄罗斯的传统是，只要有客人来了，餐桌上必须摆满美食，保证每个人酒足饭饱以后还有剩余。

那些邀请你参加晚宴的人并不期待你回什么礼。但如果你想马上感谢他们的热情款待，也可以请他们上餐馆吃一顿。不过，餐馆可要仔细选择，因为俄罗斯的餐馆各

俄式土豆沙拉

属不同的社会阶层，能体现客人不同的身份地位。因此，最好向朋友、同事或者宾馆的工作人员咨询一下。俄罗斯人不太喜欢正式的邀请，因此，无论这看起来多么奇怪，最好还是别这么做，宁可许个“下次你来英国……”之类的含糊愿望，也不要犯过于正式的错误。

饮食习惯

那么俄罗斯人的饮食习惯是怎样的呢？俄罗斯人的早餐比较丰盛。中午，他们吃正餐，这是他们一天内最主要的一餐。晚餐相对简单一些。“午餐”的概念在俄罗斯传统中一直都很重要，尽管这个英语单词也已进入俄语词典（尤其是“商务午餐”，大城市的多数餐厅都有供应）。如今，因为家庭成员白天都要上班，只有傍晚聚在一起，不少人把正餐放在下班以后。不过，人们只要有可能，还是愿意遵从原来的传统饮食习惯（比如在周末或节假日）。

俄罗斯人的晚餐传统上是和家人坐在一起用餐。假如家里有人回家早，有人晚一些，晚餐通常要等到大家都到齐了才开始。食物只是起着陪衬的作用，大家主要是聊天，谈一天的新闻。现在，有的家庭里，聊天的事情被看电视替代了，边看电视边吃东西。

俄罗斯的外国人所面临的主要问题是吃得过多的危险。根据俄罗斯传统，晚餐并不是那么丰盛，甚至还有句关于健康饮食习惯的俄罗斯谚语：“早餐是自己吃的，午餐是和朋友分享的，而晚餐则是给敌人的。”可是，假如有客人来，晚餐就变成真正的宴席了。所以，需要做好心理准备，每天可能得吃两顿正餐（中午和傍晚），更不用提两餐之间的点心了。

俄罗斯正餐的第一道是开始就上餐桌或早已摆在餐桌上的萨库斯卡（zakuskas），餐前小吃。他们通常没有开胃酒。外国人往往对餐前小吃的丰盛感到惊讶，常会有各种沙拉、奶酪、凉肉片、青鱼或其他鱼肉、鱼子酱、腌蘑菇、腌黄瓜、西红柿或其他新鲜蔬菜、炖土豆、馅饼等。面前那么丰盛的一大堆食物通常还只是个序曲，建议你最好一开始先试探一句："菜太多了！我想不会再有别的了吧？"假如得到的回答是这只是个开始，建议你千万别被餐前小吃迷住而吃太多了。

餐前小吃之后是喝汤。现在，汤常常在正式晚餐上被略去，不过在平时，汤可是俄罗斯人餐桌上不可少的一部分。许多俄罗斯人觉得没有汤的晚餐根本不算晚餐。在俄罗斯，汤被称作"首道菜"。

热菜的"第二道"有许多：炸肉，鸡肉（因为俄罗斯人喜欢吃鸡，并不把鸡肉当次等肉），俄罗斯的民族特色如 pelmeni（俄式肉馅饺子），或者是传统的炖肉。不过，这些都被认为是平时的家常菜，特殊的宴请场合是不一定有的。

俄罗斯人一直以来都喜欢吃肉，一顿饭要是没有肉就好像少了点什么。他们也喜欢吃鱼。过去几年，鱼的价格涨了许多，连品质一般的冻鱼都不便宜。人们通常上农贸市场买新鲜的鱼。给客人做的鱼通常以鲟鱼或鲑鱼为主。人们不把蔬菜当一道菜，只把它当作调味点缀。因此多数情况下，晚餐都吃肉。

鉴于这一点，素食者就为难了。而且，因为气候与经济条件限制，冬季水果与蔬菜品种很有限，价格也很贵。那些长年从国外大量进口的果蔬，俄罗斯人又不太喜欢（即便他们买得起），人们觉得它们味道不浓，也不香，称其为"味同嚼蜡"。霜冻天气与经济困难让人们习惯吃一些饱肚子的食物，能给身体提供较好的能量。那些拒食肉制品的人常常被视为富裕的怪人。

所有这些菜之后就是茶。俄罗斯人对茶的喜爱并不比英国人逊色。咖啡，通常是速溶型的，一般都在早上喝。喝茶

贝加尔湖岸旁鱼市上售卖的干鱼

不愿意也得吃

俄罗斯流行着这样一个寓言故事：一个叫丹阳（Demyan）的人请他的邻居一起分享他做的鱼汤。可邻居谢绝了，解释说他已经很饱了。丹阳还是坚持邀请邻居尝尝这个美味的鱼汤。结局是个不欢的收场：两人从此就闹翻了。这种被逼着吃东西的情况在俄罗斯被称为“demyan’s uha”（“丹阳的鱼汤”——不得不喝），这种情况是上俄罗斯人家做客时经常碰到的，必须做好准备。

往往还带些茶点：蛋糕、饼干、糖果、果酱、蜂蜜等。

在俄罗斯，听到这个故事没什么可惊讶的。无论有什么理由——吃饱了也好，减肥也好，不习惯在这个时间吃饭也好——只要拒绝对方为你准备的食物，都会被当作轻视对方。唯一的例外是生病，这个理由往往会被理解接受。不过要记住：绝大多数俄罗斯人都是半个医药专家，所以别想装病，谎言很快会被揭穿的。如果真的病了，当然就可以拒绝吃东西，不过主人会问你一些问题，给你一些建议。别奇怪，因为俄罗斯人最喜欢谈论医药方面的问题了。

巴斯克节（即耶稣复活节）宴会

现在俄罗斯和其他地方一样，流行节食减肥。年轻的或不年轻的妇女看了美国电影，读了欧洲时尚杂志，都想努力赶上苗条的时尚潮流。这种对西方文化的跟随在俄罗斯很典型，尤其在受教育程度较高的地区。不过整体上，俄罗斯人大部分还是按自己的民族传统习俗生活的。

宴会与商务接待

俄罗斯烤肉串

对于俄罗斯人来说，会见客人总是一件愉快的事情，因此，包括商务会见之类的接待过程常常会变成盛大的宴席。自助餐在俄罗斯不是很多见，尽管有些大公司与企业努力想把它引进俄罗斯人的生活。可是，俄罗斯人最喜欢的聚会方式，包括商务性聚会，还是传统的形式——大家坐在一起吃。这样可以很放松、很舒适地坐在椅子上，尽情享受美味。

宴席中，可以一直坐在座位上，可能坐上几个小时，除非要跳舞了，这是个离开餐桌唯一的好理由。大家一直边吃，边喝，边谈，边敬酒。当然，这些都是传统做法。现在的大城市里，接待方式和西方国家很接近了，不过，这仅涉及一小部分人。

在俄罗斯人家做客

请某人到家里做客在俄罗斯很常见。你可能会被最不可能的人，比如一个不是非常熟悉的俄罗斯人的朋友或亲戚，以最简单的理由邀请去做客。外国人收到这样的邀请往往会心存疑虑，心想这些并不认识的人到底想干什么，为什么愿意花上那么多时间准备饭菜招待他们。

原因很简单，俄罗斯的文化当中，客人还是十分重要的。因为他们是客人，所以带他们上家里，热情款待，表示对他们的尊重，这在俄罗斯很正常。外国人也是特殊的招待对象。即便现在，也不是所有人都有机会出国旅游的（对许多人来说，经济上还是不允许的），但许多人对外面的世界还是很好奇、很感兴趣的。

邀请的方式各种各样。通常提前通过电话或当面发出口头邀请（婚礼及特别重大的节日除外），也有比较突然的没有预先计划的邀请。

没有计划和不可预测性也是俄罗斯各种商务会谈的特点之一。

不速之客（不请自来的客人）在俄罗斯很常见。比如在美国，必须提前约定会面的时间和地点，而在俄罗斯，他们喜欢随机地突发某个想法。你们聚在一起，心情不

假如你和主人的关系只是普通朋友，一个茶壶、杯子或其他家里有用的东西都是不错的礼物。

俄罗斯蛋糕和彩蛋可以当作礼物送给主人

错，想继续做个伴，那好，咱们就登门拜访，即使没人事先预想到这一点。在这种情况下，最好“随波逐流”，随你的俄罗斯朋友和自己的常识行事了。

如果被邀做客去，一般习惯上带点小礼物。礼轻情义重，无论多小的礼物都可以。茶叶（质量要好）、糖果、挂历、毛巾、酒都比较受欢迎。在俄罗斯买酒要小心，因为有许多假酒，不要上街头小店或售货亭买。

特别需要给孩子带些小礼物，有时给孩子一点糖果比给大人礼物还要重要呢。

如果实在没有合适带的，送给女主人一束鲜花也不错。在俄罗斯，人们习惯送女士鲜花，即便没有什么特别的理由。关键花的数量必须是奇数，因为偶数只有葬礼才合适。

假如你只是被邀请吃顿便饭，而不是什么特别的日子或原因，可能主人就招待你在厨房用餐。不要误解，这非但不是轻视的表示，其实还是一种恭维呢。在俄罗斯，只有很好的朋友才能在厨房吃饭，许多家庭都认为厨房是最温馨的地方，也最受喜爱。

在俄罗斯人家做客，会围坐在餐桌旁，当大家都起身时，就表示聚会要结束了。

除了商务午餐与晚餐，俄罗斯人还喜欢组织他们称为“文艺节目”的活动，包括去剧院看芭蕾舞剧。仍像以前一样，俄罗斯的芭蕾是最棒的！在俄罗斯，人们上剧院时习惯精心打扮一番，因为他们认为这是个特殊的场合。外国人也常常被带去看马戏。可别为此感到生气，以为他们看低了你的文化素养，因为俄罗斯马戏被公认为是世界上最棒的，难怪俄罗斯人引以为荣呢。五彩缤纷的马戏一定会让你赞不绝口的（回家

莫斯科的诱惑

莫斯科的生活是很有意思的。有个关于一位19世纪中期到俄罗斯旅行的意大利男高音歌唱家的有趣故事，说他完全被莫斯科的迷人生活与姑娘所倾倒了。他开始学会喝伏特加，小口地啃俄罗斯传统的咸黄瓜与火腿，而把香槟酒当白开水抛在一边。他试着驾雪橇，玩得很熟练。他还很多情，在莫斯科有了两个情人。他生活得很快乐，不过也毁掉了嗓子，很快就从莫斯科的歌剧舞台上消失了。所有那些容易被莫斯科的奢靡生活所迷倒的人可都要好好记住这个故事的教训哦。

和你的孩子的谈资又增加了一样）。

俄罗斯人还有可能带你去一些比较意外的地方，这些地方往往是他们比较喜欢放松身心的场所。因此，假如你被邀请上澡堂，千万别误以为他想借此提醒你该洗澡了，其实是你的朋友希望你能和他一样享受澡堂的放松与快乐。

邀请客人去郊外也很普遍，特别在夏天——去乡下别墅，去远足或者仅仅为了到城外走走。俄罗斯人借鉴了高加索人的传统——烧烤（shashliks）。他们喜欢在露天炭火上烤肉、烤鱼、烤鸡或烤蔬菜。去乡下游玩被认为是与外国生意伙伴建立私人友谊的最佳方式之一。

俄罗斯人并不期望你对他们的热情招待马上会有所回报。对他们来说，你只是个访客，他们这样接待你是应该的，但假如将来他们到你的国家去，那就不一样了，他们也会期待着你为他们组织类似的接待活动哦。

餐馆及其他餐饮场所

上饭店招待客人并不是俄罗斯人的传统，至少不会仅仅为了吃饭而上饭店，去那里更多是有别的原因。当然，近些年，去饭店吃饭也慢慢在大城市里出现，但还不是非常普及。即使在特别的时刻，传统上也是邀请客人到家里，不少人认为请人到饭店吃饭说明主人太懒，不愿意在家里招待客人，是对客人不够尊重的表现。

俄罗斯烤肉

在饭店等餐饮场所的数量与质量上

在俄罗斯，进饭店就简单地喝杯茶是不太常见的。假如你在餐桌旁坐下来，就意味着要点餐了，如果你只点了个沙拉，服务员会生气地斜眼看你的。

俄罗斯各地有很大的差距。在莫斯科、圣彼得堡以及其他大城市，大量的各种餐饮场所开业，或将开业。而在中小城镇，选择就很有限，在农村，甚至一家都没有。

假如你和大多数外国人一样生活在大城市，出去吃饭绝对没有问题。最近几年，不少西式餐馆在莫斯科开业，但在这里，你很可能会被它们的外表所蒙骗。假如让你选餐馆，建议你选择更具俄罗斯传统的饭店，这在城里也有很多。当然，它们会比较时尚一些，味道也不是非常正宗，多数更符合外国人的口味。你或许会发现自己在这么多选择前无所适从，那么最好和一个俄罗斯人一起去。

俄罗斯人上饭店不习惯 AA 制。绝大多数情况下都是邀请者付款。记住受邀上饭店意味着所有的费用都有人埋单，除非一开始就有别的约定。和过去一样，上饭店对于俄罗斯人来说是件很特殊的事情，是种社交活动。在单位餐厅又是另外一回事了，大家都各付各的。

假如你是位女性商人，和一群男人一起工作，那么自己付餐费的机会就很少了。即使是你发出的邀请，男士们——尤其是年长一些的男士——也不会让你承担餐费的，如果你还是坚持要自己掏钱，他们可能会生气。在这种情况下，你可以试着说是你的公司出钱，而不是你私人，尽管这也未必能让俄罗斯人理解。但在女性或年轻人为主的单位，情况就不同了。

俄罗斯餐厅

除了和国外差不多的西式餐馆，还有各种本国特色的餐馆。在小镇或工作单位，常能见到餐厅，里面的菜比较简单，花样很少，但价格比大饭店便宜很多。在

俄罗斯经典小木屋餐厅的内部装饰

这些餐厅，通常自己从柜台取菜，自己收拾。但有时候，那里的菜要比大饭店还好吃呢（在俄罗斯，对食物的最高赞美就是“和家里做得一样好”），不过，也有便宜但不太干净，菜的质量也不怎么样的。总之，分辨餐厅的好坏没什么规则可循，得碰运气。尽管也有例外，但还是大餐馆相对比较可靠吧。

在餐馆里，无论服务费有没有收取，给小费还是比较常见的。一般是餐费的10%。顺便提一句，不少非常昂贵的高级餐馆在莫斯科和圣彼得堡开张了，因此最好在坐下之前先看看菜单上的标价。

很多国际连锁餐馆与咖啡馆最近几年在俄罗斯陆续开业。麦当劳和肯德基已经遍布各个大中城市。还有日本（在莫斯科很受欢迎）、意大利、中国等风味的餐馆。假如你特别想吃家乡菜，当然可以去试试。不过，除了一些特别高档的，一般这类餐馆的菜肴都不太正宗。

俄罗斯传统菜肴

俄罗斯菜的主要特点是简单与传统。优点并不在于有多精致或多复杂，而是丰盛。好菜首先要新鲜，不能被各种调味手段破坏它的天然风味。外国人总觉得俄罗斯菜太简单乏味，在烹饪过程中确实很少使用非源于俄罗斯的辛辣调料，主要调料只有桂皮和黑胡椒，黑胡椒整个用，所以并不太辣。除此之外，俄罗斯菜往往炒得或煮得比较熟，常常要炖或烤很长时间。

俄罗斯人那么喜爱黑面包，以至于在出国旅行还很稀少的苏联时期，一些驻各国的外交人员请求极少数到该国旅游的同胞给他们捎些黑面包来。所以这些人——不少只是初次出国旅行——出国时都带上大包大包的黑面包。

撒了香菜籽的俄罗斯黑面包

俄罗斯人的主食是面包。历史上，只要谷物收成不好，就会导致面包的匮乏及饥荒，整村的人都可能饿死。也许你会觉得俄罗斯并不像了无人烟的荒岛，觉得那里的林子里有禽类，河流里有鱼，可是缺乏面包更可怕，更让人手足无措，人们就是挨不过去。

传统的俄罗斯面包和多数西方国家的面包完全不同。它更有韧性，更重，由发酵的面团烤制而成。黑面包或黑麦面包才被认为是真正的面包。白面包在多数地方（莫斯科除外）被称为面卷。面包无论早中晚，每餐都上。许多人没面包就什么菜都不吃。到国外旅游时，许多俄罗斯人就抱怨他们用餐时老得讨要面包。

俄罗斯人特别喜欢用各种谷物和面粉做的食物。大人与孩子都爱喝各种粥(米粥、荞麦粥、燕麦粥等），不只是早餐和甜点一起吃，也当午餐辅食，或者就当主食。

布林尼（Bliny，一种薄煎饼）是俄罗斯最古老的食物之一，至今仍十分受欢迎。从俄罗斯人还没宗教信仰时就是一道必备食物。它圆圆的，金黄色，象征着太阳。人们经常在忏悔节及葬礼上食用，这种古老的传统从信仰天主教的罗斯国延续到无神论的苏联，直至现在。平时也可以吃，涂上果酱、酸奶酪、黄油或炼乳。人们特别喜欢夹着鱼子酱、青鱼或鲑鱼肉等一起吃。现在，大多数俄罗斯菜餐馆都有各种口味的薄煎饼，非常美味。这种薄饼需要特殊的酵母，自家是很难做的。

汤在俄罗斯人心目中的地位也很高，一般都当作晚餐的第一道菜。在许多家庭里，一整天没有汤喝简直是不可能的。可以没有昂贵的高档菜，但必须要有面包和汤。外国人最了解的也是俄罗斯最传统的是四喜汤（schshi）：一种卷心菜和其他蔬菜炖肉

俄罗斯人的胃口

著名的俄罗斯作家契诃夫曾写过一个极能体现俄罗斯民族性格的故事。契诃夫以其戏剧而世界闻名:《海鸥》《万尼亚舅舅》《三姊妹》至今仍在世界各地剧院上演。但在他年轻的时候，他写的短篇幽默故事也很出名，其中有个叫作《愚蠢的法国人》的故事，描述的是一个在莫斯科巡演的法国马戏团小丑亨利。演出前，他进一家宾馆吃点东西。在那里，他看见一位先生在吃鱼子酱薄饼（忏悔节期间）。法国人看到他一次吃那么多的饼，感到十分诧异。可是，薄饼还继续上，夹着鱼子酱、鱼肉，还有洋葱。接着上汤，接着还有薄饼。最后，法国人意识到这个人是想用一种极不寻常的方式（暴食）自杀。于是，他走上前去，试图吸引他相信生活是多么的美好，一切都会好起来。那位男士感到很奇怪，因为他根本没比周围的人多吃多少，只不过是在受邀参加的宴会之前先预食一番罢了。“哦，真是个充满奇迹的国家”，亨利心想，“不只是气候，连他们的胃口也能创造奇迹！真是个神奇的国家！”

做成的汤，最经典的是用一种泡菜做的。俄罗斯人如此习惯喝汤，以至于不得不信他们在 1812 年与拿破仑作战时把一种攀藤植物的叶子发酵做汤的传说了。著名的法国作家亚历山大仲马曾写过一本食谱，其中就包括作为俄罗斯饮食文化成就之一的四喜汤的做法。一种南方的四喜汤的做法是加甜菜根，叫作 borschsh。

俄罗斯帝国与之后的苏维埃联邦的多民族特点，对当代俄罗斯餐饮有着极大的影

苏兹达尔的一座小木屋

> 在乡下，农民有时候会自己做格瓦斯，越往东边去，这种土制格瓦斯越常见。它不甜，比较稠，也不清澈，任何城里人在尝之前都会犹豫一下。它看上去不怎么讨人喜欢，但尝起来却着实让人为之一振，口味十分天然。

响。格鲁吉亚的烤肉串（shashliks）、乌兹别克的蔬菜、大米和肉一起炖（plov）、亚美尼亚的藤叶包肉馅（dolma）、乌克兰的干酪或浆果馅饼（vareniki）等，现在都成了俄罗斯的桌上美食。各个民族的地方特色菜餐馆在各大城市很容易找到，很受大家欢迎。

饮品

俄罗斯最出名的非烈性酒饮品当属格瓦斯（kvas），一种裸麦淡啤了。过去，它

格瓦斯和俄国面包

曾被称为“液体面包”。格瓦斯由麦子发酵酿制而成，不仅是主要的饮品，还是很好的食物添加剂，可以用它做汤，把肉和蔬菜放在里面炖。农民的午饭常常带有 tyurya：把面包卷好放入罐中，倒进一些格瓦斯，就可以成为地里劳动后一顿美味午餐。

现在城市里销售的格瓦斯和早期的已经不太一样了。现在的更稀，更甜，更碳酸化。事实上，很难找到上好的瓶装格瓦斯（更有可能是咖啡色的柠檬饮料）。有些饭店有自己酿制的格瓦斯。夏季，城里有时候也有大桶的散装格瓦斯卖，这种格瓦斯要好一些。

在所有用格瓦斯做的菜当中，只有一样菜至今依然流行，特别是在夏季。这是一种叫作 okroshka 的凉汤，里面有各种蔬菜（炖土豆、黄瓜、洋葱）、蛋，还加点火腿。食用之前，把格瓦斯直接倒进碗里，再加点酸奶油就可以了。在炎热的夏天，这种凉汤的味道十分可口。

对于外国人来说，格瓦斯的味道比较特别。1849 年，伦敦出版的一本老俄罗斯指南里曾这样描述这种俄罗斯饮品的制作过程：“格瓦斯是用一磅盐、两磅大麦和一

俄罗斯士兵畅饮伏特加

磅半的蜂蜜酿制而成的。”而用它做的汤——Batvinia（巴特维尼亚汤）——里不仅有野菜、浆果、黄瓜块、黑面包、冰块、鱼肉，而且这些菜料都泡在格瓦斯里。听起来还真不太开胃哦！

不过，众多被上述描述吓到的外国人看了下面摘自阿克萨可夫（Aksakov）《家庭记事》的话之后却都想尝一尝巴特维尼亚汤了：“卷心菜汤之后上的是巴特维尼亚汤，里面放冰块，还有透明的鲟鱼片、龙虾，黄黄的浓汤……”

还有许多别的非酒精饮料，包括各种矿泉水，其中最受欢迎的是产自格鲁吉亚的波瑞乔米（Borjomi）；当然还有各种来自西方国家的饮料，如可口可乐、芬达、百事可乐等，在俄罗斯年轻人中十分受欢迎（和其他地方一样），但还是有不少人反对这种潮流，认为俄罗斯产的饮料更健康。

酒又是另外一个问题。人人都知道俄罗斯人爱喝酒，这种印象并非毫无依据。无论什么理由，因为气候寒冷，想营造温馨的气氛也好，是源于历史传统也好，反正俄罗斯人就是特能喝酒，而且爱喝酒。吃菜必须有酒。而且，西方人每天就喝少量酒，而俄罗斯人更愿意一次喝个痛快。

一直以来，人们认为酒精有助于减轻压力，放松身心，创造信任的氛围。早在16世纪，一位德国外交家曾写道：“他们的酒量大得惊人……想避免他们再次向你敬酒，只能装醉或索性装睡了。”

现在也有一些这方面的笑话。下面摘自一位美国商人的莫斯科日记：

“昨天一晚上和俄罗斯人喝酒，我都快死了。

今天，我一整天继续和他们以酒解酒，结果还不如昨天就死了呢。”

俄罗斯人极其嗜酒。假如你的身体条件允许，那么就和他们开怀畅饮吧；假如不行，那就只好装装样了。举起杯子，每次小呷一口，否则他们会要求你把它马上喝光。即便你以酒量有限为借口拒绝对方的敬酒，也难免破坏他们信任与美好愿望的气氛。一位有点喝醉了的俄罗斯人想敬你酒，最传统的说法就是：“难道你看不起我吗？”这种情况就意味着他对你有点不信任了。所以最好装着喝一点，以便创造相互理解的气氛。

在俄罗斯，传统的做法是敬酒之后才喝酒。就餐的时候，“命令”（敬酒语）没有下达之前，大家只喝果汁或矿泉水。辞藻最华丽也最长的敬酒是在俄罗斯南部，尤其在高加索地区。在莫斯科，人们也严格遵从这个仪式。当大家坐在餐桌边谈着天时，通常会有某人站起来说些敬酒话。最传统的也最简单的就是“为了和平与友谊”或“感谢主人”或“为了你们奇妙的城市”等，这些当然能让俄罗斯人听了很开心。

与饮酒有关的习俗还有很多。敬酒以后，必须先碰杯（唯一不碰杯的是在纪念逝者的时候），再喝酒（哦，经常会要求你一口喝完）。一旦碰杯，不喝酒就不允许把酒杯放下，因为那样做不吉利。桌上也不许有空酒杯，如果不能马上拿走的话，必须放到桌下。还有许多类似的“规矩”。

在俄罗斯所有的酒类里，最受喜爱的当然是伏特加了。喝伏特加不用加冰（它本身是冰的），萨库斯卡(zakuskas)是下酒菜。有很多种萨库斯卡下酒小菜，最受欢迎的是俄罗斯式的腌黄瓜。小黄瓜浸入特别的盐水里，微微发酵之后和辣椒、大蒜一起放入木桶(在城市，通常放在玻璃罐里）。几天后，就做好了。其他伏特加的下酒小菜还包括青鱼、腌蘑菇、泡菜，以及更精致一些的红或黑鱼子酱。

除了伏特加以外，俄罗斯人也喝葡萄酒（主要是女士）、香槟（俄罗斯产的叫作Sovietskoye，比较甜，爱起泡）以及科涅克白兰地等。不过，即使你在商店

俄罗斯人最喜欢的伏特加酒

花不少钱买了一瓶标志清晰的葡萄酒，也有可能回家后发现是假酒，瓶里装的不仅可能是以次充好的葡萄酒，更糟的是可能根本不是葡萄酒。

过去几年里，俄罗斯开始生产不同品种的啤酒。啤酒也是很受欢迎的饮品。不过，尽管有不同企业生产不同品种的啤酒，他们味道都差不多，都是中等淡啤，不过口味也不算差。

俄罗斯茶文化

俄传统茶文化

茶在俄罗斯的传播历史有些令人惊奇。何时在这个国家出现并没有准确的历史记载，不过在17世纪以前，茶在俄罗斯并不常见。传说俄国的蒙古大使在1642年带回中国茶叶，把它献给沙皇米哈伊尔三世，沙皇很快爱上了它。令人惊讶的是，在150年时间内，这种稀少又昂贵的饮品风靡了全俄罗斯。尽管茶这种饮品既昂贵又费事，还需要一系列小工具（茶具，但这对饮茶者没有明显的影响），它还是成了俄罗斯文化重要的一部分。

19世纪中期，俄罗斯的人均消费茶量仅次于英国，排名世界第二。无论在家中还是酒店，城市还是乡村，富人还是贫民，都喝茶。不但茶本身，连煮茶、沏茶的茶具——煮水用的萨莫瓦茶壶，泡茶用的瓷壶，带杯托的茶杯——也成了俄罗斯文化的一部分。

俄罗斯与饮茶有关的习俗有许多与其他国家不同。茶叶泡在小茶壶里，先倒一些到茶杯里，然后用开水斟满它。喝茶的时候还有茶点，如白面包（rolls）、布兰卡面圈（barankas）、普朗尼可小饼（pryaniks）等，都是专门的茶点。蜂蜜和果酱也和茶一起上，用小勺从盘子里舀着吃，而不是把它们涂在面包上，这往往令习惯这么做的外国人感到很新奇。

俄罗斯人还喜欢甜味茶。如果你出去吃饭，要一杯茶，除非特地交代，否则他们很可能给你上甜茶。有些俄罗斯人喜欢每喝一口茶，吃一块糖。在俄罗斯农村，人们也饮茶，但要往茶里放牛奶，称为“白茶”。这也是让人意想不到的，城里人没有这样的习惯。至于柠檬，其他国家的人都以为是俄罗斯人饮茶必备的一样东西，但实际上却没有多数人想象的那样普遍。柠檬一般是在茶的质量比较差，为了改善茶的味道时才放。

长期以来，俄罗斯人只喝中国茶，茶叶从几千公里远的中国陆路运过来，味道多少受些影响；而英国茶则不同，是从水路用船运过来的。到了20世纪，情况有些变化。苏联时期，人们开始尝试种植自己的茶树，主要在格鲁吉亚及克拉斯诺达尔地区试点，结果很成功。尽管茶叶的质量稍逊，但毕竟价格要比中国茶便宜许多。20世纪60年代以后，中国茶逐渐被印度与斯里兰卡茶所取代，这些茶和格鲁吉亚及克拉斯诺达尔茶一起在俄罗斯销售，但俄罗斯人对前者的评价要相对高一些。

俄罗斯甜茶和果酱、甜点

袋装茶，尽管因其便捷性而风靡，但在俄罗斯却被认为是“不好”的。工作时，许多人都爱泡这种茶，而在家时，他们更愿意泡茶叶。因此，如果给客人泡袋装茶，会被认为对他们不够尊重。

喝茶的俄罗斯女人

最后的变化发生在不久前的苏联解体之后。随着市场经济的推行，进口茶叶的状况也发生了变化，俄罗斯完全停止了自产茶。情况也有些矛盾，一方面，俄罗斯的茶叶品种很多，可以在任何大城市买到任何著名品种和品牌的茶叶。有各种茶叶专卖店和专卖柜台开张，可以买到各种不同的风味茶。而另一方面，由于俄罗斯人对茶叶的需求太大，也出现了不少伪劣茶，所以在俄罗斯买到好茶仍和以前一样困难。因此，从英国回来的航班常常满载俄罗斯人用作礼物以及自己饮用的茶也就不足为怪了。

第七章

文化与旅游

“尽管旅行者必须承受一些不舒适与牺牲，但我觉得俄罗斯是那么有趣，以至于所有那些不舒适与牺牲都不会留下持久的印象。”

——美国游客乔治·巴克汉姆

俄罗斯文化

俄罗斯一直以自己的灿烂文化为荣。虽然没有希腊文化的古老，也没有意大利文化的影响力，以及法国文化的别致，但它却无疑具有自己的魅力与风情。尽管和其他文化一样难免会遭受外来文化的影响，但俄罗斯文化却成功保留了自己的独特风格。

俄罗斯文化始于公元988年的国教洗礼。之前丰富又略带神秘的非宗教文化为之奠定了持久而良好的基础。就算今天，我们也会在俄罗斯民间艺术、民间故事、乡村习俗，甚至东正教仪式中发现非宗教文化的影子。不过，在弗拉基米尔大公决定俄罗斯皈依基督教之后，各种艺术传统形式——绘画、建筑、音乐及文学——开始大发展。

喀山圣母大教堂

因为拜占庭是俄罗斯宗教的来源，因此它对俄罗斯文化的初期影响是巨大的。不过也不该夸大这种影响。异国艺术、思想和政治机构进入俄罗斯土地后常常会带上全新的俄罗斯民族形式，它们会变得那么具体化、民族化，以至于几乎无法识别它们的异国“血统”。

俄罗斯文化发展的这段历时较长的初期（公元9世纪至18世纪初）的主要特征是，它与东正教有着极其密切甚至依赖的关系，受来自希腊的影响(从15世纪末开始，意大利对其建筑领域的影响很大)；保护传统文化形式与内容；保持文化的一致性；摒除

说唱艺术也是一种重要的艺术形式。童话、故事、传奇、唱曲等不仅再现了当时俄罗斯发生的重大事件，而且表达了俄罗斯人民的理想、信念和生活方式。可惜的是，直到 19 世纪中叶，俄罗斯的学者才真正开始认真研究和整理说唱艺术。现在流传下来已经形成文字的说唱艺术曲谱和歌词也是从那个时候才开始出版的。

文化领域的社会差别。

弗拉基米尔·维索茨基（著名诗人、歌唱家）雕像

基督教文化在俄罗斯渗透的一大结果就是书面语言与文学在这个国家的传播。先从拜占庭买到圣书，然后把它们翻译成俄文。很快，关于俄罗斯本地圣徒及其事迹的故事就添加了进去。几百年来，俄罗斯文学主要以圣书的形式存在，教育也由牧师实施。受过教育，能读书识字，主要指的是能阅读上帝的语录。也许这就是阅读书籍对俄罗斯人来说如此重要的原因吧，这个国家尊重书籍的态度几乎到了庄严的地步。

俄罗斯的圣像世界闻名。直到 18 世纪中期非宗教艺术在俄罗斯流传开之前，它们一直是占绝对统治地位的绘画形式。它们以拜占庭教规标准为基础，同时也具备了鲜明的俄罗斯特色。俄罗斯圣像之美不在于外表，而是内在的。它不是俗世的可爱而是神圣的美。就像意大利画像中的玛利亚，俄罗斯的圣母不能说是漂亮，她的形象是神秘而神圣的。

圣像上没有画师的签名，因为神圣的艺术容不得世俗的虚荣。这就是我们无从知晓这些画像的画师姓名的原因。只有极少部分有史料记录。安德烈·卢布廖夫（Andrei Rublev）是其中最著名的一位。他在 15 世纪初期为俄罗斯郊外的谢尔盖耶夫三圣修道院而作的“圣三位一体”（又名三圣像）成为老莫斯科的象征。俄罗斯教会后来把安德烈·卢布廖夫封为圣徒。著名的俄罗斯电影导演安德烈·塔柯夫斯基（Andrei Tarkovsky）在 20 世纪把这位画师的一生搬上了大屏幕，更使他名声远扬。

金色洋葱顶教堂也成了俄罗斯的一个普遍标志。宗教在那时起的俄罗斯人生活中扮演了极其重要的角色，那些宗教建筑也构筑了俄罗斯建筑的民族辉煌。俄罗斯民用建筑没有多少保留下来。20世纪前，绝大多数建筑都是以木材建造的。木材价格低廉、可以就地取材，而且被认为环保健康。无论何时需要，很容易就能搭建一幢崭新的木头房子。就算发生火灾，一个礼拜时间新房又建好了。只有宗教建筑——教堂与修道院——必须经久耐用，屹立数百年，这也就是为什么主要在它们上面使用石头之类珍贵又费力的材料的原因。

例外的主要是保卫俄罗斯城镇的石头城墙（俄语叫作克里姆林，Kremlins）。最为著名的就是莫斯科克里姆林。1156年莫斯科城建立后，四周是木头城墙，14世纪中叶，取而代之的是白色石墙（有趣的是，至今莫斯科有时候仍被称为“白石城”）。百年之后，意大利大师们用红砖建立了新克里姆林墙——就是现在的红墙。难怪从外部看，莫斯科克里姆林宫会令人联想起意大利维罗纳和米兰的城堡。意大利工匠们也参与了莫斯科另外几个教堂的建设，从那以后，意大利对俄罗斯建筑的影响是显而易见的。

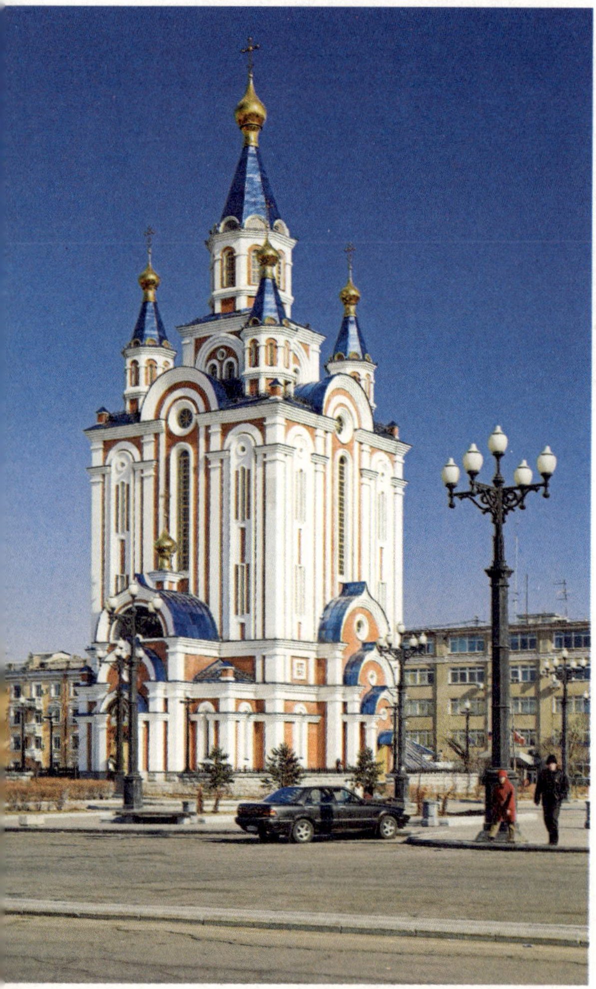

哈巴罗夫斯克圣母升天教堂

俄罗斯新时期文化始于18世纪初，持续至今。彼得大帝开始了俄罗斯的西方化进程，开始引进与俄罗斯教会没有密切联系的新思想、新艺术。这段时期的主要特征就是世俗文化的扩张——尽管宗教仍扮演着重要角色——来自西欧的思想渗透与影响，国家教育的迅速发展，新兴民族文化形式的建立，社会不同阶层文化的形成（农民和贵族完全不同）以及各种艺术形式的百花齐放——这在文学、音乐、芭蕾及戏剧领域尤为明显。

列夫·托尔斯泰纪念雕像

尽管对俄罗斯人民来说，宗教书籍仍然占据重要地位（特别是农民，宗教书籍一直是他们的主要阅读书籍，直到1917年俄罗斯革命后被禁止），新文学在18世纪开始影响俄罗斯社会。起先主要是法国和英国小说或是德国哲学论著，有的读译文版，也有的读原文版（这成为学习外语的一大重要动机）。18世纪后半期开始，俄罗斯文学开始出现。

19世纪前半期被称为（也确实是）俄罗斯文学的黄金期。亚历山大·普希金（Alexander Pushkin）、亚历山大·格利鲍耶陀夫（Alexander Griboedov）、尼古拉·果戈理（Nikolai Gogol）以及米哈伊尔·莱蒙托夫（Mikhail Lermontov）奠定了俄罗斯文学的声誉。19世纪后半期，伊凡·屠格涅夫（Ivan Turgenev）、费奥多尔·陀思妥耶夫斯基（Fyodor Dostoevsky）、列夫·托尔斯泰（Leo Tolstoy）、安东尼·契诃夫（Anton Chekhov）等让俄罗斯文学享誉世界。他们对俄罗斯社会的巨大影响不言而喻，可以说，在俄罗斯，文学和生命一样重要。

18世纪开始，俄罗斯画家转向世俗主题。他们深受欧洲艺术优秀作品的启发（19世纪开始，越来越多艺术家去意大利学习绘画），在自己的作品中运用民族主题。阿列克谢·维涅齐昂诺夫（Alexei Venetsianov）、卡尔·布留洛夫（Karl Briullov）、瓦西里·彼罗夫（Vasily Perov）、伊利亚·列宾（Ilya Repin）、瓦西里·苏里科夫（Vasily Surikov）、鲍利斯·库斯妥基耶夫（Boris Kustodiev）及其他画家创作了许多艺术佳作，如今保存在俄罗斯各大博物馆中。这一时期的俄罗斯绘画艺术至今仍是俄罗斯一大民族成就。

20世纪初对新的艺术形式的探求促使俄罗斯新生代画家的崛起。卡西米尔·马列维奇（Kazimir Malevich）、马克·夏加尔（Marc Chagall）、库兹马·彼得罗夫—沃德金（Kuzma Petrov-Vodkin）颠覆了所有艺术形式、色彩和意义的概念。这是一场席卷世界的艺术革新。

俄罗斯皇家芭蕾舞团的演出

民用建筑也在蓬勃发展。壮观的大楼与华美的宫殿、绚丽的花园同放异彩。意大利及英法建筑的影响是毋庸置疑的，可是，最终产生的结果却是绝对的俄罗斯特色，欧洲外表与俄罗斯内涵特征相融合产生的是焕然一新、灿烂辉煌的杰作。

19 世纪前，俄罗斯音乐只有两种主要形式——教会歌曲以及民间歌谣与舞蹈。在俄罗斯，很晚才出现职业作曲家，其中，米哈伊尔·格林卡（Mikhail Glinka）被普遍认为是第一位（尽管在他之前有不少不太知名的作曲者）。他最著名的作品是歌剧《献给沙皇》和《鲁斯兰和柳德米拉》。和其他领域一样，俄罗斯音乐的发展迅速而辉煌。彼得·柴可夫斯基（Peter Tchaikovsky）和他的音乐享誉世界。莫迪斯·莫索尔斯基（Modest Mussorgsky）是个极有天赋的作曲家，在俄罗斯本土较为著名。20 世纪初开始，更多享誉国际的音乐家与作品问世，音乐传统在苏联时期得以延续，有伊戈尔·斯特拉文斯基（Igor Stravinsky）、谢尔盖·普罗科菲耶夫（Sergei Prokofiev）、谢尔盖·拉赫玛尼诺夫（Sergei Rachmaninov）、德米特里·肖斯塔科维奇（Dmitri Shostakovich）、费奥多·夏里亚平（Feodor Chaliapin）等著名音乐家。

瑟盖·狄亚基列夫（Sergei Diaghilev）在欧洲建立的“俄罗斯芭蕾舞团”揭开了俄罗斯文化史上崭新而重要的一页。俄罗斯芭蕾舞开始名扬四海，其声誉一直持续整个 20 世纪。冷战期间，苏联有一首诗把资本主义和社会主义成就进行比较（猜猜哪方胜出？），有几句成了俄罗斯语言和文化的一部分：“……我们造火箭，治理叶尼赛河，连芭蕾都排在全球前列……”这一点名副其实。

必须提及俄罗斯民间歌谣与舞蹈。它们尽管没有蜚声海外，却数目众多、形式多样——有伤感的、诗意的，也有欢快的、热情的。关键是它们仍在俄罗斯普及、传唱，甚至更流行了。

1917 年革命掀开了历史新篇章。新政府的主要目标就是引进全新的文化形式，摧毁陈旧的沙皇时代遗留糟粕，开始新生活的探寻。可是在几年的摸索、尝试和失败之后，许多传统文化形式又重新焕发生命。文学、音乐以及芭蕾把古老的俄罗斯带进了

谢尔盖·爱森斯坦（Sergei Einsenstein）、米哈伊尔·罗姆（Mikhail Romm）、安德烈·塔尔科夫斯基（Andrei Tarkovsky）等的大名令俄罗斯电影大放异彩。其实还有更多优秀作品，但问题在于俄罗斯和苏联电影都以本国思想与观念为基础，因此有些东西外国观众很难理解。还有一个问题就是译制问题亦令其失色不少。

新生活。

这段时期的主要特征就是在政府的领导与支持之下，寻找新的艺术形式；促进教育和文化民主化；抛弃意识形态的压力，发展古老传统。值得一提的是，政府不仅控制着文化发展方向，同时也划拨了大量财力支持艺术家与他们的艺术创作。苏联政府初期最伟大的成就是在大众教育领域普及教育，消除文盲。

20世纪俄罗斯与苏联的戏剧的成就斐然。斯坦尼斯拉夫斯基(Stanislavsky)“体系”影响了各国戏剧。莫斯科音乐学院则是许多蜚声世界的杰出音乐家学习深造的地方。

俄罗斯文化丰富多彩，且极具影响力。它拥有许多世界级的大师，如列夫·托尔斯泰、彼得·柴可夫斯基、安娜·巴甫洛娃（Anna Pavlova，俄罗斯芭蕾巨星）等，这些名字已经成为世界文化遗产不可分割的一部分。金色的球顶、严肃的圣像、《天鹅湖》中的白色小天鹅是人们对俄罗斯艺术的固定印象。遗憾的是，尚有部分未被世人所熟知：珍贵的文学瑰宝、华丽的贵族建筑、动听的民间歌谣、杰出的装饰艺术以及各种悲喜剧电影等，它们都值得向全世界展示。

俄罗斯军队剧场

俄罗斯节日

俄罗斯人热爱节日，倒不是因为他们和其他人那样喜欢利用这个理由充分的借口逃离工作。他们特别善于过节，而且一个节日常常会庆祝多次：先在节日前一天，和同事在单位庆祝，接着是和家里人，有时候晚两天，比如周末，再和朋友一起过。

俄语的节日常被称作“红色日子”，因为在苏联时期，日历上的节假日期都是以红色标注的。俄语的“红色”原意美丽、欢快和庄严。也许这就是为什么节庆日在俄罗斯人心中格外亲切的原因之一吧。

有许多特别的传统、习俗和迷信与不同的节日相联系。说一些最重要的节日吧。

新年可能是俄罗斯人最喜爱的节日。元旦前两周，就开始了无穷无尽的大餐。全俄罗斯都开始为迎接新年的到来做准备。最好的庆祝方式就是和朋友们坐下来喝点酒。香槟是这时候最主要的饮品。多数人偏爱“苏维埃香槟”——一种克里米亚地区产的低度酒，有点甜，淡淡的味道让人想起过去的岁月，价格也不贵。

圣诞树按传统方式装饰起来，尤其在那些有小孩的家庭。有些人仍愿意自己和孩子们一起装饰圣诞树，就如同革命前和苏联时期人们习惯的做法那样。元旦早晨，孩子们会在树下找到各种礼物。

新年的庆祝从 12 月 31 日午夜开始一直到次年 1 月 1 日。人们习惯在午夜用香槟斟满酒杯来迎接新年的到来。在这个时刻到来之前，大家为过去的一年干杯，谈天说地，怀念故人，为亲人朋友的健康与幸福祝福。

接着，许多人喜欢出去继续狂欢。午夜以后，乡村小镇的大街小巷满是成群的人们，老人拉着风琴或青年弹着吉他，他们唱歌跳舞，开怀畅饮。大城市里，这种庆典有时候由地方政府机构组织，更

俄罗斯红场上的年宵市场

庆祝圣诞节的传统不久前也恢复了。在苏联无宗教信仰时期，圣诞的传统都和新年结合在一起，现在，它标志着冬季节日的结束。

拥挤，更正式。现在，所有夜间的新年庆典都有礼花爆竹助兴。

元旦这天则比较安静，大家睡个懒觉，吃光前夜剩下的饭菜，看看电视，走走亲戚。

国际妇女节是3月8日，是苏联时期最受欢迎的节日之一。它标志着春天的到来，令人想起爱、母亲与家庭。各个学校、幼儿园的孩子们都为他们的母亲和祖母准备礼物。产自苏联南部的含羞草是节日花。后苏联时期，有人批评这个节日是“共产主义出身”，不过，三八妇女节仍旧存在，仍受欢迎，仍保留着传统。

国际妇女节不放假。节日前一两天，男士们为他们的女同事买好礼物和鲜花，女士们为这一天盛装打扮。餐桌上摆满菜肴美酒。这个节日本身没别的特别庆祝方式，有种想法是：在这一天，男人们要做所有女人做的家务——做饭、打扫、洗碗。可现在，这个想法多数不过是妇女节的玩笑罢了。

2006年，俄罗斯政府宣布一个新的全国性节日——2月23日，祖国保卫日。这个节日曾被称作“苏联建军日”，不放假。人们把它当作平衡妇女节的男人节。

复活节是俄罗斯东正教最重要的节日，连苏联时期都要庆祝。无宗教信仰者也都在家里为复活节兴致勃勃地准备红蛋和复活节蛋糕（那时又叫春季蛋糕）。

如今，这个节日的准备工作早早就开始了。首先，在四旬斋之前是忏悔节（又叫

复活节彩蛋

煎饼周）。人们相互串门吃煎饼，每家每户都希望比别人做得更好吃。之后，人们开始斋戒，复活节前至少斋戒 7 周。接着在复活节前的周四，给蛋上色，烤好蛋糕（或买好），还要用生干酪做一种“复活节”的点心——帕沙（paskha）。周六上午将所有这些带到教堂，由牧师用圣水将它们洗礼，那是一幅五彩的画面：人们举着蜡烛，带着蛋糕和彩蛋聚集在教堂外，等待牧师出来。最后，周六傍晚的礼拜仪式一直持续到午夜高潮。周日，人们把蛋糕、帕沙和蛋吃了，并相互问候“耶稣复活了”，回应“（他）真的复活了”，然后，互相亲吻三次。

5 月假日特别受那些拥有夏日乡村别墅（dachas）的人的喜爱，因为这段时间是去乡下度假的绝佳时节——和风旭日，正是开垦自家菜园的好时候。5 月 1 日，那时候叫作“国际劳动者团结日”，苏联全国上下的传统活动就是游行与检阅仪式。人们手持标语、大纸花和朋友、同事、家人以及孩子们一起上街游行。很多人至今仍怀念那种团结一心的感觉和全民同享的欢乐。现在，它变成了怪怪的春季劳动节，除了拾掇自家菜园之外，再没有其他特别的传统活动了。

5 月 9 日胜利日又是另一个节日了。苏联时期就有庄严的庆典活动，现在仍是俄罗斯人的一个非常特殊的节日。它得到全国人民的普遍接受与赞美——无论老少、贫富，共产主义者还是民主主义者。参加过战争的老兵们穿上军装，戴上军功章。人们为胜利，为生活，为战争中牺牲的亲人（几乎每个苏联家庭都至少有一位），为那份骄傲与光荣而干杯畅饮。

9 月 1 日被称作“知识日”。这一天是学年开始的第一天，所有中小学、大中专院校都有特别庄严的开学典礼。青年学子们身着整洁的服装（通常是白衬衫）为他们的老师献花。刚踏进校园的小学新生们打扮得格外漂亮，手持美丽的花束，在亲人的陪伴下参加典礼。典礼结束后，一家人聚在一起喝茶、吃蛋糕庆祝。

人人都有个节日

在俄罗斯，各种职业节日十分流行。有各种各样的职业节日，像“矿工节”、“铁路工人节”、“医生节”、“宇航员节”等还有很多，它们多数在苏联时期开始推行。没人落下，几乎人人都有自己的职业节日。最重要的一些节日里，会举办庆祝典礼和节日音乐会。

现在的俄罗斯人也庆祝各种宗教节日。东正教信徒们上教堂做礼拜，在圣像前点燃蜡烛。不同的日子有各种特别的庆祝方式：棕枝主日(Palm Sunday，又称圣枝主日，复活节前一礼拜)，人们把棕榈枝带回家；圣灵降临节（Whitsunday，复活节后第七个星期日），人们用桦树枝装饰教堂。越来越多的俄罗斯人庆祝各自的教派节日——穆斯林、犹太教徒、佛教徒节日等。

近年来，一些源自其他国家的节日新传统也在俄罗斯出现。最受欢迎的就是情人节。年轻的恋人们交换礼物，上咖啡厅和饭店庆祝节日。令人奇怪的是，圣帕特里克节（St. Patrick’s Day，纪念爱尔兰的守护圣徒 Saint Patrick 的节日）也颇受莫斯科和圣彼得堡的年轻人欢迎。这些城市有圣帕特里克节游行，人们畅饮爱尔兰啤酒。其实，没有人真正了解（或关心）圣帕特里克，它只不过是狂欢的又一个借口罢了。

这些节日通常深受那些渴望新节日庆典的年轻人的欢迎，也受到其他一些人的批评。传统主义者认为它们与俄罗斯人的生活不符，共产主义者称之为“资产阶级作风”。

萨马拉的剧院

他们都认为其过于商业化，强调这些节日所涉及的圣人并没有被俄罗斯东正教会认可。

在俄罗斯旅行

多数外国人只关注这两个首都城市：莫斯科和圣彼得堡。这里是多数外国公司的驻地，拥有最佳生活条件、西方化的娱乐设施以及众多的饭店与剧院。也就是说，这里有着令人兴奋的生活。俄罗斯的其他地方像乌拉尔地区、西伯利亚及远东地区也有其中心城市。一些地区因其地理位置的缘故仍保留传统的对外关系，如阿尔汉格尔斯克和摩尔曼斯克与挪威，符拉迪沃斯托克（海参崴）与中国等。有时候，某个小镇会突然受到某种类型的旅行者的喜欢。比如，似乎并没有什么明显的原因，沃罗涅日市曾一度成为深受欢迎的学习俄语的地方。不过，大多数外国人还是喜欢待在那两个大都市里。

而且，环俄罗斯旅行被认为是走马观花，没有必要的。下面是摘自 19 世纪中期旅行指南中对俄罗斯小城镇（其实它们很可爱）的描述：

"博哥罗次克（Bogorodsk）……是个区级市，却很乏味，许多地方的街道杂草丛生……没有狗的吠叫，连头猪的影子都看不到。"

"姆岑斯克（Mtsensk）……道路险峻，多山涧峡谷，只有驿舍可以将就。"

"查莱斯克（Zaraisk）……破旧的城墙，冷清的市场，林木遍布的郊区，杂草丛生的街道。"

圣彼得堡的"Europe ys ka ya"大酒店

获取帮助

俄罗斯其他省区的人比忙碌的莫斯科人更和蔼开明。假如你深陷困境，他们一定会来帮忙。俄罗斯人乐于助人，尤其对身处异地的外国人。但如果你打算独自旅行，关键就是要懂当地语言。没有当地人的建议和推荐，几乎不太可能顺利完成行程。

看了这些，读者不可能还想去这些地方旅行，不过，总有些旅行爱好者没有被指南里的悲观描述吓到，也不畏实际旅程的种种艰辛，他们的勇气往往是有收获的。

俄罗斯 Beloru ssky 火车站

无论莫斯科和圣彼得堡有多么美丽诱人，它们和其他首府一样，都是国际大都市。在这里，你可能只是躲藏在已知的世界里，而躲避了与另一民族文化真正接触的机会。只有经过全国范围的旅行才能真正了解和感受到它，才能穿越历史、见证其国民性格的优劣。

没有旅行团领队组织的旅行也许困难重重，可是假如你不太在意这些物质享受的话，你会发现许多有趣的东西：形成俄罗斯人性格的广袤土地，流过平原的湍湍河流，散落道路两旁的古老修道院，温馨安宁的小镇，松弛惬意的生活节奏。最重要的是，这些看起来和大城市里行色匆匆的人群截然不同的居民，却和他们拥有着统一的民族文化。

环俄罗斯旅行的最大问题就是破旧的道路。这似乎是永远令这个气候条件恶劣的大国头痛的问题。19 世纪初期，伟大的俄罗斯诗人普希金就写过：糟糕的道路是俄罗斯的巨大不幸。情况没什么真正改善。莫斯科周围修建了不少不错的高速环线，可这改变不了整体的状况。连莫斯科到圣彼得堡这条国家主干道路有些地方路况还是很差。在这种道路上开车旅行对驾驶技术要求很高。

铁路状况要好一些。铁路的主要修建工程是在 19 世纪中期尼古拉一世在位时进行的。苏联政府也很重视铁路建设。所以现在俄罗斯铁路网广布，乘火车环俄罗斯旅行是可行的，只要确定没选错。火车分几种级别，最好的叫作福蒙尼耶号（firmennniye），比较准时，并且干净暖和。餐车提供俄罗斯菜，车厢乘务员常送茶水。以前，火车上的茶水比较浓，味道重，现在都是袋泡茶，不过还是用传统的杯架上茶的。

俄罗斯各城市之间的航空网也比较健全。国内航班的服务标准要比国际航班的差一些，不过总体还算是比较便捷的旅行方式，考虑到这个国家的国土面积，有时候这是唯一的旅行方式。

酒店

目前，莫斯科有各种各样的宾馆饭店。一方面，有西方风格的高级酒店，和它们在欧洲及美国的连锁店一模一样。莫斯科的酒店可能价格上稍贵些，比如：凯宾斯基巴尔舒克酒店（Balchug-Kempinsky）、雷迪森斯拉夫仰斯卡亚酒店（Radisson Slavyanskaya）等。

另一方面，也有廉价的低端旅店。这些旅店一定会给国外客人带来一种文化震撼。入住这类旅店需要一些特别的心理准备，比较合适那些对文化生活差异有着浓厚兴趣的人士。假如你身上银子不多，只能住 20 美元一夜的旅店（莫斯科最低的

索契马里纳港口

宾馆价格），那你就得做好心理准备，那里可能有蟑螂、灰尘、碎玻璃、破桌椅、隔壁醉汉、过道公用卫生间，除了有个屋顶遮挡，毫无舒适可言。

在莫斯科和圣彼得堡，它们也许只是最廉价的宾馆，而在一些小镇里，它们可能是唯一的选择哦。你必须得做好心理准备，美丽而贫穷的俄罗斯小镇的住宿条件相当一般。记住，有个地方遮风避雨就可以了。下面部分主要指的是俄罗斯人通常投宿的中档宾馆。

宾馆最好由你的俄罗斯同伴根据你的要求预订，尤其在你自己支付费用的情况下。如果费用由对方支付的话，情况就比较微妙了，向他们提住宿要求，经济上很难让人接受。俄语也有和英语差不多的说法：（买马的时候要看看它的嘴巴，了解马的年龄）如果有人送你一匹马作为礼物，你就不会检查它的牙齿了，因为那样很不礼貌。

在俄罗斯，一定要清楚这一点：价格和质量并不一定相符。尽管生活条件不如对方，俄罗斯的酒店价格通常要比欧洲特别是美国高。看价格，你也许会期待一家比较体面的酒店，可实际上，房间淋浴喷头可能坏了，家具可能是20世纪70年代的旧家具。那些年，为了发展旅游业，苏联政府曾拨款对酒店进行装修。自那以后，因为经济不景气，家具就没更新过。

假如你在酒店看到一个破损的把手或滴水的水龙头，别太惊讶。原因不是他们粗心大意，而是太想在新的社会和经济环境下求生存了。

登记入住时，会给你一张叫作“宾客卡”的房卡，凭它进出酒店房间。如果你出门时把它遗忘在房间里，再进房间就有困难了。不过明显的异国语言也许能帮上忙。请切记，这张“宾客卡”的目的主要是为了客人的安全，限制妓女、小偷等进入酒店，所以，尽管放心使用吧。

结婚登记了吗？

苏联时期宾馆的某些严格的管理传统依旧在，特别在各省区。入住时，让你出示护照，有时候还要付点押金。如果你要和一名异性同住一个房间，而那个人的姓和你不同，那就有点麻烦了。尽管晚上不会再有警察来查夜，某个值班的老太太还是会对你们的婚姻关系感兴趣的。因为，她认为只有合法结过婚的人才能住在一起。

俄罗斯酒店

离开酒店时，你得把房间"交还给"服务员。她会在里面彻底检查一遍，看看杯子、毛巾、床单（有没有破损或遗失），虽然这种做法不像以前那么流行了，但也还没有完全消失，这也许让你觉得很奇怪而且有些伤自尊，可这种做法首先是种习俗（你就入乡随俗吧），其次是值班的服务员薪水很低，丢了东西还要赔，所以就不得不特别仔细检查房间了。别生气，试着设身处地地为她想想吧。

多数中档酒店的客房服务很有限。通常就限于为你提供开水，有时给你个茶壶。熨烫衣服可能是个问题，所以最好自带旅行熨斗。在莫斯科的大多数宾馆，自己洗衣服是不行的，只能把衣服交给宾馆洗衣房或附近的洗衣店，可是要 2~7 天后才能取。你也可以叫服务人员到你的房间取，这要贵一些。更糟的是，你可能得为此等上一天，因为他们对上门服务的时间没什么概念，其工作时间意味着上午 10 点到下午 6 点（这段时间内都有可能）。

这些宾馆里的餐饮也很一般。如果你想吃点又好又便宜的，就要进闹市区。如果你为了舒服方便，放弃经济实惠，那你就在宾馆里就餐吧。在一些小镇，宾馆里的餐厅经常是镇里最好的餐饮场所。

自来水是不能直接饮用的。现在矿泉水及瓶装水到处都有卖的。不过，就算喝了点自来水也不用惊慌，因此而得病的概率还是极小的。

需要提一下酒店管理人员。和他们还是需要些特别的相处之道的。如果你能和他们关系融洽，他们就会给你提供所有的舒适便利。

一位在 20 世纪 90 年代早期到过俄罗斯的美国人写了一本有关这次旅行的书，书中描述了他与一位旅店女经理交往的经历。起初她完全不理睬他，但在真诚的“交心沟通”之后，她不仅给他沏上一壶新茶，还把自己的晚饭送给他吃。更让美国人想不到的是，她还拿来一点儿酒让他“暖暖身子”。

别奢望在你需要的时候就能得到及时的帮助。楼道服务员在你需要她的时候可能不见踪影，也许她正和同事喝茶，或者正在打电话。看上去一副严肃认真的样子，似乎有天大的问题需要她解决，实际上也许只是在跟她孙子谈他的回家作业。她对你的漠视也许会让你很生气，不过，就当这种行为是对她们社会地位低下的劣势心态的一种补偿吧。她们薪水很低，很难找到愿意干这一行的人，所以不太会被解雇。有时候，大学毕业的女生也会不幸干上这份“名声不佳”的工作。而且，老一辈人是在一首当时很流行的弗拉基米尔·马雅可夫斯基(Vladimir Mayakovsky)的诗句影响下长大的：“苏联人民有自己的骄傲：我们鄙视资产阶级。”

在这种情况下，给她们一点小小的关注、尊敬或是一个小纪念品都可能融雪化冰。如果你能说一点俄语，花点时间和管理员沟通沟通，这时候的抱怨就能起作用了。因为富有同情心是俄罗斯人内心的美好品质，其结果会大大超出你的预料。

就这样，选择酒店前最好先听听住过酒店的熟人或俄罗斯朋友的推荐，不要有太高的期望。普通酒店通常没有欧洲或美国的同等酒店那么舒适方便。缺少了你所习惯的酒店服务也千万别生气。请记住，这个国家正面临严重的经济问题，而且俄罗斯的舒适概念和西方的也不一样。只要暖和、不潮湿、干净，去俄罗斯的旅行者就满意了。在你生气地要严斥某人或要求某事之前，试着冷静地去理解发生的这些事情吧。比如夏天在莫斯科，热水会停止供应一个月，怎么批评抱怨都没用（只有最大的一些酒店有自己的供水系统）。最后一点，如果你要待比较长的一段时间（一个月或更久），

俄罗斯议会大厦

克里姆林宫的墙下还埋葬着苏联著名人士的骨灰，其中可以发现包括斯大林在内的苏联领导人的名字，还有军队领袖朱可夫元帅（Marshal Zhukov），以及苏联第一个宇航员尤里·加加林（Yuri Gagarin），甚至还有一位美国人，《震惊世界的十日》的作者——记者约翰·里德（John Reed）。

最好租个公寓：更便宜，更方便，也更自由。俄罗斯人不习惯被邀请上酒店房间，而在公寓里会见生意伙伴或朋友就更方便了。

克里姆林宫的塔楼

名胜古迹

莫斯科

莫斯科有太多名胜古迹值得游览，我们只能罗列其中最重要的几个。

如果说莫斯科是俄罗斯的中心，那么克里姆林宫毫无疑义就是莫斯科的中心了。莫斯科始建于 1147 年。据俄罗斯古代编年史记载，1147 年，莫斯科的奠基者，大公尤里·多尔哥鲁基（Yuri Dolgoruki）为此“大摆宴席”。最初的城堡就建在现在的克里姆林宫的位置，1156 年建成木质城墙，现在见到的墙体是后来——15 世纪至 17 世纪——由当时的意大利工匠们建成的。

就提一些克里姆林宫里最重要的景点吧。首先是圣母升天大教堂（1479 年），历代沙皇和女皇都在这里进行加冕礼，各大主教与教长也埋葬在这里。克里姆林宫里还有兵器馆和珠宝馆，人们经常把这里面的珍贵收藏与塔楼里的相比较。其实，无论品种还是价值上，这里的珍宝都明显超过塔楼。因此，这里是到首都莫斯科的游客的必游之地。

克里姆林宫里还有能容纳 6000 人的议会大厦，1961 年作为苏维埃最高主席团大厦而建。现

俄罗斯精美纪念品

在在这里，音乐会、特别是芭蕾舞表演几乎每天都有。

除此之外，还有许多别的景点，如建于 1586 年，从未使用过的沙皇之炮；高逾 6 米，从未敲响过的沙皇之钟（重建于 1735 年）等。

所有来莫斯科的国外游客都知道：克里姆林宫旁边的红场也是必游之地。人们常把“红”这个字跟共产党时期联系在一起，实际上它有更古老的渊源，古俄语里红（krasnyi）的意思是美丽（krasivyi）。广场上最惹人注目的就属瓦西里升天大教堂（Saint Basil’s Cathedral，又称圣瓦西里大教堂）了，在许多人的心目中，它就是俄罗斯的缩影。教堂是 1555—1560 年期间伊凡雷帝为了纪念征服喀山公国而建的。传说伊凡雷帝对这个教堂太痴迷了，以至于建成后他下令把所有工匠的双眼都弄瞎，这样就再也造不出和它一样富丽堂皇的教堂了。当然也有些折中的说法，无论说法如何，始终难以消灭它在人们心中的魔力。它始终是所有游客——无论俄罗斯国内游客还是国外游客的一个朝圣之地。

红场上的另一个著名的名胜就是列宁墓。这个不久之前还是人们膜拜的地方，如今成了激烈争论的对象：经过防腐处理的列宁遗体应该保留在原来的地方，还是应该根据东正教传统将这位世界无产阶级领袖安葬了呢？

救世主塔楼（Saviour Tower）也在红场，上面的钟鸣声通过国家电视台和广播向全国转播。克里姆林宫对面红场边长长的建筑是国家百货商店（著名的“古姆”百货商店），建于 19 世纪末。现在里面是超大的西式商场，不过，其独特的建筑内部就足够让建筑爱好者们心驰神往了。

重建

近几年，红场上在20世纪30年代被毁坏的建筑已经重建，如喀山大教堂（Kazan Cathedral）和伊维尔门（Iversk Gates）。伊维尔小教堂内存放着莫斯科最神圣的朝拜对象之一——圣女伊维尔的圣像（更可能是其复制品）。

新圣女公墓

克里姆林宫的西北侧是亚历山大花园，是19世纪初在一条流入莫斯科河的小河涅格林纳亚（Neglinnaya river）的位置上建设的，小河被埋其下。花园里游人如织，因为这里是外国游客和莫斯科本地人最喜欢的散步场所。花园的东北角入口处（离红场最近的地方）是无名烈士墓，是为了纪念第二次世界大战中牺牲的士兵们而建的。根据传统，新婚的夫妇在结婚登记后直接来到这里向墓碑献花。新娘身披白色婚纱，新郎身着黑色礼服，还有他们盛装打扮的客人们，为旁观的路人提供了一道色彩绚丽的风景线。

参观库斯科沃庄园（Kuskovo）

参观原属于著名的舍列梅捷夫（Shermetiev）贵族世家的库斯科沃庄园博物馆，将唤起对逝去岁月的回忆。庄园里内外保存良好的建筑，笼罩着主人浪漫爱情故事的光环（坎特·舍列梅捷夫曾娶平民女演员为妻）。在和煦的阳光下，到宫殿旁美丽的花园里走走，库斯科沃庄园之游将令人终生难忘。

对历史与建筑感兴趣的游客会发现新圣母修道院（Novodevichy Convert，又称新圣女修道院）确实值得一游。修道院坐落在离莫斯科城中心不远的美丽的莫斯科河畔，建于1524年。因它曾是诸多名人隐士的遁世之地，几百年来声名远扬：沙皇的遗孀及他们的独身女儿们为逃离世事纷扰而隐居这里。修道院的精美窗饰及其和谐的建筑风格令人印象深刻。修道院边就是新圣女公墓，许多杰出的俄罗斯各界人士及苏

莫斯科的外国游客都喜欢去阿尔巴特大街看热闹。那里有历史悠久的古老建筑，鳞次栉比的商场小店，兜售纪念品的街头小贩，形形色色的街头艺人与画家。阿尔巴特这条步行大街总是那么喧闹而繁华。

联领导人都长眠在此（重要性上仅次于克里姆林墓）。其中有作家尼古拉·果戈理、安东尼·契诃夫、米哈伊尔·布尔加科夫（Mikhail Bulgakov），作曲家谢尔盖·普罗科菲耶夫，现代俄罗斯戏剧的奠基者康斯坦丁·斯坦尼斯拉夫斯基（Konstantin Stanislavsky），苏联领导人尼基塔·赫鲁晓夫（Nikita Khrushchev）等。

提到莫斯科的博物馆，必须得提及特列恰科夫画廊（Tretyakov Gallery，位于拉弗鲁申斯基胡同 12 号）以及它的馆藏圣像与绘画作品。法国印象主义和后印象主义的爱好者应该去普希金精品艺术博物馆（现称普希金造型博物馆，位于 Volkhonka，福克洪卡大街）看看，那里有当时法国最优秀的艺术作品。文学博物馆里特别值得一提的是托尔斯泰故居博物馆——这是《战争与和平》及《安娜卡列尼娜》的作者在莫斯科的家（托尔斯泰大街 21 号）。

乘坐莫斯科地铁（Moscow Metro）游览颇受游客欢迎。尽管近几年地铁变得不太整洁，里面的大理石、马赛克、石膏制的雕塑及新颖的设计仍然令人叹为观止。1935 年建成的第一条地铁线连接索科尔尼奇站（Sokolniki）与文化公园（Park Kultury）。建议特别关注以下各站：科姆索末斯基站(Komsomolskaya)、大剧院站(Teatralnaya)、马雅可夫斯基站（Mayakovskaya）及基辅站（Kievskaya）。莫斯科地铁的早高峰直到早上 10 点左右才结束，晚高峰则从下午 4 点就开始了，假如游客期待的是一次文化体验最好避开这些时段。

在莫斯科的所有公园中，特别要推荐索科尼克公园(Sokolniki)。公园面积很大，可以四处散心，呼吸清新空气，或来点俄罗斯传统的煎饼和烤肉串。在公园中央广

莫斯科地铁内部

场，如果你愿意的话，也可以参与各种活动，如坐坐旋转木马或跳跳舞什么的。

从麻雀山（以前叫作列宁山）顶可以俯览莫斯科全景，整个中心城就好像被握在你的掌心一般尽收眼底，令人难忘。麻雀山的山脚下，就是中央体育场（Luzhniki），它是莫斯科最大的体育场，是1980年莫斯科奥运会的主赛场。对面还有莫斯科大学，是所谓的斯大林式高层建筑之一。尽管对它的建筑价值有着不同的评价，其壮观宏伟程度还是令人印象深刻。

圣彼得堡

圣彼得堡——俄罗斯的第二首都——坐落在涅瓦河畔，与波罗的海的芬兰湾十分接近，被称为“欧洲之窗”。17世纪初，在彼得大帝的旨意下，人们希望按西方模式将其建成新世纪之城。圣彼得堡是个美丽的城市，集欧洲的庄严雄伟与俄罗斯的恢弘大气于一身，严谨的风格与皇家的金色相结合，到处是水道、桥梁、宫殿和博物馆。俄罗斯皇帝的皇宫——冬宫就坐落在此，现在已经变成世界闻名的博物馆。冬季的圣彼得堡最为美丽，白色的背景更能衬托出皇家建筑的华丽与高贵；6月，这里有一段时间出现“白昼”现象，夜晚与白天一样明亮，人们聚在涅瓦河畔，可以看到城堡吊桥的升起。

沃洛格达救世主修道院

金环

俄罗斯几个古镇连接起来被称为“金环”，包括谢尔吉耶夫·帕萨德镇（Sergiev Posad，又称谢尔盖耶夫镇）——既是修道院又是防御城堡，是俄罗斯东正教中心所在地，由俄罗斯最受尊敬的圣人之一谢尔吉·拉多涅日斯基建于 14 世纪中后期。帕里斯拉夫（Pereslavl-Zalessky）的中心广场上有个古老的大教堂、几个修道院以及俄罗斯军舰博物馆，彼得大帝就是在这里建造了第一艘战舰，开始了俄罗斯海军的辉煌。罗斯托夫·韦里奇镇（Rostov Veliky）有个叫克里姆林的城堡（Kremlin，由几个修道院组成），其钟楼的钟声遐迩闻名。雅罗斯拉夫（Yaroslavl）、科斯特罗马（Kostroma）和弗拉基米尔（Vladimire）是地区中心城镇，城里有古老的修道院、精美的建筑，历史悠久。苏兹达尔（Suzdal）是金环内最小的小镇，镇里教堂、修道院遍布，也有不少高级酒店、餐馆及传统的民族娱乐场所（原主要为外国游客服务，当然俄罗斯人也沾光）。

横跨西伯利亚

跨西伯利亚线（跨西伯利亚大铁路）于 20 世纪初建成使用，至今仍是连接俄罗斯中部与远东地区最重要的铁路干线。全长 9288.2 公里（5771.4 英里），横穿八大时

区。从莫斯科乘火车，六天后就来到俄罗斯的另一端，濒临太平洋的符拉迪沃斯托克（Vladivostok，又名海参崴）。坐火车相对还算舒适，更何况想到能从西到东横跨俄罗斯，横跨欧亚大陆，就算有些不便，也值得啊。

俄罗斯北部

俄罗斯北部地区对于国外游客来说相对陌生，却值得一游。它美丽、幽静，古老的修道院在这片遥远而人迹罕至的地方散落着。大片的森林、缓缓流淌的河流及其北部绵长的海岸线令人印象深刻，其中较为知名的当属沃洛格达地区（Vologda）及索洛维基岛（Solovki Island）。

西伯利亚

西伯利亚就像块磁石，吸引着来俄罗斯的旅行者们。人们认为这才是真正的俄罗斯，那里有寒冷的气候，勇敢的人民。尽管这里的夏季也会比较热，但人们的生活与俄罗斯其他地区并无太大差别，西伯利亚地区还是值得一游的。因为大部分城镇都建得较晚——十八九世纪期间，这里没有太多的名胜古迹。不过，假如你喜爱旷野与美丽的自然风光，这里是绝佳去处。无边的森林里有各种野生动物、参天大树，还有滔滔河流，一切都是那么宏伟壮观。

总体

总体上说，俄罗斯主要地区的历史文化名胜颇为相近：都是古老的修道院和教堂，富丽堂皇的皇家庭院——往往是杰出的建筑佳作，还有众多的名人（作家、思想家、音乐家、将军、圣徒及英雄等）故居。

莫斯科大剧院前的雕塑

观光

俄罗斯人确实应该为自己的文化而感到自

过去 10 年里，电影院不再是莫斯科人的主要娱乐场所，多数电影院租给了一些公司。现在莫斯科有了几家时髦的西式影院，像雷迪森酒店的美国影院及奥林匹克潘塔酒店的影院可以观看英文电影。

豪。留下了那么多精美绝伦的建筑、历史与艺术经典，包括城市建筑、教堂与修道院、绘画与工艺美术作品，还有享誉世界的俄罗斯古典音乐、芭蕾、戏剧以及文学作品。总之，值得一看的东西太多了。

莫斯科大剧院

可惜的是，过去几年里，不少历史遗迹与博物馆开始没落衰退。尽管苏联政府推倒教堂和庄园，对博物馆及与伟人相关的历史建筑还是进行保护的。而如今，许多博物馆，尤其是那些因位于偏远地区而缺乏门票收益的博物馆命运惨淡，有的已经关门大吉。不过，归还俄罗斯东正教会的教堂与修道院正处于积极的修缮当中。

情况不算太糟。许多博物馆仍然开放，而且除了两大首府市区中心那几个之外，其他博物馆的门票价格挺低的。没错，尽管它们不提供西方国家较为普遍的一些服务，比如咖啡厅、餐厅和纪念品销售点等，但它们却切实保留了他们那个时代的神韵。

莫斯科的博物馆是俄罗斯最珍贵的文化遗产之一。在这里，你可以欣赏到俄罗斯圣像、俄罗斯各艺术发展阶段作品以及后现代艺术作品，还有不少西欧的艺术精品。在这里，你可以了解俄罗斯历史，了解俄罗斯顶尖作家、科学家及其他杰出人物的生活和工作。无论你的喜好是什么，在莫斯科，总能找到一家博物馆适合你。

莫斯科的剧院无疑也是游客们备感兴趣的地方。戈氏改革前，它们在俄罗斯人的精神文化生活中占据着极其重要的地位，现在，这种状态又开始慢慢恢复了。不过，要更好地欣赏俄罗斯戏剧，一定的俄语知识必不可少；而俄罗斯的芭蕾舞与歌剧就平民化多了。

建议去莫斯科的澡堂看看。澡堂在俄罗斯人的生活中占据着颇为重要的位置。在各乡镇及农村，直到现在，上澡堂仍是人们进行沐浴的主要方式。而在大城市，上澡堂是种消遣，既娱乐又有益于健康。对于多数俄罗斯人来说，上澡堂是他们绝对无法舍弃的一种享受。俄罗斯的澡堂和斯堪的纳维亚式的桑拿房不一样（尽管后者在俄罗斯也日渐流行），有个石头火炉，温度极高，有带干叶的桦树枝在蒸汽房用来按摩全身，有炙热的蒸汽房，也有冰冷的水池和雪堆（冬季）——这些都是俄罗斯澡堂的特点。去古老的莫斯科澡堂如桑杜诺夫澡堂（Sandunov Baths）（14 Neglinnaya Street，涅格林纳亚大街 14 号）亲身体会一下，也是一种很有意思的文化体验。

莫斯科的集市在首都人们的生活中有着特别的地位。即使你不需要买什么东西，也可以去那里转一转。你会在那里看到所有俄罗斯土生土长的产品。最受外国人欢

俄罗斯大众浴室

迎（因而也最贵）的市场是切里母希金斯基市场（Cheremushkinsky Market），在那里，你可以买到肉，还有上市的各种果蔬。莫斯科各区及俄罗斯其他各大城镇里都有这种集市，别把它们当作买便宜货的跳蚤市场或是可以买到非本土产品且价格比商店便宜（尽管没有质量保证）的批发市场。批发市场在俄罗斯还是新生事物，颇受欢迎。传统的集市里只卖自家产的农产品。

俄罗斯精美瓷器

莫斯科有各种商场，有西方品牌专卖店，也有传统的俄罗斯商场。现在的俄罗斯商场里，西方国家的品牌产品与东方国家的廉价商品都有销售，为完全俄罗斯式的贸易风格。

纪念品

到俄罗斯，最值得购买的当然是它的传统纪念品了。尽管如今许多纪念品世界各地都可以买到，俄罗斯本地出售的仍最为便宜，最具吸引力。但有不少假货，尽管外表相似，价格低廉，但与真品相去甚远。真品往往带有品牌商标，反面印有工匠姓名。独特的俄罗斯民间艺术与手工艺品有：产自帕拉贺（Palekh）、姆斯特拉（Mstera）、费多斯基诺（Fedoskino）等村的漆木盒画，绘画的人物有的来自民间传说，有的来自历史与文学作品，以传统的黑色为底色，多为迷你画，盒子越小，价格越贵，价值也越高。

产自格热利（Gzhel）的蓝花瓷远近闻名，深受喜爱；霍赫洛姆（Khokhloma）是在木质器皿上绘以红、黑、金色的植物果实图案；帕夫洛夫（Pavlovo — Posad）披肩以黑色为底带鲜艳的彩绘花色图案；带有花束水果图案的左斯托沃（Zhostovo）彩绘盘也世界闻名。还有产自古斯—科鲁斯达尔尼(Gus-Khrustalny)工厂的精美玻璃制品，列宁格勒瓷器厂的精致瓷器，以及塔鲁萨（Tarusa）等地生产的高级花边等。

传统的俄罗斯纪念品十分受欢迎，如玛特辽什卡木娃（又称套娃，俄罗斯的品种要比世界任何其他地方都多）、伏特加酒（最纯正、质量最佳的伏特加在莫斯科的大商场有售），还有俄罗斯盛产的毛皮制品。

在莫斯科值得购买的还有价格低廉、质量上乘的艺术书籍（特别是有关俄罗斯艺术的书籍），以及俄罗斯古典音乐与民间乐器演奏的音像制品。在莫斯科，还可以买到一些独一无二的艺术品与古玩，卖主往往是因为经济原因而被迫变卖家传藏品。

最后，值得购买的还有一些金银珠宝饰品，特别是产自乌拉尔地区的宝石。莫斯科的商场里可以买到价格各异、风格多样的珠宝。通常，无论在莫斯科还是在俄罗斯其他城镇，最好购买当地产品，因为越是在产地，价格越便宜。

休闲时光

在俄罗斯，多数人的休闲方式和许多其他国家一样：在家看电视，或读读书看看报。但也有些颇具俄罗斯特色的休闲活动。

城市居民喜欢离开市区去乡下消遣。不少人拥有自己的乡下度假别墅，他们喜欢在花园里拾花弄草，品品茶，和朋友去郊外烧烤、钓鱼，享受乡野风情。

还有一项全国人民都热衷的活动：采蘑菇。对于许多人来说，这是休闲放松的最佳方式。8 月的周六下午，郊外路边停满了空车，别奇怪，车主们进林子里去了。他们穿上靴子（防泥又防蛇），带上篮子（放蘑菇），裹着头巾或戴着帽子（防虫子叮咬），在残枝落叶间找寻蘑菇。这样既能呼吸新鲜空气，又算干点有用的家务活，既

采蘑菇是俄罗斯人最爱的休闲活动之一

能在各种美丽的林子里获取乐趣，又能在晚餐品尝到土豆炒蘑菇或冬季腌蘑菇的美味，真是一举多得啊。

俄罗斯人对此热情高涨。有些采蘑菇的人太投入了，以至于不知不觉地进入丛林深处，结果只能在树下过夜。动物的嚎叫声、树叶的沙沙声多吓人，只能把盛满一天“战利品”的篮子紧紧抱在胸口战战兢兢地度过漫漫长夜。不过，就算历经恐怖磨难，也无法阻止他们的热情，很快，他们又兴致勃勃地再次向丛林进发了。

雅库茨克古镇的一个木制小屋

不过，乡下度假和采拾蘑菇都是季节性的活动，只能在夏季到初秋时节进行。冬天有其他娱乐活动，比如滑雪或滑冰。你可以坐在雪橇或纸板上滑雪，孩子们喜爱扔雪球，打雪仗。的确，俄罗斯人热爱冬季。

最受欢迎的休闲活动还有前面提到过的上澡堂。在俄罗斯许多地方，上澡堂是人们洗浴清洁的唯一方式。不过，许多人去澡堂是为了享受。在澡堂里，可以和朋友聊聊天，缓解压力，放松身心。如今，它已成为一种小小的节日活动。

这个活动有自己特有的传统和规矩。进入蒸汽室后，你得被其他人用桦树枝或橡树条鞭打数下。你躺在条凳上，有人会拿树枝敲打你的全身，其实这并不像听起来那么痛苦可怕，而是相当舒服的，就像用天然的树叶按摩一样。

另一个规矩就是“澡堂里，一定要来点喝的”。从蒸汽室出来后，许多人认为要

俄罗斯冰球比赛

喝点啤酒或伏特加才真正放松。不过现在，不少人因为明白喝酒不利于健康而不遵守这个传统了，他们更愿意来杯新鲜的茶水。

体育活动是俄罗斯人生活的重要部分，尽管主要涉及男性。其中最受欢迎的体育活动是足球与冰球（俄语的曲棍球指的就是冰球，因为他们不打别的曲棍球。用俄语描述英国常见的曲棍球，得加上“草地”两个字）。现在，越来越多的人只观看体育比赛，而不实际参与了。每当有喜爱的球队参加比赛，那兴奋劲儿就甭提了。

常常会有些自组的足球队。周末某个特定时间，人们就上体育场踢球去。这个传统会一直持续很多年，等球员们都年长了，还是效忠于各自球队。没有人特别组织这些球赛，大家仅仅是为了消遣娱乐。

现在，出现了一些新的休闲活动。比如，出国度假。外面世界向俄罗斯人的逐步开放为他们带来了全新的经历。在俄罗斯度个舒适的假期要比在许多别的国家的旅游胜地度假的费用都要高。尽管如此，官方数据显示只有5%~7%的俄罗斯人出国旅行，比例并不太高。

第八章

学习语言

“我和俄罗斯人说很多话，当然仅仅是为了表示友好，出于同样的动机，他们也和我说上许多；双方都喜欢交谈一番，可是没有一个词能听懂。”

——马克·吐温

俄罗斯语言

俄罗斯人喜欢学习外语。能说几句外语就能赢得别人的尊敬，也能赢得更好的就业机会。英语是俄罗斯最普及的外语。它是大多数中学的必修课程，大街上也能听见行人嘴里时不时地冒出一些简单的英文词汇。其次是德语和法语。

语言并不总是旅行的必备要素。只要心情不错，一窍不通也无所谓。马克·吐温访问俄罗斯时，曾写过理解与感受周围并不一定需要语言的帮助："我和俄罗斯人说很多话，当然仅仅是为了表示友好，出于同样的动机，他们也和我说上许多；双方都喜欢交谈一番，可是没有一个词能听懂。"

不过，假如你打算不只是短暂的浮光掠影式的旅游，最好还是对俄语有点概念与了解吧。俄罗斯的街道与地铁站名多为俄语字母拼写，因此至少需要了解一下俄语字母，找路时才不会一头雾水。而且俄罗斯人不太喜欢把什么都显现出来，许多机构单位都这样，一扇扇不透明的大玻璃窗后是干什么的，根本不得而知，只有看标牌才知道是在咖啡店还是在美发店门口。

根据俄罗斯宪法，俄语是俄罗斯联邦的官方语言。它属印欧语系的斯拉夫语族，和英语、德语、法语和印度语都属同一语系。

俄罗斯大街标牌上写的都是俄语，所以学几句日常用语还是很有用的

相对而言，俄语的历史不算十分悠久。古俄语被认为在大约公元 6 世纪形成（尽管有些学者认为要更早），其书面文字由一对希腊兄弟康斯坦丁（又称 St. Cyril，圣济利禄）和圣默多狄（St. Methodius）引入俄罗斯。他们将祷告文译成古斯拉夫语，这样就把斯拉夫字母引入俄罗斯。也有人认为他们仅仅使用了当时已存在的字母，不过这种说法有待证实。

人们了解的最古老的碑文可追溯到公元 10 世纪初。早在俄罗斯国教洗礼前，在俄罗斯的斯第一本俄语书籍是1056—1057年完成的装帧精美的《奥斯特洛米尔福音书》（Ostromirovo Evangelie 或称 Ostromir Gospel）。从那以后，书籍艺术在俄罗斯普及开来，各种书籍装帧考究，插图丰富多彩，字母书写漂亮。

摩棱斯克（Smolensk）镇发现的一只陶罐上写着“gorushna”，无人能确定它的意思，不过罐里剩有些香料，因而推测大致是芥末（俄语 gorchitsa）的意思。

俄罗斯小学课堂

俄语书面文件当中最有意思的一批是20世纪中期在诺夫哥罗德（Novgorod）发现的。11—15世纪的大量桦树皮制文件被考古学家挖掘出来，关键是其中包括许多普通市民讨论私人问题的私人信件与字条。这类文件一般都因时间推移而自然消失，因而很少被考古发现。这些信件的存在证明了中世纪时期书面俄语并非只由少数人掌握。

彼得大帝揭开了俄语历史的新篇章。18世纪开始，开创新的现代语言的条件逐渐成熟。从那时候起，古斯拉夫语仅限为教会语言，莫斯科大学的奠基者米哈伊尔·罗蒙索诺夫在18世纪中叶出版了第一本俄语语法书，创建了第一套俄语语式（在此之前，使用的是古希腊语或拉丁语式）。

那时候的俄罗斯贵族都钟情外语。法语或德语、英语的使用要比俄语更多，因为后者被认为是没文化的粗俗的语言。直到19世纪初，他们中的部分人还想设法完全抛弃俄语。《叶甫盖尼·奥涅金》中的塔吉亚娜·拉林娜就是用法语写情书。对于一些作家与思想家来说，证明俄语与其他语言一样优美的任务显得十分重要。从那时候开始，不少外语词汇被借鉴并融入俄语，成为俄语的一部分。

俄罗斯诗人普希金被认为是“俄语之父”，正是在他的著作中出现了与当代俄语相差无几的现代俄语。在他之后，俄语的辉煌与优美已毋庸置疑。成年后多数时间都在国外度过的伊凡·屠格涅夫（Ivan Turgenev）曾写道：“在困惑的时候，在为我的祖国命运深感忧虑的时候，伟大、真实而自由的俄罗斯母语啊，你是我唯一的希望与支持。”

俄语——跨文化交流的语言

现在，全世界大约有 2.5 亿人（俄罗斯国内外）把俄语当作母语或第二语言。俄语作为跨文化跨民族的语言已有 300 余年历史。从俄罗斯帝国、苏联到现在的俄罗斯联邦，尽管国家名称不同，却都团结着或大或小的各个民族。许多民族都有自己的语言、文化与传统，其中有的民族的字母索性从他们的“俄罗斯兄弟”那里借用。不同的少数民族生活在同一个大家庭，相互理解沟通必然需要一种通用语言。因此，俄语成了俄罗斯各民族跨文化沟通的语言。

苏联解体以后，对俄语有过不少非议。它甚至被称为“占领者的语言”和“极权主义语言”。随着旧体制的垮塌，还有一些更恶毒、粗暴的批评。但实际情况并不完全是那样的。19 世纪以来，俄语一直作为第二语言在各个学校进行教学，学生自愿学习。直到 1938 年，苏联政府才出台决议，规定俄语为全苏联初中的必修课程。尽管民族语言和俄语一样也需要学习，但俄语在这个国家的地位得以加固。

原各共和国独立以后，一个意想不到的问题产生了：新国家的公民不懂自己国家（民族）的语言，而所有政府文件、官方谈判以及正式会议都必须使用各自民族语言——白俄罗斯语、乌克兰语、高加索语。人们发现问题很严重，多数有文化的人、官员和知识分子只会说俄语。为了能在新的体制下立足，医生、教师和政府官员们尽管有的年纪不小了，还是不得不学习新的语言。

无论俄语的普及是好是坏，它始终是跨文化（民族）沟通的语言。格鲁吉亚人与塔吉克斯坦人，或者亚美尼亚人与土库曼人之间沟通的唯一办法就是使用俄语。另一个选择是英语，年青一代偏爱英语，但对于年长一些的人来说，不同民族之间的对话交流毫无疑问只能靠俄语。

俄文书写

在国力强大，对西方世界构成一定威胁的苏联时期，俄语在许多国家都深受欢迎。但在其解体以后，俄语学习的衰落十分明显。曾拥有俄语学习传统历史且具有一定声誉的澳大利亚、英国甚至美国一些大学的俄语系或关闭或并入其他专业。

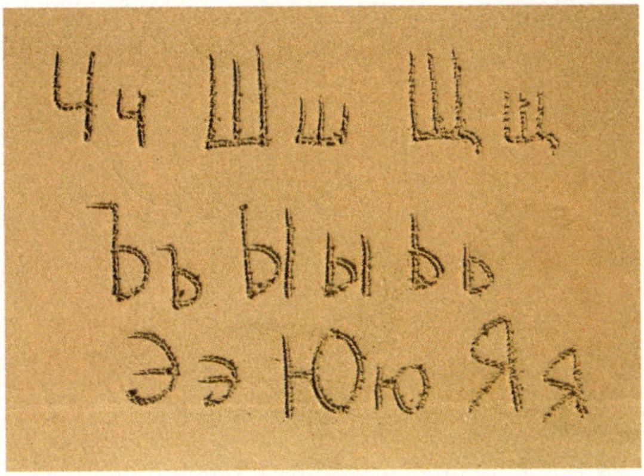

俄语字母

不过现在，在一些国家，人们对俄语的兴趣正在恢复。有的出于贸易需要，有的则为了促进旅游业的发展（越来越多的俄罗斯人出国旅游消费）。连匈牙利和波兰这样曾为摆脱俄语而庆祝的前社会主义国家，现在也更重视俄语了，因为他们的产品在俄罗斯有很大的需求，而在欧洲却没有。可是不管怎样，对俄罗斯文化与俄罗斯文学感兴趣的人却越来越少了。

俄语字母

俄语字母的传统名称叫作西里尔字母（Azbuka），源自古斯拉夫字母的头两个字母的名称——az 与 buki。现代俄语书面字母始于彼得大帝时期，彼得大帝通过简化书面字母改进了古俄语字母表。尽管简化后的字母没有以前优美，却更容易被普通老百姓掌握。从此，不再需要有专人为书籍书写那些复杂的字母。新字母更适合新的世俗生活。1917 年苏联政府做了最后的改动，令其更加简化。

现代俄语字母表由 33 个字母构成。外国客人有时会取笑俄罗斯人，说他们连自己的字母表都记不全。实际上不是这样的。问题在于最后几个字母：不是所有人都记得清最后字母的顺序，特别是那几个不发音的字母。

俄语字母	标示为	与英语单词中发音相似的字母
А	a	*a in car*
Б	b	*b in bit*
В	v	*v in vine*
Г	g	*g in go*

俄语字母	标示为	与英语单词中发音相似的字母
Д	d	*d in do*
Е	e	*ye in yet*
Ё	yo	*yo in yolk*
Ж	zh	*s in pleasure*
З	z	*z in zoo*
И	i	*ee in see*
Й	j	*y in boy*
К	k	*k in kitten*
Л	l	*l in lamp*
М	m	*m in map*
Н	n	*n in not*
О	o	*o in folk*
П	p	*p in pet*
Р	r	*r in roll*
С	s	*s in see*
Т	t	*t in tip*
У	u	*oo in boot*

圣彼得堡的卡梅隆画廊

俄语字母	标示为	与英语单词中发音相似的字母
Ф	f	*f in face*
Х	kh	*h in house*
Ц	ts	*ts in sits*
Ч	ch	*ch in chip*
Ш	sh	*sh in shut*
Щ	shch	*sh in sheep*
Ъ	重读	
Ы	y	*i in ill*
Ь	轻读	
Э	e	*e in met*
Ю	yu	*u in use*
Я	ya	*ya in yard*

学习俄语

普希金雕像

俄语是一门较难掌握的语言。它有自己的字母和大量的语法形式。词有三性，各有不同的词尾。因为名词与形容词有不同的变格，词尾要根据所属的格进行变化。为了正确使用代词，必须记住表格，没有其他办法。动词的过去时要根据主语的性而变化词形，而且变化总有许多不符合规则的例外情况。俄语有句谚语：“例外证明规则”，似乎就是为了证明俄罗斯生活中大量脱离一般规则的例外情况的正当性。

更糟糕的是，俄罗斯人特别喜欢缩写和昵称，这令一个带各种后缀的词更费解了。他们几乎不太说完整的面包、黄油、房子或鲜花，却总使用简化的形式：用“khleb”代替“khlebushek”（面包），“maslo”代替“maslitse”（黄油），“dom”代替“domik（房子），“tsvetok”代替“tsvetochek”（鲜花）。有人认为这说明了他们随和善良的天性，而也有人认为这就是为了让外国客人难堪的。

句子中的词语次序不像英语那么重要。有些句子可能没有动词，有的句子只有一个词。各种不同的结尾有助于听者理解。

另外还有个问题是，有些俄语单词几乎无法翻译，也很难理解。这类词还不少呢。Dusha 对于每个俄罗斯人都很重要，字面译文为“灵魂”，可在真正翻译时，往往译为更唯物的“心”，如“衷心地”或“在我心里”这些词句里的“心”，俄语往往用的词是“灵魂”。这就是不同的地方。很难想象灵魂会疼痛或沮丧，可俄罗斯人就这样（说）。

当这种情况发生时，他们会有一种 toska 感。这又是一个很难翻译的词，字典里给的解释“悲伤”或“沮丧”根本无法传达那种几乎神圣的感觉。那种感觉往往有点莫名其妙，而且常常需要来杯伏特加（借酒才能消愁吧），然后长谈一番才能消除。

和字典里的释义不同，smireniye 其实和谦卑或卑微没什么关系。这个词的内涵是高贵与光荣，是人人敬仰的最高尚的状态。假如你有 smireniye，你的心（dusha）就永远不会痛，也不会感到愁苦（toska）了。

也有部分人说粗话。往往是那些喝酒上瘾的酒鬼们，边喝酒边乱说话。

据说有些“专家”能用两三个词根加不同的前后缀和词尾说上很长一段话。

俄语称呼

怎样用俄语称呼别人是个较为复杂的问题。首先，有两种第二人称：你（ty，用于关系亲密者）和您（vy，更为正式）。怎样恰当使用很有讲究。随意用“你”（ty）可能会显得粗鲁，因为显得太熟也会冒犯别人。所以，为了避免犯这样的错误，最好在所有场合都使用“您”（vy），这个词绝对不会冒犯别人。假如你们关系熟到一定程度，对方会主动转换成“你”的。

一本古老的俄语圣经

称呼姓名也同样。俄罗斯人不仅有姓和名，还有根据父亲名字的父系名，比如：伊格的儿子伊凡就叫作伊凡·伊格列维奇；华伦汀的女儿玛丽娅就叫作玛丽娅·华伦汀诺娃。通过称呼名加父称表示对某人的尊敬，而朋友之

引自?

俄罗斯人爱引用的习惯让外国人始料未及。引用的来源五花八门，有的来自热门电影，甚至老电影，有的来自书籍、诗歌、名人逸事、笑话、歌曲，甚至卡通片。有时说了几个莫名其妙的词，大家就大笑起来，剩下可怜的老外们傻乎乎地不知道怎么回事。其实，这些词字面上似乎没什么，可连带的内容丰富着呢——也许是一段有趣的影片，某个滑稽的人物，或是某个荒唐的场景。想要完全理解它们，就得从头开始了解——儿童书籍，电视节目等。

间可以直呼其名。姓常在军队或学校里使用。人们通常在相互介绍的时候告诉你他们愿意接受的称呼，要仔细听。如果不太确定，就直接问他："对不起，我没听清您的姓。"对方会回答："玛丽娅·伊凡诺娃"，或者："没关系，就叫我玛莎就行了。"你就根据她的回答称呼她就可以了。

娜塔莉·法蒂娃——著名女共产党员

苏联解体以后，称呼的又一个问题来了。苏联时期，人们习惯相互称为：男士——"同志"，女士——"女同志"。这种称呼在苏联解体后不再流行，有些人（尤其是"俄罗斯暴发户"或"新权贵阶层"）听见甚至会很生气，可能会回答说："我们不是你的同志。"（或更粗鲁的说法，一句俄罗斯谚语："鹅又不是天鹅的同志。"）

不过，在一些公共场合，像公交车、大街或商店里，那种称呼还是很普遍，当然已经没有了过去的政治意味。

有人试图恢复革命前的称呼形式。但是古式俄语的先生（sudar）和小姐（sudarynya）的使用往往带有讽刺意味。教授可能对他的学生说："这位先生（Sudar），你迟到了。"不太高兴的父亲随他的女儿说："小姐（Sudarynya），我正想知道，你要去哪儿？"这两个词的意思和英文的先生与女士差不多。而在这种情况下，它们常常带有负面的含义，为了强调某人太把自己当回事了。

在商界和官场，先生（Gospodin）和女士（Gospozha）如今使用广泛。它们来自革命前期的俄国，当时的意思是老爷和太太。很多人喜欢这样的奉承话，感觉自己真

在俄罗斯，人们不习惯称呼对方的头衔，教授、医生、工程师等很少被使用，称呼对方名字加父称要比加头衔更显尊敬。

的成了贵族一般。但也有些牢记自己平民出身的人对此很反感，会回答：“我不是你的老爷……”

对陌生人还有两个中性的称呼。首先，俄语允许不带任何称呼就开始对话，比如：“对不起，请告诉我……”其次，年轻人（molodoi chelovek）和姑娘（devushka）可以用来称呼任何年龄的男女。不过，这种称呼绝对不能在官方、商务等正式场合使用。

肢体语言

在俄罗斯，手势的使用没有像别的国家那样普遍。人们在热烈的谈话时，会用手来为他们的观点助势；他们可能在人面前挥挥食指甚至推推对方的胸，但这些都仅限于亲密的朋友之间。

俄罗斯人并不太重视私人距离感。就算陌生人靠得很近，他们也不会觉得有什么不舒服的。对话的时候，与对方有身体触碰也习以为常，目的是想创造信任的气氛，但这很难让外国人理解与接受，因为他们认为这是过于亲密的举动。

俄罗斯人的手势语并不像人们通常想象得那样政治化。外国作者的书里老是讨论某些他们在苏联时期使用的手势。两个手指碰碰你的肩膀表示有克格勃在场，眼睛看看天花板表示我们正在被监听，等等。其实，这些神秘的东西并非来自俄罗斯，而是来自外国，就是为了证明独裁政权下的生活有多么的艰难。必须注意的是，假如真的人人被跟踪（谁知道现在怎么样呢），也不会做得那么愚蠢，弄得人人皆知啊。其实普通市民根本想不到这些，因此也没必要有这样的手势暗语。

确实存在着一些手势语，比如：拍拍你的脖子是邀请你喝一杯；在太阳穴上转动手指，表示你是个傻瓜；竖起大拇指表示一切顺利。

手势

第九章

在俄罗斯经商

“可以信任，但需要求证。”

“一旦金钱开口，真理就只能保持沉默了。”

“要达成一致，光靠金钱是不够的。”

——俄罗斯谚语

俄罗斯商人

俄罗斯商人是这个国家的新生事物。1917 年革命前，从事商业的人被认为是企业主，苏联时期则被认为是“走资派”。在如今的后苏联时代，“商人”这个西方词汇已在俄语中深深扎根。新名称也带来了新形式与新内容，其中外国人最可能碰到的俄罗斯商人分为以下几种：

首先要说说所谓的“暴发户”，在各种商人中都有这类人。“暴发户”最显著的特征就是特别有钱。符合这种身份所需要的财富多少根据不同的社会环境有所差异，对于有些人来说，拥有新款奔驰车、高速路附近的一幢私宅，以及地中海边的别墅是必需的；还有一些人，只要拥有一辆二手欧宝车、一套欧洲风格装修的公寓，以及过节时一瓶高档伏特加就满足了。其中，最重要的因素就是意识到自己的财富并需要向周围同龄人炫耀。“暴发户”们通常发得快，倒得也快。

在俄罗斯，这些“暴发户”曾招来反感与怨恨：“有人还饿肚子呢，他们却四处挥霍，他们凭什么？”现在，大家的态度有所变化，从负面的反应开始慢慢变为接受(“既然这样了，一定是命中注定的”），甚至有些同情（“最好在你可以享受的时候尽情享受生活吧，可怜的家伙，不知道什么时候就破产了，甚至被人谋杀了呢”）。总的来说，俄罗斯人还是有耐心和同情心的。

在俄罗斯，人们对于“暴发户”的好奇带来了一系列的奇闻逸事，这些传闻恰如其分地证明了“暴发户”的一些典型特征：

俄罗斯商人

- 奢侈无度。两个俄罗斯暴发户在汽车展示厅相遇，其中一位买了辆奔驰 600，另一个人问他：“我说，你一礼拜前买过一辆了，把它砸了吗？”回答是：“不，垃圾箱里都堆满了。”
- 愚蠢无知。一位暴发户买了一套乐高模型，向他的朋友吹嘘：“瞧，它这里说 2~4 年（实际指的是适合年龄 2~4 岁），我花了 3 个月就搭好了。”
- 好比面子。两个暴发户见面，相互吹牛：“瞧，我今天花 1000 元新买的领带！”“隔壁店里同样的领带打折还要 1500 元呢。”

所有俄罗斯商人在西方都被称为“暴发户”，而在俄罗斯，这个词常常用来形容传闻中的那些荒诞的人物，是对那些只想着一夜暴富、恣意挥霍而不是踏踏实实做生意的人表示鄙视的称呼。

“正经”俄罗斯商人有以下几种。首先是知识分子的部分代表，他们往往是名牌大学毕业生，拥有高学历或其他学术头衔，从商是为了赚钱或仅仅因为喜欢这个行业。新环境给了他们往这个方向发展并施展才能的机会。对于外国人来说，和这些人接触通常可以很坦率，因为俄罗斯知识分子的思想非常国际化，他们受过很好的教育（和一位曾经的工程师交谈可要做好准备，他可能是美国 19 世纪的诗歌或意大利文艺复兴时期的绘画方面的专家哦），说一口流利的外语；他们通过书籍、报纸、美国之音和西方电影了解世界。就算没有生意上的关系，结识一位“儒商”也会很有益，因为教育在俄罗斯受到的评价极高，他们通常拥有良好的人脉关系，深受商界及其他各界人士的尊重；他们很懂人情世故，常常会提供一些建议，建议你对某个特定情况应

17 世纪，有一位到俄罗斯旅行的外国人描述道："几个莫斯科商人被荷兰人骗了一大笔钱，却哀求荷兰人跟他们合作开公司，成为他们的贸易伙伴。"他诧异地注意到他们对荷兰人的使诈行为没有任何怨恨，反而充满敬意，希望能从他们那里学到点儿什么。

该作出怎样的反应。

另外一群为数众多的商人就是所谓的"保守派"。他们曾在苏联时期的行政、党务或各组织工作中积累了广泛而丰富的经验，在新的历史环境下，重新定位，涉足新领域，在新的行业施展自己的才华。这群人经历过种种艰辛，因而做事特别小心谨慎，谈判起来从容不迫，就像下棋一样在过程中收获乐趣，外国人（不仅是外国人）很难预见或估计他们的想法和行动。他们也有广泛的关系网，办事很有潜能，因为人脉关系在俄罗斯起着极其关键的作用。现在，不会再利用他们买双法国靴子或弄张大剧院门票了，而是要借助他们开公司、走法律空当或保障合同的实施。

这些人不会在小事情上欺骗你。多年来，他们早已形成维护自己荣誉的一套特别的行为准则：有能力实施大阴谋，但绝不在小事情上玩把戏——"得为自己的声誉考虑"。一直以来在俄罗斯，太狡猾被认为是有能力的体现。

和年轻一代生意人接触则简单许多。这些年轻人没有苏联时期的工作经历，却熟知西方的谈判风格，乐于培养新习惯，比老一辈们更会说外语，做事不喜欢拖延或无限期推迟。和他们在一起，会感觉像跟自己人在一起一样，礼仪着装、兴趣爱好甚至吐词发音都相差无几。

俄罗斯商界领袖与下属关系图

和年轻商人谈判起来往往简单而愉快。但也更有可能碰到欺骗与使诈。在西方化的高效率的伪装下，可能隐藏着一个骗子，或者是个学会了西方人的行事风格却想铤而走险的不负责任的家伙。总有些书上说和那些亲西方的年轻人做生意更容易，因为他们不太会拖延，做事果断等。一个见过世面，满

在俄罗斯商务信函最好通过电子邮件或传真来传递

口英文，说话行为得体，聪慧机灵的年轻人当然要比一个倚老卖老、打着官腔的老生意人给人印象要好。可是，千万小心：机灵与高效下可能隐藏着欺诈，而慢条斯理却可能源自谨慎、经验以及对风险的规避。

还有个建议：忘掉你的成见，对商业伙伴的政治信仰应持宽容的态度。无论你对共产党有什么成见，一个自称共产党员的人（尤其是对过去的美好岁月满怀留恋）可能是位一流的商人，一个充满智慧、诚信可靠的伙伴。在当今的俄罗斯政治环境下，一切都令人迷惑，想要理解眼前发生的一切太难了。俄罗斯的政治生活无法像西方人看起来那样分成简单的黑与白，而是要复杂得多。因此，在商务谈判的过程中，请放下信仰与观念的成见。

商务礼节

俄罗斯的商务礼节目前仍处于形成过程中，其部分源于革命前期，部分源于苏联时期，部分则参照西方模式。这种混合体——不太稳定、不太确定，也不一定让人很愉快——目前正指导着大部分俄罗斯商人的行为。必须时刻牢记一点：包括商业在内的俄罗斯人的生活变化迅速。十年前似乎完全不可能的事情，比如商业贸易，如今成了日常生活中极其普通的一部分。谁知道明天又会是什么样呢？我们只能对源自其民族性格的俄罗斯人商务行为的一般趋势与传统特征进行概括。

到俄罗斯做生意之前的准备工作至关重要。通过传真和电子邮件交流设定商务行程的目的与目标很有必要。不要借助普通邮件，因为俄罗斯邮政服务极不可靠，根本不知道信件或邮件在哪个环节会突然失踪。

商务信函来往也有些俄罗斯的特点。首先，要记住：和你通信的人未必是将来在莫斯科和你谈判的人，因此为了保险起见，一定要带上所有信件与文件的备份，可能得花点时间确认一些原以为早就搞定的事情。其次，别长篇大论。记住：对收信人来

口头比书面重要

一位美国教授终于收到莫斯科大学某院的正式邀请做讲座。之前他一直在焦急地等待，访问得到了大学各层领导的同意，所有访问细节安排妥当。签证所需的书面邀请函由秘书撰写，学校领导签字，可是他们根本不了解状况（莫斯科大学有21个学院，每个学院有200~2000名教职工，因此要对基层进行的事情了如指掌基本上是不可能的，可所有正式文件都必须要有大学最高领导班子成员的签字），结果，发出的邀请函里还是包含了早已口头答应的一些条件。那位教授很生气，就不去了。该学院又发了许多传真向他解释他所收到的邀请函只不过是为了应付大使馆签证使用的，因此不用在意那些访问的附加条件。后来，那位教授的不理解让教员们也很生气。这个故事说明了一个道理：假如俄罗斯商业伙伴的信件里有些不对头的地方，别生气，先把涉及的问题状况搞清楚。也许只是因为秘书的粗心，或是某个小职员的错误，或者不过是一场误会(发错了文件），而并非表示对你不尊重。这种现象在任何国家都有可能发生，尤其在俄罗斯，因为没人把文件太当回事。

梁赞海关大楼

说，信里都是外语，但不是所有人都精通外语；尽量简单扼要地罗列并表达行程目的。最后，还要记住：俄罗斯人对印刷体与任何官方文件及其规定的态度很特别。在西方国家，官方文件很重要，而在俄罗斯，他们最喜欢用“形式”这个词来形容它，意思是现成的文件尽管形式上必不可少，实际上毫无意义。他们不仅对文件上面的规定完全不予理睬，甚至都没人愿意费事去看一眼。

一旦出发前所有的准备工作都顺利完成，一切必要的文件都接收到位，护照签证成功，机票到手，那么，决定起程的时候，一定要明白一个道理：生意成功与否，首要依赖的是你自己和你的心理状态。俄罗斯商人都知道来此做生意的外国人都喜欢遵循他们自己的游戏规则，谈判时执意依照自己的行为方式，对其他一切都怀疑与轻视。正是因为这一点，在俄罗斯的美国商人常被认为太急切冒进与咄咄逼人，显得过分熟练而缺乏细致优雅。总之，请牢记一点，你涉足的是个完全不同的世界，而且现在仍因不够稳定而备显脆弱。

最佳商务访问时间

安排对俄罗斯的商务访问，应该把季节特征考虑在内。最受外国人青睐的夏季并不一定是做生意的最佳时间，因为这是学校放假时间，人们都热衷于逃离拥挤的城市去乡下（无论国内外）度假。就算你的生意伙伴同意在夏季见面，也要记住其他职员有可能正放假呢。而正因为某位掌握决定权的领导去了塞浦路斯，或者某个为文件盖章的秘书正在乡下别墅种土豆，谈判就会耽搁下来。

建议在离假期前后至少一周去俄罗斯。俄罗斯最忙碌的假期是新年。早在元旦前两个礼拜，人们就没心思工作了。时间不多，开始做什么事情也都来不及了。单位里，各层庆祝活动都在准备当中，这段时间也就成了节日的延伸期。人们满脑子想的都是买礼物、准备食物、安排家里的事情。元旦之后，节日继续。1 月 7 日，庆祝俄罗斯东正教的圣诞；1 月 14 日是旧历新年，虽然不是官方假日，还是有不少人虔诚地过这个节日。

家庭和孩子在俄罗斯人的生活中很重要。因此，建议避开学校假期（11 月 1—10 日，12 月 30 日至次年 1 月 11 日，还有 3 月最后一个礼拜）。许多平时严肃又强硬的商人在他们的孩子要求去海边或乡下度假时就会变得像绵羊一般温顺。

秋季和冬季（除了新年假日）是商务访问的好时候，只是别忘了戴上皮帽和手套。莫斯科的冬天没什么可怕的，要比你想象的温暖得多。而且，俄罗斯的房子内部一般都很暖和，不少外国人还常常抱怨太闷热了呢。

商务谈判

在俄罗斯，谈生意一般只在办公室进行。邀请同事上宾馆房间谈生意绝对不可取，会引起尴尬，至少会被认为不够严肃认真。现在，共进商务午餐甚至早餐在俄罗斯年轻一代商人中越来越普遍。不过，通常还是要有正式场合的会议，它们不过是正式会议的补充而已

不过，俄罗斯人会随时随地跟你谈生意，对这一点也要有心理准备——在高级餐厅吃大餐时，在被邀上门做客时，去乡下烧烤时，去博物馆参观时，在乡下别墅的壁炉前，等等，都有可能。对于俄罗斯人来说，下班并不意味着工作的结束，尤其在他投入某项新计划的时候。尽管你的俄罗斯生意伙伴可能喝得有些醉意，但他对你们合作前景的谈论也会思路清晰，切中要点。要注意他说的话，提些问题。不过，第二天要和他再次确认前一天已谈妥的内容。尽管在俄罗斯，不少重要问题的决定都在非正式场合做出，但最终的协议只能在办公室里签订。

谈判的开始阶段特别重要。首先，请记住：开会迟到——就算是商务会议，在俄罗斯也并不算是不礼貌或不尊重对方的表现。当然，现在俄罗斯的国家级大公司会尽量争取在规定时间内完成谈判，可一些较次要层次的谈判，极有可能碰到不遵守谈判时间表的情况。

俄罗斯人对时间的态度与西方人不一样，晚来 10~15 分钟根本不算迟到。

俄罗斯人的特殊时间观在谈判中可见一斑。比如双方同意开一小时的会，但常常会超时。这时候，如果你还想很认真地把生意谈成，那就别着急，别大惊小怪，要放松，最重要的是，别把你的日程安排得太紧凑，要留点时间余地。不然，很有可能才开始坐下谈及实质问题，就得离开了。

俄罗斯人认为迟到 10~15 分钟不算迟到

俄罗斯一方人员由该公司老总或执行经理介绍，一般按照职位高低、主次进行。也有另外的做法，比如按照谈判桌上的位置次序。这种情况下，介绍者需要适当作一下解释，才不会冒犯任何人。不管职

在俄罗斯，一般都是先介绍女士

请别介意等待！

我认识的一位美国教授受邀到一户俄罗斯人家吃饭。原本安排在晚上 7 点和女主人在地铁站碰面。女主人下班后从幼儿园接了她的孩子，排队坐公交，终于在 7 点 20 分到了地铁。这时，这位美国教授已经走了。他们之间的交情也就从此结束了，因为美国教授认为女主人的迟到是不可原谅的，而女主人则认为他连 20 分钟都不愿意等，太不礼貌了。因此，假如你参加的会议因为你俄罗斯伙伴的迟到而推迟，千万别生气，要记得这些文化习惯上的差异。顺便说一句，作为外方的你要准时，不管别人怎样，你最好还是不要迟到。

位高低，女士经常是首先被介绍的，年长者也同样，这么做是为了避免他们在这种重要场合有被忽视的感觉。

有些出席会议的人可能没有被介绍，这就意味着他们只是些小领导，或是偶然在那里的不相关人士。他们在那里出现并不代表他们对谈判有什么兴趣。

外国代表团一方，也应该由团长首先发言，介绍自方团队所有成员的职位与职能。接着最好直截了当地切入正题，向你的俄罗斯生意伙伴阐明你们的情况、访问目的以及计划签订的文件。

西方指南常常写到为了表示尊重，去俄罗斯访问一定要准备好一盒烫金名片和一套高级西服。这种说法确实有道理。因为在俄罗斯，会议开始前习惯互相交换名片（名片被认为能表明社会身份与地位），一套高级西服当然也会给俄罗斯人留下良好的印象。另一方面，有句俄罗斯俗语说得好：“开始时以貌取人，之后就得看智慧了。”（“服装给人留下的只是第一印象。”）因此，你的一身牛仔装或许一开始会令俄罗斯人反感，但如果你在谈判桌上展示出严肃认真及风趣智慧的风采，他们就会把它当作外国人的着装怪癖而予以谅解的。

借势

20 世纪初，安东尼·切科霍夫曾这样描述那些“婚礼将军”：花一点钱就可以邀请这样一些陌生人参加婚礼，他们身着军装，胸佩军功章，就是为了增添婚礼仪式的隆重气氛。如今，也有一些不相关的人被邀请出席谈判，实际上他们根本不参与决策，只不过在俄罗斯人看来，这样能借势增加会议的隆重性。

在俄罗斯，见面和分手都习惯握手

在俄罗斯，见面与分手时都习惯握手——当着大家的面紧紧握手——每次见面都要这样，就算谈判已经持续多日。女士例外，和她们只要在第一次见面时握握手就可以了。附带说一句，在俄罗斯，亲吻女士的手被认为是时髦的做法，因此女性商人就要做好心理准备，把它当成尊敬的表示而并非对异性轻薄的举动。

谈判席中在场的那些编外人士往往令搞清楚对方谁是谁，谁有决定权，谁负责实施等重要问题变得格外复杂。要是不留意观察对方座次，就极有可能搞得很恼火，觉得这是对你们不尊重的表示。在这种情况下，有几点建议：

■ 会议往往是在职位最高的成员办公室进行，尽管不能保证他就是最终做决定的人。老板坐在桌子的主位，其他人根据职位高低依次入座，位置离老板越远说明级别越低。秘书则通常在上司身边沏茶倒水。

■ 如果懂点俄语，注意听俄罗斯成员间的相互称呼：您（vy）和名字加父称是下属对上级的称呼，你（ty）加名字是上级对下属的称呼。

■ 即便你不懂俄语，仔细观察俄罗斯人之间的行为——向谁请示最多，最注意看谁的脸色——再留意他们的语气，不用听懂内容，也能分辨是尊敬还是轻蔑。

■ 总之，最好别过多关注除老板外的任何其他人，以免犯错。即便发觉某个经理说话更有意思，让你印象更深刻，最好还是到老板办公室外和他单独谈。

- 想方设法对俄罗斯方的头儿表示尊敬和重视并非仅仅出于礼貌。他的位置确实至关重要：谈判最后的成功得看他的立场，但尽管如此，关注中下阶层的人员也很重要。许多事情得靠他们——会议的组织，甚至还可能影响到谈判结果。给他们一点小小的纪念品和关注在大多数情况下对解决问题都会有所帮助。俄罗斯人都知道，有时候取悦秘书要比取悦老板还重要呢。
- 尽管看上去集体里等级严格，实际上其成员之间的关系比想象的要民主得多，老板和下属常常关系密切，而不像西方公司里那样正式。在俄罗斯，长期以来形成了大家庭般的工作集体观念，尽管老板掌握大权，但他也是同一个家庭的成员。如今，不少公司试图引入更西方化的工作关系，建立更严格的工作纪律与工作程序，但不一定都能成功。

商务礼品

许多指南中都有一两段内容涉及莫斯科开商务会议应该选择什么礼品。某种程度上这种说法是正确的，俄罗斯人喜欢收到礼物，也爱送别人礼物，所以假如你两手空空地去，会很尴尬。在多数关于俄罗斯的书里，对于送什么礼物的信息已经过时了。十年前，因为对西方国家还相对陌生，所以象征西方国家的小小纪念品就很受欢迎。许多指南的作者一直有这样的误解，以为像钥匙扣、香烟盒及圆珠笔就是很好的礼物。

传统俄式纪念品

想起了一个小故事。在俄罗斯，有个大家都知道的小金鱼的故事：谁抓到那条小金鱼，小金鱼就会满足谁三个愿望。“新俄罗斯人”版本是这样：有一次，一个新俄罗斯人抓到这条金鱼，就问它：“告诉我，我能给你什么。”

十年来，俄罗斯的生活变化巨大。对于现在的商人来说，这种礼物太丢人了，让他自己都觉得很幼稚，就像用金条换来一串玻璃珠子加一个带欧洲君主画像的小镜子一样。带有公司标志的纪念品应该带着，但只能作为小东西随意地拿出来给对方而不能作为正式礼物。再次强调一下，如今的俄罗斯人自尊心很容易受伤，特别注重得到对方的尊重。宁可什么礼物都不给——最多会被认为可能是文化差异导致的考虑不够周全——也不能送一个过于廉价的礼物，因为它会给人留下小气吝啬的坏名声，也意味着你将得不到对方的信任。

那么，什么才是合适的礼物呢？有正式的礼物当然好，可以是带有公司标志体现地方特色的产品或纪念品，它必须够大，能陈列在办公室里。也可以借题发挥一番，比如当你拿出礼物的时候，可以把它和两国友谊或两家公司之间的合作联系在一起好好做个演讲。就私人礼物而言，酒总能受到男士的欢迎（最好是高度酒或具有地方特色的酒），女士则喜欢糖果，高质量的文具则男女皆宜，如高级水笔、皮质文件夹、公文包等。礼品的档次与价格将视公司大小与合作项目的规模而定。

最好在谈判期间或结束时送出礼品，而不是一开始，双方总需要先互相了解的。

接受礼物时，一定要表示感谢与适当的赞美，就算你认为这样做显得没有必要，甚至有些笨拙或虚伪。很可能这点赞许会让对方感觉很好，而轻蔑的态度将会伤及对方。

谈判过程中，要有耐心要宽容

我的一个朋友生意做得不错，赚了不少钱，可以经常去那些过去做梦也想不到的地方度假。可他却还是向往着曾经坐在设计室当设计师的日子。那时候，没什么钱，假期也只能和朋友在莫斯科待着，但却为自己能参与设计世界上独一无二的飞机的伟大计划而备感光荣。

谈判过程

俄罗斯人的商务谈判方式与其文化传统及民族性格有着直接的关系。谈判进展往往比较缓慢，但比较全面，所有仪式都不能缺，就算结论早已在预料之中。

俄罗斯人喜欢致欢迎词，一开始可能显得与会议主题毫不相干。因为对于俄罗斯人来说，除了赚钱以外，同时能做点对自己国家与人民有益的事也很重要。建议你也围绕“两国人民的和平与友谊”的主题准备一个演讲，多数情况下，这种做法会得到俄罗斯人的赞同与支持。

谈判过程中，要有耐心，要宽容。俄语有不少关于做重要决定绝不能匆忙的俗语，比如:“故事讲得很快，做事得花时间。”“说说容易做做难”，“欲速则不达”，“不慌不忙，稳中求胜”，等等。谈判时，要仔细听，千万不能表现出不耐烦：频繁看表，打哈欠，或手指敲桌子，就算讨论内容明显跑题了，或者你认为有多么泛泛而谈或不合逻辑。

记住，在俄罗斯，成功的主要保障就是建立个人关系。因此，对你的生意合作对象要细心周到。一些诸如果断、精确、高效等在美国和其他西欧国家受到高度认可的素质在俄罗斯却被认为是缺点，俄罗斯人最痛恨的就是“他们对我不够尊重”。

关于好客的民间故事

好客一直是俄罗斯人性格的明显特征。有个俄罗斯民间故事，故事中有位邪恶的老巫婆巴巴亚佳，想吃了男主角，可男主角对她说：“总得先给客人吃的喝的，把客人喂饱了，然后把他放到床上，再吃掉他吧。”为了完成她作为主人的义务，邪恶的巫婆也显现出善良的一面，“给他吃的喝的。”其实，就是帮助他赢得这场斗争的胜利。

宴会厅里吃喝的人们

一定要多听少说。这么做有好处。听对方长篇大论的时候，可以研究他们，研究他们相互之间的关系、他们的行为方式等。

现在，西方式的谈判——在老板办公室这个相对比较正式的环境进行——在俄罗斯越来越普遍。可与此同时，仍然存在着俄罗斯传统的会议组织方式。如果去参加商务谈判的时候看到满桌的食物和酒，或碰到对方不遵照时间表进行，或是碰到一大群人出席会议，都不要太惊讶。这些并不代表对方缺乏诚意，而只不过是俄罗斯人传统好客的表现罢了。

食物与酒在俄罗斯被认为是赢得信任与友谊的最佳方式。典型的场景就是：俄罗斯一方期待和外国代表团召开一次重要的商务会议，他们在桌上放满吃的喝的，聚集尽量多的人员来欢迎客人，招待他们，和他们交朋友，最后像和好朋友一样道别。可后来，合同却没有和他们签订，反而是和另一家声誉不如他们且更不可靠的公司签了，只不过与这家公司谈判的过程更加正式严肃，这实在令他们无法理解。要知道，谈判席上的宴请、非正式的气氛、不断的干杯喝酒等绝非标志着你的俄罗斯生意伙伴缺乏做生意的能力，也不是他们企图收买你们，这些都不过是根据俄罗斯的传统，表示尊重与周到罢了。

即使在正式谈判期间，俄罗斯人也习惯做些礼节性的讲话以及敬酒。别忘了要抓住机会回敬。这时候说什么都会得到认可。顺便说一句，别拒绝对方的敬酒，即便不想喝，最好也要碰碰酒杯，然后把它放到嘴边意思一下，再放下。吃东西也同样，就

边工作边抽烟

在俄罗斯，许多人有抽烟的习惯。抽烟，如今已经成为生意人的形象。因此，有时候，假如你无法忍受烟草的味道，谈生意的过程对你来说可能是一场极其痛苦的经历。不过有些公司是不允许在办公室里抽烟的，因此抽烟前一定要先问一声。

算吃饱了也不要当面拒绝，当着主人的面赞美一番是有必要的。

谈判时，举止要含蓄、冷静，不能窝在沙发里一副懒散的样子。当然，假如对方是年轻一代的生意人，他们可能自己也会这样，那就看情况行事吧。不过，就算和年轻人在一起，含蓄也会给对方留下良好的印象：这个人尽管有点无趣，但至少是值得尊敬的。

俄罗斯人喜欢开玩笑、讲奇闻趣事，喜欢非正式的个人接触，喜欢推心置腹。可在正式的场合与气氛中，一切都得严肃，因为双方投入谈论的是严肃的生意问题，它是某种仪式，某种特殊的游戏。如果你对你的生意伙伴不是非常熟悉，没有足够的经验对新状况应对自如、没有足够的自信很快摸清对方的性格，那么在会议中最好采取严肃的、商务化的态度。当他们和你开玩笑时，回敬以笑容；当他们为你斟好酒时，和他们碰碰杯；当他们拍拍你的肩膀时，友好地接受。记住，一个严肃认真、含蓄寡言的人往往会给俄罗斯人留下良好的印象。

所有这些形式复杂多变，甚至有点华而不实的俄罗斯谈判传统使得谈判过程很难取得关键的进展。他们或许会赞许地点点头，但这不代表什么，只是表示礼貌罢了。对于你方某项目明明表达了一定的兴趣，却有可能只是因为不想伤害你们的感情。正如前面提到过的，年轻一代在表达情感方面比较直接开放一些，而老一辈却往往比较含蓄谨慎，不轻易流露他们真实的情感。

俄罗斯家庭厨房

该信任谁，怎样确保不把关键人物搞错，这些问题长期以来一直困扰着到俄罗斯做生意的西方商人。早在 17 世纪前期，一位德国人曾写道：“在买卖问

别让你的眼睛欺骗了你！

几年前，在一次巴黎举行的国际贸易展览会上，我亲眼目睹了一个很有意思的插曲。当时的法国总统密特朗到展会参观，一个俄罗斯代表团的成员，即一家出版公司的代表想方设法穿过人群，挤到法国总统身边。他的同事为此专门照了几张别有用意的照片，照片里看上去他和密特朗正在亲密交谈。这位年轻的出版商后来大笑道："把它放入我们的宣传册应该挺不错。"由此可见，不能光相信自己的眼睛，有时候还不如信自己的本能与直觉。

冬宫走廊

题上，他们的聪慧与狡猾显露无遗。他们会想尽办法使诈或不择手段地忽悠他们的邻居，想要使别人受骗必须得有聪明的脑袋……"似乎能恰好回击这一点的是20世纪中期一位英国的俄罗斯专家所写的："到俄罗斯的外国人如果没有对俄罗斯人语言、习俗与性格的足够了解，在做投机买卖的时候当然会亏了，这完全应该责怪他们自己无知，而不能怪赢利的俄罗斯人。"

下面是些实用的建议。

外表常具有迷惑性，有个著名的历史逸事说明了这一点：

叶卡捷琳娜大帝决定去俄罗斯民间亲眼看看百姓的生活。她的宠臣波将金在很短的时间内把一个偏僻小山村改头换面：房子外表刷新，道路铺好，农民身着新装，餐桌摆满节日的盛餐。女皇看了以后便对她臣民的富足生活非常满意，于是，俄语里就有了"波将金的村庄"这一说。一些现代俄罗斯公司的前身是老国有企业，因而一幢漂亮的大楼和豪华的装修未必意味着它可靠。而且，俄罗斯人普遍对华丽的外表格外在意，"面子"对他们来说极其重要，因此，公司会把它的第一笔赢利用于豪华的装修与设备。

俄罗斯人自己也担心上当受骗，所以他们常常会在对方的提案中寻找隐含的陷阱。也正因为这种担心，他们有时候会故意拖延，以便更好地查清对方的可靠程度。但与此同时，为了避免冒犯对方，他们也不会直接向对方提问。所以，最好事先准备好一堆能证明自己的声誉与可靠性的书面材料。这里，又碰到了俄罗斯人生活中一个似是而非的矛盾：他们对待文件既尊重又不信任。当然，准备一大堆字迹清楚带有官方印章的书面文件、信息资料以及计划书多少会起点作用，也是可取的做法，会给俄罗斯一方留下有利的印象。

一定要确认拥有最后拍板签字权的老板对项目的了解与支持，协议草案上最好有他的签字。有时候，一个项目也会因内部阴谋、权力斗争及下属捣乱而遭破坏。

一家英国大公司与一家莫斯科单位正进行长时间的谈判。双方都投入了大量财力、精力与时间。然而，到了最后关头，俄方的老总居然拒绝在协议上签字，尽管开始时他曾私下对下属说过同意该协议，而且协议对双方都有利。其实，他反对的不是协议本身，而是所有谈判是在他缺席的情况下进行的这个事实。可那一天，在得不到任何解释的情况下，双方关系彻底破裂。所以，谈判一开始就一定要找准最后拍板签字的那位关键人物，和他会面商谈才是可取的，甚至是最为关键的。

俄罗斯人经商的主要特征

下面对俄罗斯人经商的特征做一个简单的概括，希望在一定程度上帮助读者了解这方面的情况。

俄罗斯人喜欢冒险。有个词叫作“avos”（“希望如此”，“也许”），意思是要认命：如果运气好，就会赢；但没必要多考虑输了会怎样。下面是大家最喜欢的一些俄罗斯谚语：“做事切忌前怕狼后怕虎”；“玩火就不怕被火烧”；“不入虎穴，焉得虎子”；“冒险精神诚可贵”。俄罗斯人的这种特征在商务往来上也显露无遗。

与此同时，俄罗斯人的性格中又有一个与之完全相反的特点，那就是过于谨慎与多疑。也有一些流行的谚语表明了这一点：“三思而后行”；“安全胜于后悔”；“先调查后信任（先小人后君子）”；“公事与友谊不可混为一谈”。俄罗斯商人的这种特点常常意味着商务谈判将被无理由地延长，最终决定将一拖再拖。

萨马拉的日古利酿酒厂

各国官僚的比较

俄罗斯官僚被认为是世界上最糟糕的。在我去其他国家旅行之前，也一直认同这一点。其实大致上说，俄罗斯官僚与美国、英国、法国等国官僚的唯一区别就在于：与前者总可以达成一致，无论通过感情沟通的方式，比如获取同情，还是通过送礼贿赂。顺便说一句，送礼的事最好让你的俄罗斯合作伙伴去做（至少要向他们咨询），因为他们最了解应该在什么时机送谁什么样的礼物。千万别显示出对他们的不信任或怀疑——俄罗斯人很容易生气，尤其在别人怀疑他们不够诚实的时候。

俄罗斯货币——卢布

无须担心俄罗斯人丰富的想象力。“我们没有什么事情做不到”并非言过其实，只需要有心人。有个很流行的传闻：两个俄罗斯商人相遇，其中一位问对方：“你要买一车的士力架（译者注：食品品牌）吗？”回答是：“是的。”分手以后，一个就去找一车的士力架，另一位则筹钱去了。还有，俄罗斯人做事比较率性冲动，也不太遵守时间。

俄罗斯人有着不同寻常的金钱与财富观。19世纪的俄罗斯文学与20世纪苏共意识形态所灌输的实际上是一种相同的思想，那就是：金钱买不到幸福，甚至，金钱是万恶之源。如今的生活虽然已经历翻天覆地的变化，但仍有许多俄罗斯人像以前一样谈及金钱问题很尴尬。这倒并不意味着他们不需要钱，只是对俄罗斯人来说，重要的是他们的财富积累至少在外人看起来是与做社会贡献相结合的。这是个需要小心处理的敏感话题。

“俄罗斯人花很长时间备马，骑得却特别快。”用这句话来形容它们做生意，特别贴切。鉴于俄罗斯社会整体的不稳定性，人们不愿意做过早的计划。一个几年以后才能赢利的项目，即便利润可观，目前也不太会引起俄罗斯人的兴趣。长时间的谈判以后，为了让计划尽快生效，与缓慢而漫长的谈判相对的通常是快马加鞭的付诸实施。

总之，成功取决于你的个性与一系列外在因素的结合。和俄罗斯人做生意的成功生意经大致包括以下因素：商务常识、商业直觉、注意观察、对异国传统的尊重与宽容，以及在该国的人脉关系。当然，也需要俄罗斯的长期稳定。

第十章

俄罗斯掠影

“自从我有记忆以来，一直对俄罗斯心怀畏惧。小时候，它就占据了教室墙上那幅地图的一大片……其他国家——日本、巴西、印度等——都披上了丰富多彩的想象盛装，只有俄罗斯，无声无息地在那里，好像缺了点什么。”

——英国旅行作家，柯林·施伯龙（Colin Thubron）

国情概况

官方正式名称

俄罗斯联邦

首都

莫斯科

国旗

由白、蓝、红三种颜色组成。长宽比为 3 ： 2。最初作为海军军旗，彼得大帝在 1705 年把它当作商务用旗，在 1883 年至 1917 年期间（到大革命为止），一直是俄罗斯国旗。1991 年 8 月 21 日，重新被选为国旗。

国歌

在 1944 年苏联国歌曲调的基础上于 2000 年确定的“俄罗斯——我们神圣的祖国”。

时区

横跨 11 个时区，从东部时间：格林尼治时间 10 小时，到西部：格林尼治时间 +12 小时。2009 年，法定时区被削减为 9 个。

国际电话区号

7

俄罗斯厄尔布鲁士山

领土

俄罗斯位于欧洲东部与亚洲北部，是世界上国土面积最大的国家。乌拉尔山脉把俄罗斯分为欧、亚两部分，俄罗斯 1/4 的领土位于欧洲，其余 3/4 位于亚洲。

面积

总面积 1710 万平方公里（约 660.23469 万平方英里）

陆地面积 1699.58 万平方公里（约 656.21151 万平方英里）

最高点

厄尔布鲁士山：海拔 5633 米（约 18 481 英尺）

最低点

里海：海拔 28 米（约 91.9 英尺）

气候

广大范围内分布着从南部的干燥草原到欧洲部分的潮湿陆地，从西伯利亚的近北极地区到最北端的冻原。冬季有黑海岸的微凉也有西伯利亚的酷寒，夏季有大草原地区的温暖也有北极沿岸的凉爽。

自然资源

蕴藏丰富的各种自然资源：石油、天然气、煤炭、木材以及许多战略矿产。

俄罗斯族连衣裙

人口

1.43 亿人（2013 年人口普查数据）

其中 3/4 的人口在欧洲，1/4 在亚洲（西伯利亚与远东地区）

少数民族

俄罗斯族占 79.8%，塔塔尔（或鞑靼）族占 3.8%，乌克兰族占 2%，巴什基尔族占 1.2%，楚瓦什族占 1.1%，其余 100 多个民族占 12.1%（2002 年人口普查数据）。

宗教信仰

东正教最为普遍，其他宗教包括伊斯兰教、佛教、天主教及犹太教。

官方语言

俄语

索洛维茨基修道院

政府结构

总统由选举产生，1993 年宪法规定由总统与总理共同构成执政体，以总统为主。立法机构俄罗斯联邦议会由联邦委员会与国家杜马组成。

行政区划

现在俄罗斯共有 89 个联邦主体：49 个州、21 个共和国、10 个民族自治区、6 个边疆区、2 个联邦直辖市、1 个自治州。

俄罗斯联邦主体

代码	联邦主体名称	首府	所属联邦区
80	阿加布里亚特自治区	阿金斯科耶	西伯利亚区
22	阿尔泰边疆区	巴尔瑙尔	西伯利亚区
28	阿穆尔州	布拉戈维申斯克	远东区
29	阿尔汉格尔斯克州	阿尔汉格尔斯克	西北区
30	阿斯特拉罕州	阿斯特拉罕	南部区
31	别尔哥罗德州	别尔哥罗德	中央区
32	布良斯克州	布良斯克	中央区
33	弗拉基米尔州	弗拉基米尔	中央区
34	伏尔加格勒州	伏尔加格勒	南部区

35	沃洛格达州	沃洛格达	西北区
36	沃罗涅日州	沃罗涅日	中央区
79	犹太自治州	比罗比詹	远东区
37	伊万诺沃州	伊万诺沃	中央区
38	伊尔库茨克州	伊尔库茨克	西伯利亚区
39	加里宁格勒州	加里宁格勒	西北区
40	卡卢加州	卡卢加	中央区
41	堪察加州	（堪察加）彼得罗巴甫洛夫斯克	远东区
42	克麦罗沃州	克麦罗沃	西伯利亚区
43	基洛夫州	基洛夫	伏尔加沿岸区
81	科里亚克自治区	帕拉纳	远东区
44	科斯特罗马州	科斯特罗马	中央区
23	克拉斯诺达尔边疆区	克拉斯诺达尔	南部区
24	克拉斯诺亚尔斯克边疆区	克拉斯诺亚尔斯克	西伯利亚区
45	库尔干州	库尔干	乌拉尔区
46	库尔斯克州	库尔斯克	中央区
47	列宁格勒州	圣彼得堡	西北区

西伯利亚秋明州

48	利佩茨克州	利佩茨克	中央区
49	马加丹州	马加丹	远东区
77	莫斯科市	莫斯科	中央区
50	莫斯科州	莫斯科	中央区
51	摩尔曼斯克州	摩尔曼斯克	西北区
82	涅涅茨自治区	纳里扬马尔	西北区
52	下诺夫哥罗德州	下诺夫哥罗德	伏尔加沿岸区
53	诺夫哥罗德州	（大）诺夫哥罗德	西北区
54	新西伯利亚州	新西伯利亚	西伯利亚区
55	鄂木斯克州	鄂木斯克	西伯利亚区
56	奥伦堡州	奥伦堡	伏尔加沿岸区
57	奥廖尔州	奥廖尔	中央区
58	奔萨州	奔萨	伏尔加沿岸区
59	彼尔姆边疆区	彼尔姆	伏尔加沿岸区
25	滨海边疆区	符拉迪沃斯托克	远东区
60	普斯科夫州	普斯科夫	西北区
1	阿迪格共和国	迈科普	南部区

4	阿尔泰共和国	戈尔诺-阿尔泰斯克	西伯利亚区
2	巴什科尔托斯坦共和国	乌法	伏尔加沿岸区
3	布里亚特共和国	乌兰乌德	西伯利亚区
5	达吉斯坦共和国	马哈奇卡拉	南部区
6	印古什共和国	纳兹兰	南部区
7	卡巴尔达-巴尔卡尔共和国	纳尔奇克	南部区
8	卡尔梅克共和国	埃利斯塔	南部区
9	卡拉恰伊-切尔克斯共和国	切尔克斯克	南部区
10	卡雷利阿共和国	彼得罗扎沃茨克	西北区
11	科米共和国	瑟克特夫卡尔	西北区
12	马里埃尔共和国	约什卡尔奥拉	伏尔加沿岸区
13	莫尔多瓦共和国	萨兰斯克	伏尔加沿岸区
14	萨哈（雅库特）共和国	雅库茨克	远东区
15	北奥塞梯共和国	弗拉季高加索	南部区

沃洛格达圣索菲亚大教堂

16	鞑靼斯坦共和国	喀山	伏尔加沿岸区
17	图瓦共和国	克孜勒	西伯利亚区
18	乌德穆尔特共和国	伊热夫斯克	伏尔加沿岸区
19	哈卡斯共和国	阿巴坎	西伯利亚区
20	车臣共和国	格罗兹尼	南部区
21	楚瓦什共和国	切博克萨雷	伏尔加沿岸区
61	罗斯托夫州	顿河罗斯托夫	南部区
62	梁赞州	梁赞	中央区
63	萨马拉州	萨马拉	伏尔加沿岸区
78	圣彼得堡市	圣彼得堡	西北区
64	萨拉托夫州	萨拉托夫	伏尔加沿岸区
65	萨哈林州	南萨哈林斯克	远东区
66	斯维尔德洛夫斯克州	叶卡捷琳堡	乌拉尔区
67	斯摩棱斯克州	斯摩棱斯克	中央区
26	斯塔夫罗波尔边疆区	斯塔夫罗波尔	南部区
83	泰梅尔（多尔干–涅涅茨）自治区	杜金卡	西伯利亚区
68	坦波夫州	坦波夫	中央区
69	特维尔州	特维尔	中央区
70	托木斯克州	托木斯克	西伯利亚区
71	图拉州	图拉	中央区
72	秋明州	秋明	乌拉尔区
73	乌里扬诺夫州	乌里扬诺夫斯克	伏尔加沿岸区
84	乌斯季奥尔登斯基–布里亚特自治区	乌斯季奥尔登斯基	西伯利亚区
27	哈巴罗夫斯克边疆区	哈巴罗夫斯克　（伯力）远东区	
85	汉特–曼西自治区	汉特–曼西斯克	乌拉尔区
74	车里雅宾斯克州	车里雅宾斯克	乌拉尔区
75	赤塔州	赤塔	西伯利亚区
86	楚科奇自治区	阿纳德尔	远东区
87	埃文基自治区	图腊	西伯利亚区
88	亚马尔–涅涅茨自治区	萨列哈尔德	乌拉尔区
76	雅罗斯拉夫州	雅罗斯拉夫尔	中央区

俄罗斯农场的牛

货币

卢布（RUR）

国民生产总值

2.08 万亿美元（2012 年数据）

农产品

主要有稻谷、糖、瓜子、蔬菜、水果、牛肉、牛奶

工业

煤炭、石油、天然气以及其他化学资源与金属的采掘；各种机械制造；国防与造船工业；交通运输设备、通信设备；农业机械、拖拉机及其他建设机械；发电与发射设备；医药科学器械；各种生活耐用品、纺织品、食品与手工艺品

出口

石油及其副产品、天然气、木材及木质产品、金属、化工产品，以及各种民用与军用制品

进口

机械设备、消费品、医药、肉类、糖、金属半成品

机场

总共 1623 家

已建成的机场跑道 616 条

著名人物

亚历山大二世（Alexander Ⅱ，1818—1881）

1855 年登基的尼古拉一世之子。亚历山大二世以其革命性的改革著称，其中最著名的就是 1861 年废除俄罗斯奴隶制，他因此被称为“沙皇解放者”。其他改革涉及行政、司法、军事以及教育方面。1867 年，他把阿拉斯加卖给了美国（为此至今仍饱受批评）。尽管亚历山大二世是俄罗斯最开明的沙皇之一，但在位期间屡遭激进革命者的刺杀，并最终死于恐怖袭击。

安东尼·契诃夫（Anton Chekhov，1860—1904）

俄罗斯著名小说家、剧作家。他的短篇小说语言幽默，展现普通人民生活的悲喜，探索他们的内心世界，在俄罗斯极受欢迎。他的剧本在20世纪影响了世界戏剧，在全世界享有盛誉。其中，最为著名的四大剧——《海鸥》《万尼亚舅舅》《三姊妹》和《樱桃园》均在世界各地剧院上演。

湖边的木质教堂

俄罗斯著名作家契诃夫

费奥多尔·陀思妥耶夫斯基（Fyodor Dostoevsky，1821—1881）

伟大的俄罗斯作家。最著名的小说是《罪与罚》《卡拉马佐夫兄弟》《白痴》《赌徒》等。他的作品关注人类灵魂深处的心理，探索永恒的真理、苦难与重生。他的思想影响了20世纪世界文学与哲学。

尤里·加加林（Yuri Gagarin，1934—1968）

苏联首位宇航员，于 1961 年 4 月 12 日乘坐飞船，成为世界上首位完成绕地球飞行的宇航员。面带笑容的加加林成为成功征服太空的苏联的象征人物。可惜的是，他在一次飞机失事中遇难。

米哈伊尔·格林卡（Mikhail Glinka，1804—1857）

俄罗斯作曲家，俄罗斯歌剧的创始者。著名的歌剧有《为沙皇献身》（反映的是 17 世纪初俄罗斯历史中一位农民伊凡·苏萨宁因为拒绝泄露沙皇藏身之处而被波兰人杀害的故事）和《鲁斯兰与柳德米拉》（根据普希金的诗歌改编）。

米哈伊尔·戈尔巴乔夫（Mikhail Gorbachev，1931—　）

苏联首位也是唯一一位总统。在他担任苏共总书记期间，开始所谓的新思维改革。1991 年 12 月，签署苏联解体的协议。作为偏西方化的苏联新型领导人，戈尔巴乔夫在国外受到广泛好评，而在国内却饱受争议（出于同一个原因）。

伊凡四世（又称伊凡雷帝，the Terrible，1530—1584）

因不向敌人妥协而著称的俄罗斯沙皇。通过征服喀山与西伯利亚向东扩大了俄罗斯领土，使俄罗斯成为多民族多文化的国家。是一位颇受争议的历史人物：有人认为他是俄罗斯最伟大的统治者之一，有人则认为他是历史上最残暴的暴君之一。

米哈伊尔·库图佐夫（Mikhail Kutuzov，1745—1813）

俄罗斯著名军事领袖及外交家。因其在 1812 年与拿破仑的战役中所起的重要作用而著称。尽管被认为是这场战役的赢者，一些人仍认为其当时放弃莫斯科城是错误的做法。一方面，这样做为俄罗斯军队能够保存力量而后伺机反攻创造了条件；但另一方面，莫斯科被当时的法国军队几乎烧毁殆尽。

弗拉基米尔·列宁（Vladimir Lenin，1870—1924）

原名弗拉基米尔·乌里扬诺夫，布尔什维克党领导人，苏维埃社会主义共和国奠基者。在俄罗斯革命与苏联建国初期起到了杰出且关键的作用。逝世以后，遗体经特殊处理后安放在红场的纪念馆里。他的伟大品德与思想在俄罗斯历史的苏维埃政权阶段受到人民的敬仰与传颂。当时，全国各地都挂着他的肖像，他的论著在各个学校被广泛研读，所有俄罗斯城市都有一条列宁街和列宁纪念碑。自从苏联解体以后，列宁的形象失去了往日的光芒。但他仍然被认为是俄罗斯历史上一位极其重要的人物。

米哈伊尔·罗蒙诺索夫（Mikhail Lomonosov，1711—1765）

俄罗斯著名科学家与教育家。出身于俄罗斯北部农村一个贫穷的渔民家庭，徒步上莫斯科求学。他的一生证明了坚强的意志与强烈的学习愿望能够创造奇迹。罗蒙诺索夫成为俄罗斯最著名的学者之一。他在各个领域都取得了伟大的成就：文学、历史、化学、物理、数学与艺术。他是莫斯科第一所大学的创始人之一，后来这所大学便以他的名字命名。

德米特里·门捷列夫（Dmitri Mendeleev，1834—1907）

俄罗斯化学家。因创建了第一个化学元素周期表而著称。他甚至设法预测到一些尚未发现的化学元素。除此之外，他还因研制出了一种当代俄罗斯伏特加而备受赞誉。

亚历山大·涅夫斯基（Alexander Nevsky，约 1220—1263）

诺夫哥罗德公爵。因 1242 年在爱沙尼亚边境附近的楚德湖冰面上决定性地击败了立窝尼亚骑士团而著称，这一战常被称作“冰上之战”。涅夫斯基与当时的头号敌人金帐汗国建立了良好的外交关系，使得俄罗斯的领土与臣民免受新的战乱之苦。他死后，被俄罗斯东正教会封为圣徒。彼得大帝把他的遗骨移至俄罗斯的新首都圣彼得堡，进一步加强了他的重要地位。在苏联时期，亚历山大·涅夫斯基也成为勇敢、爱国与强大兵力的象征。导演爱森斯坦拍摄的电影《亚历山大·涅夫斯基》（1938）在“二战”期间非常受欢迎，亚历山大·涅夫斯基勋章也成为俄罗斯军队最高荣誉勋章。

尼古拉二世（Nicholas Ⅱ，1868—1918）

俄罗斯末代沙皇。他的个性及统治受到截然相反的评价。有些人认为尼古拉二世是个软弱无能的统治者，无法在政治动荡时期掌控好国家，也没有在第一次世界大战期间指挥好军队，最终把俄罗斯推向大革命。也有人把他当作圣人，为了挽救处于灭亡边缘的国家而受苦受难。尼古拉二世及其家属在大革命以后被处决。2000 年，被俄罗斯东正教会封为圣徒。

伊凡·巴甫洛夫（Ivan Parvlov，1849—1936）

俄罗斯著名生理学家与医生，因在狗的试验中首次描述动物条件反射现象而闻名于世。巴甫洛夫也是首位获得诺贝尔奖的俄罗斯人。

彼得罗巴甫洛夫斯克风光

彼得一世（又称彼得大帝，Peter Ⅰ，1672—1725）

俄罗斯沙皇，1721 年成为俄罗斯帝国的帝皇。彼得大帝实施了西方化的政策与领土扩张，使俄国成为欧洲主要强国。他的改革涉及政治、行政、军事体制，教育、宗教、文化及生活方式等诸多方面，彻底改变了俄罗斯的面貌，把俄罗斯推向新的发展阶段。彼得是位杰出的人物——他充满智慧，精力旺盛，性格暴躁又勇敢无畏。

亚历山大·普希金（Alexander Pushkin，1799—1837）

无论在沙皇俄国还是在苏联时期（斯大林时期，纪念普希金百年诞辰是全国最隆重的节日），普希金的作品都受到广泛的阅读与赞美。他的声望在苏联解体以后依然保持原有的辉煌（这是许多其他作家无法做到的）。他的童话故事深受孩子们的喜爱，他的诗歌所有俄罗斯人耳熟能详，他的短篇小说奠定了俄罗斯文学的基础。可是普希金的作品在翻译过程中失去了不少色彩，因此外国读者较难理解其精髓。假如你想了解俄罗斯，了解俄罗斯人，就要去拜读普希金的作品。

俄罗斯联邦总统普京

弗拉基米尔·普京（Vladimir Putin, 1952— ）

担任了三届俄罗斯联邦总统。出生于圣彼得堡（该市因此地位上升，当时称为列宁格勒），曾在俄罗斯联邦安全局任职。他的政治生涯极富戏剧性：2000 年新年前夕由当时的总统叶利钦宣布为其继任者。起初他并不为大众所知，但他努力赢得了三次总统大选。任职期间，努力协调与安抚各个政治团体。

安德烈·卢布耶夫（Andrei Rublev，？—1430）

中世纪俄国最著名的画家，所绘画像成为几代俄罗斯艺术家的学习典范。最为著名的是收藏于特列恰科夫画廊的《三圣像》。在克里姆林的圣母报喜教堂与弗拉基米尔的圣母升天大教堂里可以看到他的壁画作品。安德烈被俄罗斯东正教会封为圣徒。20 世纪，安德烈·塔可夫斯基的影片《安德烈·卢布耶夫》进一步加强了他的声誉。

萨罗夫的圣撒拉弗（Seraphim Sarovsky，1759—1833）

萨罗夫修道院的修道士，俄罗斯最受尊敬的圣人之一，19 世纪第一批“精神导师”（俄罗斯修道的长者）之一。他早期是一位献身于祷告的隐士，多年严守沉默誓言。被认为拥有预见未来的能力。后期，受到成千上万的俄罗斯各地朝圣者的朝拜，他总设法用忠告、草药或善言尽力帮助人们，被当作俄罗斯的守护神。1903 年，在俄国处于革命与战争的内外交困前期，俄罗斯东正教会封其为圣徒。他于苏联时期遗失的遗骨在 1991 年国家又一剧变前夕被神奇地发现，从此安放于萨罗夫修道院，受到无数朝圣者的膜拜。

约瑟夫·斯大林（Joseph Stalin，1879—1953）

20 世纪 20 年代开始担任苏联最高领导职务，直至 1953 年去世。原姓朱加施维里，俄罗斯政治历史上最受争议的人物之一。一方面，在他的领导下，苏联跻身世界工业强国行列，并且赢得卫国战争（1941—1945）的胜利，从而成为世界超级大国。而另一方面，他的统治独断专行，充满个人主义崇拜，并伴随着对反对力量的镇压与迫害。关于他在历史上的作用与地位的争论延续至今：有人认为他是历史上最残暴的独裁者，而也有人把他视为俄罗斯唯一的拯救者。

康斯坦丁·斯坦尼斯拉夫斯基（Konstantin Stanislavsky，1863—1938）

俄罗斯戏剧导演及戏剧艺术革新家。出身于一个富裕的商人家庭（原姓阿列克谢耶夫），终身致力于戏剧事业。是俄罗斯最好的剧院之一——莫斯科艺术剧院（1898）的创始人之一，以其“戏剧艺术体系”及建立于此基础之上的表演艺术而著称。“斯坦尼斯拉夫斯基体系”关注现实人物的发展与戏剧舞台的创建，对世界当代戏剧仍具极大的影响力。

亚历山大·苏沃洛夫（Alexander Suvorov，1729—1800）

俄罗斯元帅，被认为是历史上少数常胜将军之一。有军事著作《制胜科学》及名言“刻苦训练才能轻松制胜”。他深受俄罗斯人民爱戴，是俄罗斯军事智慧与力量的象征（他的肖像在“二战”期间被广泛使用）。

彼得·柴可夫斯基（Peter Tchaikovsky，1840—1893）

俄罗斯著名作曲家，因把更多的国际因素融入民族音乐旋律，从而令其作品比其他同时代的作曲家更西方化。著名的音乐作品有：芭蕾舞剧《天鹅湖》《睡美人》《胡桃夹子》及歌剧《叶甫盖尼·奥涅金》《黑桃皇后》《约兰塔》等。

柴可夫斯基雕像

列夫·托尔斯泰（Leo Tolstoy，1828—1910）

伟大的俄罗斯作家，在俄罗斯国内外享有盛誉。最伟大的作品有:《战争与和平》《安娜卡列尼娜》，以其对俄罗斯人民生活与心理的现实主义描写而著称。作为道德哲学家，他的非暴力抵抗思想也极为著名，后因拒绝俄罗斯官办教会、不断追求自己的信仰而被逐出教会。

圣愚——瓦西里（Vasily，约 1464—1552）

被称为圣愚，死后封为圣人。据说他无论严寒酷暑都赤身裸体在街上行走，把真相告知每一个人，包括伊凡雷帝。他能看见人们看不见的世界，能预测未来。伊凡雷帝对他十分尊崇，死后亲自肩负其灵柩下葬。根据他的旨意，在莫斯科建立了一座美丽的大教堂，就是著名的瓦西里大教堂。

格奥尔基·朱可夫（Georgy Zhukov，1896—1974）

俄罗斯著名军事指挥官、政治家及苏联元帅。在第二次世界大战期间担任重要职位，为取得战争的胜利起到了极其重要的作用。

缩略语及简称

ChP ЧП	紧急情况

冬季俄罗斯古城

CU ЦУ	重要提示
DTP ДТП	道路交通事故
FSB ФС Ђ	俄罗斯联邦安全局
GAI/GIBDD/DPS \ГАИ\ГИЂДД\ДПС	道路交通警察
GUM/CUM ГУМ\ДУМ	国家百货商场
KGB КГЂ	国家安全委员会
MGU МГУ	莫斯科国立大学
SMI СМИ	大众媒体
SNG СНГ	独联体（CIS）
SSSR СССР	苏维埃社会主义共和国联盟
U.E. У.Е.	标准单位（通常为美元）

附录 FULU

文化知识小测试

情景一

你被邀参加聚会。有许多酒，周围的人极力劝你喝，那么怎样避免喝醉呢?

A. 尽力解释自己健康状况不佳。

B. 说你自己国家没有喝那么多酒的习俗。

C. 没有任何解释地拒绝。

D. 装装样子喝一点，万一被发现，就对此开个玩笑。

俄罗斯人像雕塑

评论

正确的选择是D。如果你拒绝喝酒，会冒犯你的主人和朋友，破坏亲密与信任的气氛。其实没人想把你灌醉，这只不过是一种交流方式，所以，就算你假装参与其中，你的朋友也会感到满意的。

情景二

假如你是个商人，去一家俄罗斯公司参观访问。到了以后，发现对方马上开始恭维你，赞美你英俊潇洒、年轻有为等，你的反应是：

A. 感到生气，也不想掩盖你的感受。

B. 解释自己已在商圈混了很多年。

C. 说在你自己国家，谈生意的时候不习惯说恭维话。

D. 笑笑，表示感谢，然后开始谈正事。

评论

D是最佳选择，它会令谈判进程更加顺利。

情景三

你约了一个俄罗斯姑娘去看电影。

俄罗斯风光

结果她带三个朋友一起来了，说是她们也想看这部电影。你的反应是：

A. 说你不想去看了，撇开她们走人。

B. 告诉女孩说带她的朋友一起来挺好。

C. 和她们一起去看电影，但下一次再约的时候，告诉她你想跟她单独约会，强调这对于你来说很特别。

评论

明显C是最佳选择，因为你对这件小事情的负面反应会让她无法接受。

情景四

你被邀请去某位素不相识的人家里做客，得到了盛情款待，谈笑甚欢。告别时，你会：

A. 马上邀请他们第二天或下周去饭店吃饭。

B. 说你这次玩得很开心，希望下次请他们到你家做客。

C. 说声谢谢，之后再给他们寄一张感谢卡片。

评论

最佳选择是B。不需要马上回请，感谢卡片则被认为不够热情。

情景五

聚会结束已经很晚了，你想打车回家。假如你的俄罗斯朋友告诉你有几种做法，你会选择哪一种？

A. 他们告诉你在俄罗斯最普遍的做法是走到最近的大街上，打一辆吉卜赛人的出租车。

B. 打电话给较大的出租车公司，叫他们派一辆车，这种做法费用比较贵一些。

C. 一位客人对你说他会送你一程，但你得过一会儿。

D. 主人建议说他会给他朋友打个电话，叫他送你回去。

俄罗斯琥珀盘

评论

最妥当的做法是B。虽然多花了点钱，但比较安全。在聚会上等“一会儿”可能意味着要等上很长时间；过于利用主人的客气也不太礼貌，因为你是个外国客人，所以主人总觉得要对你负责的。

情景六

你和一位俄罗斯人约好见面，结果他迟到了20分钟。你在地铁站等得很不高兴，这种情况下，你会怎么做？

A. 不等他，走人。

B. 一直等他来，但之后跟别人到处说他的不是。

C. 等着他，对他始终保持礼貌，但之后和他断交。

D. 耐心等待，予以谅解。

评论

最佳选择为D。你可以温和地责怪这位朋友，告诉他/她在你们国家，迟到是不尊重对方的表现。但始终记住，在俄罗斯，迟到不算什么。他/她仍是一个可靠的好人，也很尊重你，只不过在他/她们国家，迟到30分钟之内被认为不是迟到。

情景七

你正在找看孩子的保姆，你会怎么做？

A. 在报纸广告上找。

B. 去专业保姆介绍所。

C. 问你的俄罗斯朋友是否有合适的推荐。

D. 给街头小广告自荐者打电话。

评论

最省钱的做法是A和D，最贵的是B，但都不一定可靠。C是最佳选择，因为有了解该保姆的人推荐，比较可靠。

情景八

在与你的俄罗斯商业伙伴开会的时候，你们的谈话不断地被对方的其他事务打断：接听手机，秘书拿文件让他签字，其他人员进进出出等。你的反应是：

A. 终止会议，说等他下次有空了再开。

B. 责备对方说他对你们的事情不够专心，叫他集中注意力。

俄罗斯美女

C. 继续这次会议，但之后中断与他的生意往来。

D. 继续会议，继续生意合作。

评论

D比较合理，但下次建议不要在他的办公室开会了，换个地方会更省时、有效。

情景九

你和你的俄罗斯同事谈笑甚欢，令你意外的是，他突然邀请你上他们家共进晚餐，说他已经和他的妻子说好了会带朋友回家吃饭，而且再三热情邀请。你晚上有空也想去，但对这来得比较迅速又突然的热情与友谊有点惊慌失措，你会怎么做？

A. 断然回绝，说你对此没有准备。

B. 找个貌似合理的借口谢绝。

C. 说在你自己国家从不会有这种突然的邀请，所以你不能去。

D. 说“谢谢，尽管有点意外，但挺好的”，然后为他夫人买束花再跟他上他们家。

评论

如果你想去，就去。如果他一再坚持邀请，说明不只是出于礼貌，而是真心相邀。而且几乎可以肯定，他的妻子（即使不是很高兴）已经在为你准备好吃的了。

情景十

俄罗斯沙拉

今天是你公司的一位俄罗斯员工的生日。午餐的时候，他在桌上摆满了三明治、糖果、蛋糕。也许还有葡萄酒，请同事吃。有人邀请你一起参加，可你与这位俄罗斯同事不熟，也不想吃东西，你会怎么办？

A. 说“不了，谢谢”，然后吃自己的工作餐。

B. 说你的身体不太舒服，许多东西不能吃。

C. 先向这位寿星祝贺一番，然后悄悄地上另一间办公室吃自己的三明治。

D. 参加。

评论

应该选D。俄罗斯人对这种情况很敏感，就算你不想吃，也要吃一点点，然后解释说自己不饿。这样，你才能结交朋友，也能赢得同事的尊敬。

情景十一

你的一位同事责备你叫他名字时没有带上他的父称，你会怎样回应？

A. 解释说你在自己国家，名字里没

俄罗斯美食、美酒

有父称，然后继续这么叫他。

B. 说你不懂俄语，不知道他的父称怎么发音。

C. 以后再也不叫他了。

D. 说你不了解这个俄罗斯习俗，以后就按他的要求称呼他。

评论

最佳选项是D。对于某些人来说，正确的称呼很重要。

行为准则

正确的行为

- 与俄罗斯人建立私交，这是在俄罗斯立足并过得愉快的最佳方法。
- 受邀去做客一定要带礼物，礼物不用很贵重——鲜花、蜡烛、巧克力或酒都可以。
- 去参加重大会议或商务谈判时要穿着正式，表情严肃。
- 与人沟通要真诚坦率。
- 想营造轻松活跃的气氛可以谈谈你的家庭。俄罗斯人谈家庭就像英国人谈天气。
- 交朋友要多听少说。
- 女士与俄罗斯人谈生意，对男士的公然赞美甚至追求要有心理准备。
- 别怕赞美对方，赞美他们的家庭、孩子，赞美他们的家、城市和国家。俄罗斯人喜欢赞美，尽管他们会尽力掩饰。
- 想让女主人高兴，就多吃点；想让男主人高兴，就多喝点。

不正确的行为

- 即使不喜欢，也不要表现出傲慢或咄咄逼人。俄罗斯人很敏感，自尊心很容易受伤害。
- 你的俄罗斯朋友或生意伙伴迟到了，不要生气。这并不代表对你不够尊重，而是出于他们不同的时间观。
- 不要拒绝吃东西、喝酒。至少尝一尝，就算不太喜欢也要装装样子。
- 就算不想要，也不要对别人送你的

礼物不予理睬。

- 谈判时不要奢望遵守时间表。
- 谈判、会议或非正式聚会时不要表现出不耐烦。
- 不要过于相信书面材料：它们很可能说明不了什么或者过时了。口头承诺更可靠。
- 就算有时候感觉自己像是个来自高度文明国家的代表，来到一群野蛮人中，也不要用居高临下的语气说话。
- 不要在俄罗斯人面前批评俄罗斯。他们自己也许会这么做，但不喜欢外国人的当面批评。
- 不要害怕提问或表现得像个老外，他们对你的期望就是这样。

词汇表

常用词汇、短语及表达

Dobroe utro/dobriy den'/vecher…………早上好/ 你好/晚上好
Spokojnoj nochi…………晚安
Zdravstvujte/do svidan'ja/privet…………你好/再见/你好
Utro/den'/vecher/noch'…………早上/白天/傍晚/晚上
Da/net…………是/不是
Menja Zovut…………我的名字叫
Pozhalujsta…………不客气
Pozhalujsta…………请
Spasibo…………谢谢

涅瓦河畔

Izvinite	对不起
Vchera/segodnja/zavtra	昨天/今天/明天
Den'/dedelja/mesjac/god	天/周/月/年
Levyj/pravyj	左/右
Horoshij/plohoj	好/坏
Bol'shoj/malen'kij	大/小
Deshevyj/dorogoj	便宜/昂贵
Gorjachij/holodnyj	热/冷
Staryj/novyj	旧/新
Otkrytyj/zakrytyj	开/关
Vy govorju po-anglijski?	你说英语吗?
Ja ne govorju po-russki	我不会说俄语
Ja ne ponimaju	我不明白
Chto jeto znachit?	这是什么意思?
Ja hotel by...	我想……
Gde nahoditsja...?	……在哪里?
Pomogite,pozhalujsta	请帮我

雪中木屋

星期

Ponedel'nik ………………… 周一

Vtornik ………………… 周二

Sreda ………………… 周三

Chetverg ………………… 周四

Pjatnica ………………… 周五

Subbota ………………… 周六

Voskresen'e ………………… 周日

月份

Janvar' ………………… 1月

Fevral' ………………… 2月

Mart ………………… 3月

Aprel' ………………… 4月

Maj ………………… 5月

Ijun' ………………… 6月

Ijul' ………………… 7月

俄文指示牌

Avgust ………………… 8月

Sentjabr' ………………… 9月

Oktjabr' ………………… 10月

Nojabr' ………………… 11月

Dekabr' ………………… 12月

数字

Odin ………………… 1

Dva ………………… 2

Tri ………………………… 3
Chetyre ………………………… 4
Pjat' ………………………… 5
Shest' ………………………… 6
Sem' ………………………… 7
Vosem ………………………… 8
Devjat' ………………………… 9
Desjat' ………………………… 10
Odinnadcat' ………………… 11
Dvadcat' ………………………… 20
Sto ………………………… 100
Tysjacha ………………………… 1000

信息资源指南

重要电话号码

01：火警

02：报警

03：急救

普通电话

国际长途电话先拨 8，听到"嘟"的一声，再拨 1 加国家区号及电话号码。目前，俄罗斯还处于过渡阶段，很快就会转换为欧洲系统，拨打国际长途和别处一样以 00 开头。俄罗斯国内长途电话：先拨 8，听到"嘟"的一声，再拨区号及电话号码。当地电话则直接拨打。

俄罗斯部分城市区号

莫斯科（Moscow）：495 或 499

圣彼得堡（Saint Petersburg）：812

符拉迪沃斯托克（Vladivostok，又名海参崴）：4232

新西伯利亚（Novosibirsk）：3832

沃罗涅日（Voronezh）：4732

卡卢加（Kaluga）：4842

普斯科夫（Pskov）：8112

诺夫哥罗德（Novgorod）：8162

阿尔汉格尔斯克（Arkhangelsk）：8182

摩尔曼斯克（Murmansk）：8152

互联网

所有大城市都有网吧，小城市有个人用户，但在乡下还没有互联网设施。

医院

莫斯科

美国医疗中心（American Medical Center）

地址：1 Grokholskiy Pereulok

电话：933-7700

心脏医学研究中心（Cardiology Institute）

地址：15a Cherepkovskaya 3-ya Ulitsa

电话：140-9336（信息咨询）

149-0717（预约登记）

莫斯科医药大学医院（Clinics of Moscow Medical Academy）

地址：5 Pogodinskaya Ulitsa

电话：248-3400

国际急救医院（International SOS Clinic）

地址：31 grokholsky Pereulok

电话：937-5760

医药快诊中心（Medexpress）

地址：124 Mira Prospect

电话：401-5470；401-0382

莫斯科紧急医疗救助中心（Medical Emergency Assistance Center of Moscow）

地址：3 Koptelskiy 1-yy Pereulok

电话：924-6472

莫罗佐夫儿童医院（Morozovskaya Children's Hospital）

地址：1 Dobryninskiy 4-yy Pereulok

电话：958-8904

莫斯科眼科医院（Moscow Ophthalmology Hospital）

地址：7 Marmonovskiy 4-yy Pereulok

电话：299-7970（总台）

299-3020（信息）

299-6128（急诊）

莫斯科物理理疗医院（Moscow Physical Therapy Hospital）

地址：26a Talalikhina Ulitsa

电话：276-7556

俄罗斯的医生在为婴儿做检查

市立第 29 医院（Municipal Hospital N29）

地址：2 Gospitalnaya Ploshchad

电话：263–1828

市立第 47 泌尿专科医院（Minicipal Urological Hospital N47）

地址：51 Parkovaya 3–ya Ulitsa

电话：164–6620

市立第 1 医院（Municipal Hospital N1）

地址：8 Leninskiy Prospect

电话：236–6535

市立医院（Municipal Hospital）

地址：5 Botkinskiy 2–oy pr–d

电话：252–9488

市立第 33 医院（Municipal Hospital N33）

地址：7 Stromynka Ulitsa

电话：268–0906

精神病医院（Neurosis Clinic）

地址：43 Donskaya Ulitsa

精神病医院分院［Neurosis Clinic（branch）］

地址：2 Novorublevskaya Ulitsa Poselok Rublevo

电话：414–3376

圣彼得堡

美国医疗中心［American Medical Center(AMC)］

地址：Serpukhovskaya Ulitsa 10

电话：326–1730

航空医院（AviMed）

地址：11 Liniya V.O.

电话：321–2490

传真：321–2483

急诊医药咨询中心（Emergency Medical Consulting）

地址：14 Izmaylovskiy Prospect

电话：112–6512；112–6510

欧洲医院（EuroMED）

地址：60 Suvorovsky Prospect

电话：327–0301

眼科急诊中心（Eye Trauma Emergency Center）

地址：25 Liteynyy Prospect

电话：272–5955

家庭诊所（Family Medicine Clinic）

地址：49 Lunacharskogo Prospect

电话：559–9455

国际诊所(International Clinic)

地址:19 \ 21 Ulitsa Dostoyevskogo

电话:320-3870

急诊医学研究所附属医院(Institute of Emergency Medical Care n.a.l.l. Dzhanelidze)

地址:3 Budapeshtskaya Ulitsa

电话:105-2970; 105-0779

家庭医药部(Family Medicine Department)

地址:43 Zanevsky Prospect

电话:528-8888

综合医院(Polyclinic Complex)

地址:22 Moskovsky Prospect

电话:316-5881; 316-5904

圣彼得堡医院(St. Petersburg Clinical Hospital)

地址:72 Prospect Morisa Toresa

电话:553-3383

圣彼得堡综合诊疗医院(Saint-Petersburg Multiline Clinic)

地址:49\1 Bolshoi Prospect,V.O.

电话:320-7000

学校

有许多外国使领馆附属国际学校，

俄罗斯小学生

最好直接与使领馆联系。

莫斯科英美学校(Anglo-American School of Moscow)

地址:1 Beregovaya Sreet

电话:231-4488

供英、美、加等国使馆以及其他国家使领馆、商务团体工作人员及俄罗斯本国的小孩就学。

外国人网站

一个很好的莫斯科外国人网站（英文）: http: \ www.expat.ru

宗教机构

莫斯科

基督救赎大教堂(Cathedral of Christ the Redeemer)

地址: Prechistenskaya nab

电话: 203-3823

莫斯科东正教教堂

喀山大教堂（Cathedral of Our Lady of Kazan）

地址：8 Nikolskaya Ulitsa

电话：298-0131

主显大教堂（Cathedral of Epiphany）

地址：15 Spartakovskaya Ulitsa

电话：267-7591

瓦西里大教堂（Intercession Cathedral）

地址：4 Krasnaya Ploshchad

电话：298-3304

圣安德烈英式教堂（St. Andrew's Anglican Church）

地址：8 Voznesenskiy Pereulok

电话：229-0990

英美学校天主礼拜堂（Catholic Chaplaincy of the Anglo-American School）

地址：78 Leninskiy Prospect

电话：243-9621

圣母堂（Chapel of Our Lady of Hope）

地址：7 Kutuzovskiy Prospect

电话：243-9621

圣母无原罪教堂（Church of Immaculate Conception of the Virgin Mary）

地址：27 Mal. Gruzinskaya Ulitsa

电话：252-3911

法国圣路易斯莫斯科大教堂（Eglise Catholique Romaine De Saint Louis des Francais Moscou）

地址：12 Mal. Lubyanka Ulitsa

电话：925-2034

亚美尼亚使徒复活教堂（Armenian Apostolic Church of the Resurrection）

地址：10 Sergeya Makeeva Ulitsa

电话：255-5019

新使徒教堂（New Apostolic Church）

地址：5 Malomoskovskaiya Ulitsa

电话：282-9565

圣彼得与圣保罗路德教堂（Lutheran Worship in Church of St. Peter and Paul）

地址：7 Starosadskiy Pereulok

电话：928-3262

格鲁吉亚东正教堂（Georgian Orthodox Church）

地址：12 Bol.Gruzinskaya Ulitsa

电话：254-0985

莫斯科新教礼拜堂（Moscow Protestant Chaplaincy）

地址：1 Mytnaya Ulitsa

电话：143-3562

俄罗斯教堂内部

教堂内的精美壁画

犹太教堂（Choral Synagogue）

地址：10 Bol. Spasoglinishchevskiy Pereulok

电话：923–4788

莫斯科犹太教教会（Marina Roshcha）

地址：5a Vysheslavtsev 2–oy Pereulok

电话：289–9423

穆斯林中心（Central Moslem Administration）

地址：49 Ostozhenka Ulitsa

电话：247–3100

穆斯林清真寺（Moslem Mosque）

地址：7 Vypolzov Pereulok

电话：281–3866

圣彼得堡

圣伊萨大教堂（St.Isaac’s Cathedral）

地址：2–a Kanala Griboyedova Nab.

电话：314–4096

喀山大教堂（Kazan Cathedral）

地址：2 Kazanskaya Ploshchad

电话：314–5856

斯莫尔尼修道院（The Smolny Cathedral）

地址：Rastrelli Ploshchad 3

基督复活大教堂（Church of Recurrection of Christ）

地址：Naberrezhnaia kanala Griboyedova

圣尼古拉海军大教堂（St. Nicholas’ Naval Cathedral）

地址：Nikolskaya Ploshchad

亚历山大涅夫斯基修道院（Alexander Nevsky Monastery）

地址：1 Reki Monastyrki Nab

电话：274-1702

Spaso-Preobrazhensky Cathedral

地址：1 Preobrazhenskaya aploschad

电话：272-3662

圣彼得堡英国教堂（Anglican Chaplaincy of St. Petersburg, Church of England ,Church of St. Catherine）

地址：Malaya Konyushennaya street, 1-3

电话：571-2081

亚美尼亚教堂（Armenian Church）

地址：Nevsky Prospect 40

浸信会教堂（Baptist Church）

地址：Naberezhnaya Fontanki 46

电话：351-1400

圣凯瑟琳罗马大教堂（St. Catherine Roman Cathedral Church）

地址：Nevsky Prospect 32-34

电话：311-7170

圣彼得与圣保罗教堂（Church of St. Peters and St. Paul）

地址：Nevsky Prospect 22 \ 24

电话：312-0798

圣马利亚教堂（Church of St. Mary）

地址：Bolshaya Konyushennaya Ulitsa 8

电话：314-7161

清真寺（Mosque）

地址：Kronverksky Prospect 7

电话：233-9819

大犹太教堂（Big Choral Synagogue）

地址：Lermonovsky Prospect 2

电话：713-8186

书店

莫斯科

Anglia British Bookshop

地址：6 Vorotnikovsky Lane

电话：299 — 7766

Biblio-Globus

地址：6/3,Building 5 Myasnitskaya

俄文词典

Ulitsa

电话：781-1900；928-3567

Bookberry

地址：87b，Varshavskoye Shosse

电话：981-4796

地址：Kaluzhskoe Shsse,MEGA

电话：789-6502

地址：Leningradsky Shosse,62a,Gallery Aeroport

电话：771-7261

地址：Nikitsky Boulevard,17

电话：789-9187

地址：Leningradsky Proezd，62a

电话：771-7261

地址：Moscow district,Khimki,MEGA-Khimki

电话：221-3142

地址：Marshala Biruzova Ulitsa,32

电话：955-1808

地址：Kutuzovsky Proezd,10

电话：243-6690

地址：Kirovogradskaya Ulitsa,14,Global City

电话：956-4239

地址：Dom Knigi，Novy Arbat Ulitsa,8

电话：789-3591

地址：Moskva，Tverskaya Ulitsa,8

电话：229-6483

圣彼得堡

Anglia

地址：38 Nab. reky Fontanky

电话：579-8284

Dom Knigi

地址：62 Nevsky Proezd

电话：570-6402

DVK

地址：20 Nevsky Proezd

电话：312-4936

Staraya Kniga

地址：3 Nevsky Proezd

电话：315-1151

报纸杂志

莫斯科

外文报纸在许多酒店和街头报亭都有出售，特别是在莫斯科市中心地区。

在以下场所可以买到英文或其他语言的报纸杂志：

马克西姆书报亭（Maxim' s News Stand）

地址：2 Nizhnyaya Maslovska

有许多外文书报，还可以订阅。

阿尔巴特超市内（Arbat Supermarket）

地址：Novy Arbat Street，Novoarbatsky Supermarket

超市入口旁边，出售英文杂志和报纸。

书百瑞（Bookberry）

地址：17，Street 1 Nikitskiy bulv

电话：202-6679

这个莫斯科新的书报超市有大量的外文杂志和报纸，价格适中。

莫斯科出版的主要英文报纸是《莫斯科时报》（*The Moscow Times*），其他当地英文报纸还有《俄罗斯周报》（*Russia Journal*）和《莫斯科新闻》（*The Moscow News*）。较好的英文杂志有《去—杂志》（Go –Magazine），主要提供莫斯科娱乐与艺术方面的信息。

圣彼得堡

各大饭店和比较大型的书店都有外国杂志或报纸。当地主要的英文报纸是《圣彼得堡时报》（The saint petersburg Times）。

更多阅读信息

The Icon and the Axe. James Billington. New York: Rndom House,1970.

- 《圣像与斧头》。一本关于俄罗斯文化的经典书籍，在西方得到广泛的认可。

The Russian Mind. Ronold Hingley.

俄罗斯超市内部

New York: Charles Scribner's Sons,1977.

●《俄罗斯人的思想》。以幽默的语言反映俄罗斯人的态度与行为。

Land of the Firebird, The Beauty of Old Russia. Suzanne Massie. New York: Simon and Schuster，1980.

●《火鸟的故乡，美丽的俄罗斯》。本书讲述的是19世纪俄罗斯人的文化生活，一幅优美的俄罗斯画卷，但稍有些理想化。

Understanding Imperial Russia. Marc Raeff. New York: Columbia University Press，1984.

●《了解俄罗斯帝国》。自1917年彼得一世开始的俄罗斯帝国历史的极佳读本。

A History of Russia. *Nicholas Riasanovsky*. New York: Oxford University Press,1963（Fifth edition ,1993）.

●《俄罗斯历史》。尽管初版时间稍显久远，仍不失为俄罗斯历史的可靠参考。

From Nyet to Da: Understanding the Russians. Yale Richmond. Boston: Intercultural Press,1992.

●《了解俄罗斯人》。对俄罗斯人的生活进行了十分彻底而坦诚的研究。尽管完成于苏联时期，稍显过时，但在了解俄罗斯人一贯保持的价值观方面仍有很好的参考价值。

Russia Insight Guides. Washington: APA Publications ,1994.

●《俄罗斯指南》。很受欢迎的版本，信息量大。

Russian Fairy Tales. Aleksandr Afanas's ev. New York: Pantheon Books, 2006.

●《俄罗斯民间故事》。民间故事一直是研究俄罗斯人民及其生活时取之不尽的信息来源。

Russia. Donald Wallace. Princeton, New Jersey: Princeton University Press, 1984.

●《俄罗斯》。本书记录的是作者19世纪60年代在俄罗斯6年的旅行经历。

Xenophobe's Guide to the Russians. Elizabeth Roberts. UK: Ravette Books,1993.

●《外国人的俄罗斯指南》。这套书里面被读者当笑话议论的内容很多，但俄罗斯的一句俗话说得好：“每个笑话里都有真理。”

结绳手册
手把手教你打绳结
超过100种实用绳结指南

航海手册
向海而生的自由与浪漫

野营手册
装备攻略
操作指南
野营菜谱
一学就会